エドゥアルド・ヴィヴェイロス・デ・カストロ　著

檜垣立哉　山崎吾郎　訳

Eduardo Viveiros de Castro

Métaphysiques cannibales: Lignes d'anthropologie post-structurale

食人の形而上学

ポスト構造主義的人類学への道

洛北出版

III部　悪魔的縁組

IV部　食人的《カニバル》なコギト

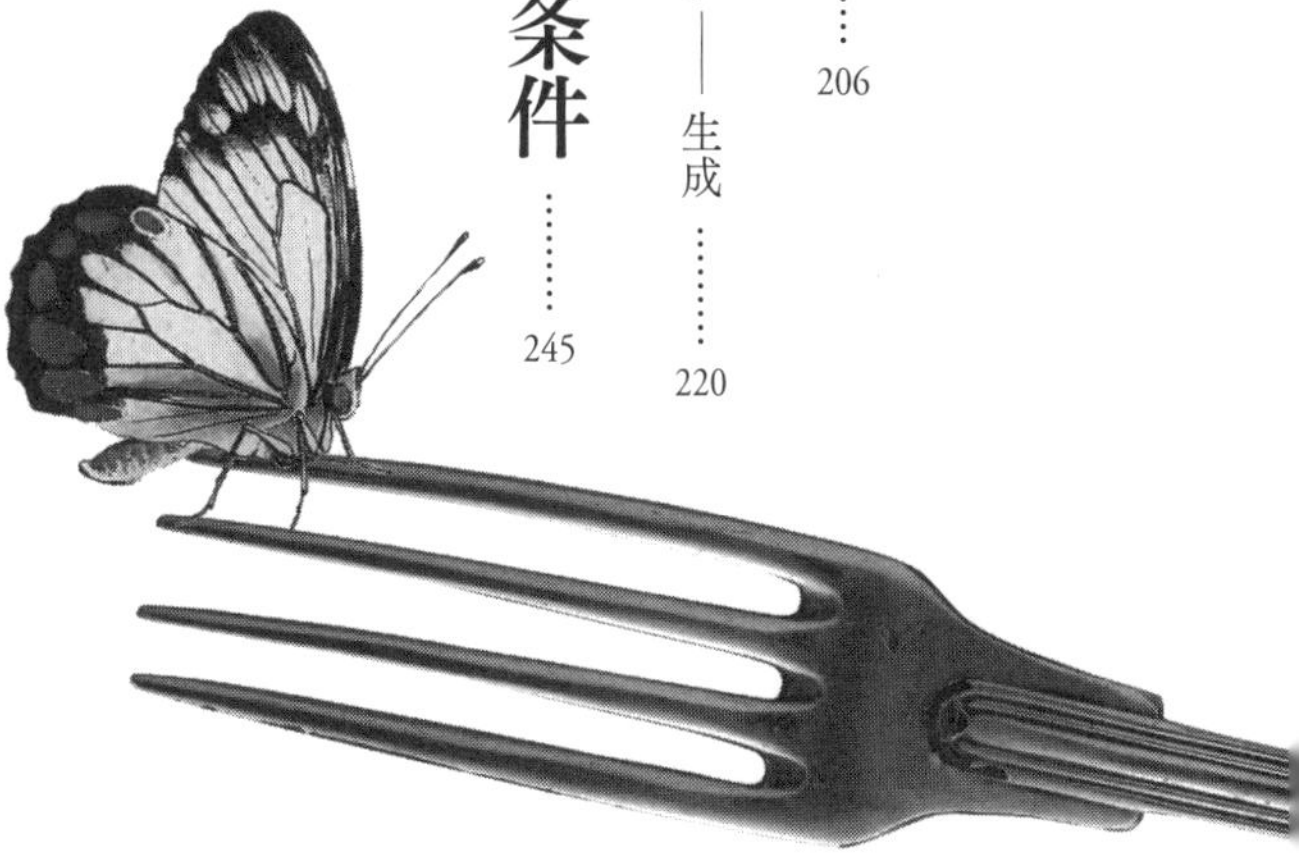

凡例

本文中の［　］は訳者による補註・原語の挿入などである。

本文中では、原書イタリック体の強調箇所は傍点で示し、大文字等による語彙の強調はゴシック体で表した。また、ギュメ《 》による強調は「　」で示した。

［…］は、引用文中の語や文や段落が略されている箇所を示す。

註は、註番号近くのページに傍註として示した。

引用文は、原則的に訳者が、ヴィヴェイロス・デ・カストロによる引用文にもとづいて訳出した。

Metaphysiques
cannibales
673
Eduardo Viveiros de Castro
Metaphysiques cannibales
Lignes d'anthropologie post-structurale

強度においてこそ、すべては解釈されるべきである。

（『アンチ・オイディプス』）

謝辞

本書でなされた議論は、以下の出版物のなかで発表した研究にもとづいて構想された。本書を執筆するにあたって、これらには修正や改訂がほどこされ、また大幅な手なおしや加筆がなされている。

1 « Perspectivismo e multinaturalismo na América indígena », *in* E. Viveiros de Castro, *A inconstância da alma selvagem*, São Paulo, CosacNaify, 2002 (p. 347-399).

2 « And » *Manchester Papers in Social Anthropology*, 7, 2003.

3 « Perspectival anthropology and the method of controlled equivocation », *Tipití* (Journal of the Society for the Anthropology of Lowland South America), 2 (1), 2004, p. 3-22.

4 « Filiação intensiva e aliança demoníaca », *Novos Estudos Cebrap*, 77, 2007, p. 91-126.

5 « Xamanismo transversal: Lévi-Strauss e a cosmopolítica amazônica », *in* R. Caixeta de Queiroz et R. Freire Nobre (sous la dir.), *Lévi-Strauss: leituras brasileiras*, Belo Horizonte, Editora UFMG, 2008 (p. 79-124).

これらのテクストを出版するにあたって、多くの方々からの協力をえている。そうした方々のうちの大部分は、この本の文献一覧にその名前が記されている。しかしながら、なかでも以下の方々には感謝を申し上げたい。タニア・ストルツ・リマ、マルシオ・ゴールドマン、オイアラ・ボニーラ、マーティン・ホルブラード、ピーター・ガウ、デボラ・ダノウスキー、マリリン・ストラザーン、ブリュノ・ラトゥール、マーシャル・サーリンズ、キャスパー・イェンセン、フィリップ・デスコラ、そしてアンヌ＝クリスティーヌ・テイラー。本書のなかで発展させたアイデアは、こうした人たちによって、さまざまな仕方で、ひきだされ、刺激をうけ、共に執筆され、支えられ、翻訳され、批判され、いずれにせよ改良されている。

本書の最初の草稿は、二〇〇九年一月にパリ高等研究院で開催された一連のカンファレンスにおいて発表したものである。ありがたいことにその場に招待してくれたイヴ・デュローとクロード・アンベール、そしてその冬の数週間にわたる彼らからの温かいもてなしと刺激的な研究環境に感謝したい。最後になってしまったが、パトリス・マニグリエには感謝を伝えなければならない。本書が可能になったのは、彼が私にこの本を出版するようけしかけ、出版のための理想的な環境を提供し、そして書かせた（文字通りに！）からである。しかし、何にもまして重要なのは、彼自身が本書と非常に近いテーマについて研究をしているということであり、そのおかげで私は、本書の執筆にとりかかろうとおもったのである。それはつまり、私自身が重要な何かを、再び学びとることができたからだということにほかならない。

Eduardo Viveiros de Castro
Métaphysiques cannibales:
Lignes d'anthropologie post-structurale
ISBN978-4-903127-23-1

I部
アンチ・ナルシス

1章 事象への驚くべき回帰

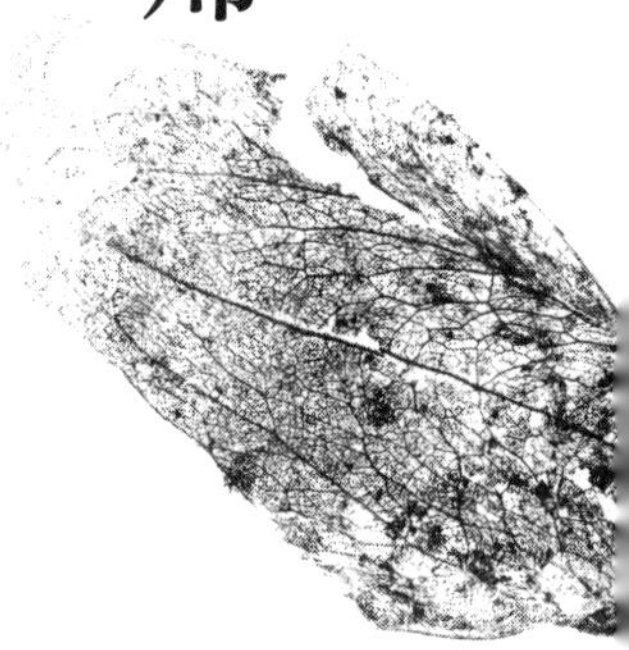

私は以前より、自分の専門分野の観点から、何らかのかたちで、ドゥルーズとガタリへのオマージュとなるような書物を著したいとおもっていた。『アンチ・ナルシス――マイナー科学としての人類学』と呼ばれることになる本がそれである。同時代の人類学を貫く概念的緊張を特徴づけることが、その目的となるはずであった。しかしながら、タイトルを決めるとすぐに、問題が生じることとなった。私はすぐに、このプロジェクトが矛盾をひきおこすことに気がついた。つまり、下手をすれば、アンチ・ナルシスという主題の秀逸さにはるかにみあわない虚勢のようなものしか書けないことに気づいたのである。

こうして私は、この書物をフィクションの作品、あるいはみえない作品——その最良の解説者はボルヘスであった——にしようと決めた。多くの場合それは、眼にみえる書物そのものよりも、ずっと興味深い。というのも、優れた盲目の読者による解説を読みながらそれを理解することができるからだ。その本を書くというよりは、まるで他人がそれを書いたかのようにして、その本について書いたほうが的を射ていることがわかったのである。本書『食人の形而上学』は、したがって、『アンチ・ナルシス』と名づけられたもう一つの書物についての紹介である。その本は、何度もずっと構想されてきたのだが、とうとう世にでることはなかった——正確にいえば、以下の頁のいたるところにそれは現れているのかもしれないが。

『アンチ・ナルシス』の主要な目的——私の専門分野のいい方をすれば「民族誌的」現在——は、つぎの問いに答えることにある。人類学は、研究対象である諸民族に概念的に何を負っているのか？　こうした問いの含意は、真逆の問いについて考えてみれば、おそらくさらにはっきりするだろう。人類学理論の内部にある相違や変動は、おもに（もっぱら歴史-批判的な観点から）人類学者が属している社会形態、イデオロギー論争、知的世界、学問的なコンテクストの構造や局面によって説明されるのだろうか。それが唯一の妥当な仮説だろうか。人類学理論によって導入されるもっとも興味深い概念、問い、実体、エージェントが、説明しようとする社会（あるいは民族、集合体）の想像力にその源泉をみいだしていることを示すような、パースペクティヴの転換をすることはできないだろうか。人類学の揺るぎないオリジナリティはそこにあるのではないだろうか。「主体」の世界と「客体」の世界からうみだされる概念と実践のあいだの縁組——つねに多義的であるが、しばしば多産的でもある——にこそ、人類学のオリジナリティはあるのではないだろうか。

　したがって、『アンチ・ナルシス』の問いとは、認識論的な、つまり政治的な問いである。人類学の歴史的アプリオリが植民地主義なのだとしても、人類学が今日その因果応報のサイクルを閉じようとしていることにわれわれが多かれ少なかれ賛成するのであれば、この学問の再構成のプロセスを最後までおし進めることでそれを先鋭化させる時期に来ていることを受け入れなければならない。人類学には、その新たな使命、すなわち、思考の永続的な脱植民地化の理論–実践を全面的にひきうける用意がある。

　おそらく、われわれは完全に同意しているというわけではない。人類学は依然として社会の鏡であると考える者もいる。もちろん、それは、人類学者が研究している社会のことではなく——それほど無邪気ではない（…何についてであれ）——人類学の知的プロジェクトがうみだされてきた社会の鏡ということである。一部の範囲では、つぎのような説をうけいれることがはやっている。すなわち、人類学というのは、最初から異国趣味で未開主義であり、**西洋**のあさましい興味関心にしたがって「他者」がつねに「表象される」か「発明される」倒錯した芝居にすぎないという主張である。歴史学であれ社会学であれ、こうしたうぬぼれたパターナリズムを装うことから逃れてはいない。こうした主張は、西洋的な想像力がつくりあげた虚構には発言権がないものとし、いわゆる他者を変貌させてしまう。このような主観的幻影を、植民地主義的なシステムによってうみだされる**他者**の客観的生産物に訴えて二重化することは、実際には、侮辱にさらに侮蔑をつけくわえるようなものだし、こんなふうにして非西洋的で伝統的な民族について「西洋的な」言説をおし進めても、われわれの「他者の表象」を美化するだけである。それは、一種の理論的なポストコロニアリズムをつくりあげるということであり、自民族中心主義の最終段階である。**他**にいつでも**同**を見てしまうために——つまり、他者という仮面をつけてはいても、われわれ自身をみつめるのは「われわれ」にほかならないのだから——、結局、われわれは目的へとまっすぐ向かう道のりを短縮することに満足して、「われわれの関心をひくもの」、つまり、われわれ自身に関心を払うだけとなる。

逆に、本当の人類学は「われわれが知らない自らのイメージへと、自身を立ち戻らせる」(Maniglier, 2005b: 773-774)。というのも、すべての異文化の経験がわれわれに与えてくれるのは、われわれ自身の文化に対してある実験をおこなう機会だからである。それは、想像上の変化ではあるが、われわれの想像力を変化させるということなのである。人類学の研究対象となる社会と文化は、その研究に基づいて定式化される社会や文化の理論に影響する、もしくはより正確にいえば、それらを共生産するという考えから、あらゆる帰結をひきださなければならない。これを拒むなら、奇妙な構築主義をうけいれるしかない。つまり、自己-内破しないように、ありきたりな「小さな物語」にいたる以外にないというのである。批判的な告発をする書き手が筆を執るまさにそのときまで、人類学はつねにその対象を誤って構築するのだが、批判に直面したそのときから、光明を手にして対象を正確に構築しはじめるというわけだ。しかし実際には、『時間と他者』(Fabian, 1983) や、その他多くの後続する議論に傾倒したところで、われわれが認知的な絶望という停滞に新たに直面しているのは、物自体に近づくことができないせいなのか、古臭い神秘主義的魔術のせいなのか、わかるはずもない。この著者は、闇を払拭するためにやってきた普遍的な理性を体現しているのだというが、それはもはや先住民のものではなく、もちろん彼に先立つ著者たちのものなのである。もはやそれほど遠い存在ではない先住民を脱植民地化することは、そう遠くない昔に人類学者が抱いていた強い異国趣味を反‐生産するのである。プルーストは、時間と他者についていくつかのことを熟知しており、直前に過ぎ去った過去ほど古く感じられるものはないのだといっている。

この認識‐政治の再帰的な循環をとめることが、『アンチ・ナルシス』の主要な目的の一つである。しかしながら、この仕事を実行するためにもっとも避けなければならないのは、経済学や社会学に盲従するような関係性のなかに人類学をまきこむこと、媚びた対抗意識を抱いて、これら二つの科学が説く近代のメタ物語をひきうけようとすることである (Englund et Leach, 2000)。これらの科学は、世界のあらゆる集合体の実存に関わる実践を、分析者の「思考の集合体」という観点から、権威主義的に再コンテクスト化することをおもな役目としているようにおもわれる。▼1 反対に、ここで支持すべきなのは、人類学は自由な環境にいつづけるべきだという主張である。人類学は、距離の技法でありつづけるべきだし、西洋的な魂に秘められた皮肉から距離をとりつづけるべきなのである（**西洋**が一つの抽象であるとすれば、その魂も結局のところ一つではない）。そして、執拗におし進められてきた、理性を外に向けるプロジェクトには依然として忠実でなければならないのだが、それはほとんどの場合やむをえないものであり、**同一性**という窮屈な私室の外での話である。真の内《エンド》-人類学は、今日では様々な理由からこの分野の議題となり切望されているのだが、それは、はるか以前から、外《エクゾ》-人類学——現実的な重要性という意味での「フィールドの科学」——によってもたらされる理論的換気装置に、決定的な仕方で依存しているのである。

『アンチ・ナルシス』の目的は、したがって、重要な人類学理論はすべて、先住民の知的実践の翻訳であるという主張を例証することにある。これらの理論は、学問的にいえば、歴史的に「対象の位置」にある集合体の知的な実践《プラグマティック》と強い構造的連続性がある。▼2 人類学の言説の変容をパフォーマティヴにえがきだすことが重要である。人類学の言説は、もともと、学問分野を

1——レヴィ=ストロース（1973/1964: 360-61）が提起した、人類学のような「遠心的な」科学——「内在的な視点」を採用する——と、経済学や社会学のような「求心的な」科学——観察者の社会に「超越論的な価値」を与える——の区別を参照のこと。

変容する条件を内化しているのである。つまり、人類学において事実とは、（もちろん理論的には）研究対象となる集合体についての民族−人類学的言説の歪《アナモルフォーズ》みである。「パースペクティヴ主義」や「多自然主義」（このような道を歩む筆者は、アメリカ研究をする民族学者である）というアマゾンの人びとの観念を例にあげて——いわば手にとって——みることで、『アンチ・ナルシス』は、われわれが研究する集合体に固有の思考スタイルが、この分野の強力な原動力になっているのだと示すことを意図する。このスタイルとその含意を掘り下げて検討することで、とりわけ概念についての人類学的概念を入念につくりあげようという立場からすれば、人類学的な実践とはまったく他なる概念が、現在進行形でうみだされていることの重要性を示せるはずである。概念の新しい人類学、それは結局のところ、人類学の、ある新しい概念を反−実現することであるが、それによれば、研究対象となる集合体の存在論的な自己規定の条件を記述することは、人間（そして非人間）の思考を認識の諸装置——分類、叙述、判断、表象……——に還元することよりも、はるかに優先される。「比較存在論」(Holbraad, 2003) としての人類学——それが、真の内在という視点である。▼[3] 思考について他なる思考をするというこうした作業の機会と重要性をうけいれることは、概念的な想像力——それは人間であれ非人間であれ、あらゆる集合体の生に固有な創造性と反省性によって感じとることができるものである——についての人類学理論を入念につくりあげるプロジェクトに関わるということなのである。

2——もちいる方法や前提とされる問題という点からすれば、第一のもの［人類学理論］と第二のもの［現地の知的実践］が、認識論的に同等だといいたいわけではまったくない（Strathern, 1987）。

3——したがって、これは、先に引用した一節においてレヴィ=ストロースが指摘した点と厳密に同じというわけではない。

この本のタイトルにこめた狙いは、人類学が、この分野にとっての『アンチ・オイディプス』にあたるような偉大な書物の最初のいくつかの章をすでに書きはじめているのだと明示することにある。というのも、もし**オイディプス**が、精神分析の創設神話における中心人物なのだとしたら、この本が提案するのは、人類学の聖なる守護者あるいは悪魔的な後見人たる**ナルキッソス**という候補者だからだ。この聖人あるいは悪魔は(とりわけ「哲学的」といわれるヴァージョンにおいては)、人類学的言説の主体と、主体でないもの――彼ら(われわれのことでもある)、非‐西洋、非‐近代、非‐人間――とを区別する根本的な特徴や基準を決めることに、つねに過剰にとりつかれてきた。他のいい方をすると、非‐西洋的で非‐近代的なものとして他者を構築するもののうち、他者を「もたない」ものがあるだろうか。資本主義や合理性、個人主義やキリスト教は他者をもたないのだろうか（おそらく、グディーに対してはもっと控えめないい方になる。つまり、アルファベットのエクリチュールや婚資には他者性がないのだろうか）。さらに、そうした他者を非‐人間（むしろわれわれの真の他者としての非‐人間）に仕立て上げるうえで、依然としておおきな欠落とされるものは何であろうか。不死の魂、ランガージュ、労働、開かれ、禁止、ネオテニー、メタ志向性だろうか。

これらの欠落はすべて、互いに似通っている。というのも、実際はどれも同じことなのであって、問題こそがまさに答えの形式を含んでいるのである。**大いなる分割**の形式、あるいは同様の排除の形式が、人種を、人類学的な意味での**西洋**の生物学的類似関係としてつくりあげる。そうした形式が、あらゆる他種や他民族を、一般的で排他的な一つの他者性に混ぜあわせてしまうのである。実際、何が「われわれ」を他者とは異なる存在にしているのかと自問することが――他の種、他の文化、「それら」が何であったとしても、大事なのは「われわれ」である――すでに一つの答えなのである。

したがって、「**人間**（に固有なもの）とは何か？」という問いを回避しながら、「**人間**」は本質をもたないとか、その存在が本質に先立つとか、**人間**存在は自由であり不確定であるなどというのでは、まったく話にならない。「**人間**とは何か？」という問いは、明白な歴史的理由により、隠蔽なしには答えることのできない問い、つまり他のいい方をすれば、**人間**の固有性とは、固有性をまったくもたないことなのだと反復しつづけることなしには答えることのできない問いとなった。このことが、おそらく人間に、他者のあらゆる固有性についての無限の権利を与えるのである。「われわれ」の知的伝統において千年来いわれてきたこと、それこそが、こうした人間の固有性のなさによる人間中心主義を正当化する。欠如、有限性、不在は、残りの生命のために、種が抱えることを運命づけられた区別なのである（まるでわれわれにそれを信じこませたいかのようだ）。人間の重荷、それは、普遍的な動物であること、そして世界が人間のために存在しているということである。非－人間は、知っての通り（しかし、どうやってそれを知ったのだろう）「世界貧困的」である。ヒバリはいうまでもない…。非西洋の人間についても、彼らには、世界のなかでやはりわずかなとり分しか与えられていないと疑わざるをえない。**西洋人**[4]としてのわれわれだけが、完成された人間、あるいはこういってよければ、壮大な未完成であり、世界の億万長者であり、世界の貯蓄家であり、「世界をかたどる者たち」なのである。西洋の形而上学は、まさにあらゆる植民地主義の起源なのである。

　それゆえ、問題は変化するし、それに答える方法も変化する。つまり、大いなる分割に抗して、マイナー人類学は、小さな多様体を増殖させるのである。小さな差異のナルシシズムではなく、連続した変異《ヴァリアシオン》のアンチ・ナルシシズムである。完成され仕上げられたヒューマニズムに抗する、「際限のないヒューマニズム」(Maniglier, 2000)であり、それは人間性を例外的な領域とはみなさない。多様体を増殖させなければならないのだと強調しておこう。というのも、ここでデリダ（2006）を想起しておくのがよいだろうが、問題は、記号と世界、人格と物、「われわれ」と「彼ら」、「人間」と「非人間」を統合-分割する境界を破棄しなければならないということではまったくないからだ。還元主義の安直さや一元論の気軽さというのは、融合主義の気まぐれとまったく同様に、問題外である。むしろ、あらゆる分割線をかぎりなく複雑な曲線にねじ曲げ、それらを「還元しない」（ラトゥール）こと、規定しないことが重要である。輪郭を消してしまうのではなく、それらを折りたたんで稠密《ちょうみつ》化し、虹色にして輝かせ、回折させなければならない。「われわれがいいたいのはこういうことだ。一般化した連続色彩主義…」（Deleuze et Guattari [D.G.], 1980: 123）。連続色彩主義、この構造主義的な語彙をもちいることで、構造主義の流れをくむプログラムが書き記されることになる。

4―― 私は、慣例にしたがって自らをここに含めておく。

『アンチ・ナルシス』の下書きは、人類学の学問分野を根底から再生する責務を負った何人かの人類学者たちによって、入念に開始された。よく知られた著者たちであるとはいえ、彼らの仕事は、いまだしかるべき評価をうけてもいなければ、広く知られてもいない——それは、彼らの出身国においてとりわけ顕著である。われわれがここで参照しているのは、まずはアメリカ人のロイ・ワグナーである。彼の功績は、「リヴァース人類学」についての豊かな着想をもち、「発明」と「慣習」についてすばらしい記号論をつくりあげ、さらに概念にかんする人類学的概念のヴィジョンをえがきだしたことにある。イギリスの人類学者マリリン・ストラザーンは、フェミニズムと人類学を交差させた脱構築－潜勢化に貢献した。それは、まさに「先住民の感性論」や「先住民の分析」といった発想－力を提示したのであり、それが西洋的理性によるメラネシア的な反－批判という、いわば二つの面を形成している。まさしくポスト－マリノフスキーの民族誌的記述の仕方を発明したのである。そして、ブルゴーニュ出身のブリュノ・ラトゥールは、集合体とアクター・ネットワークの超存在論的概念をうみだし、「いまだ（近代）であったことはない」という逆説的な動きをつくりだし、科学実践についての人類学に再び魅力を与えた。名前をあげると不公平になるので省略も公表もしないが、最近では、ここに多くの研究者をつけくわえることができる。▼5

しかし、引用されていようがいまいが、彼らの前にはレヴィ＝ストロースがいるのである。彼の仕事は、一方では、この分野の過去に目を向けて過去を称えるものであった。そして他方では、未来に眼を向けて未来を先どりするものであった。レヴィ＝ストロースがいうところに

5――ティム・インゴルドは、大いなる例外であるといわねばならない。彼は、フィリップ・デスコラ――後に言及する――と共に、おそらくわれわれの知的伝統における包括的な存在論的配分（les partages ontologiques englobant）、とりわけ「人間」と「環境」の分割を、もっとも先鋭的なかたちで再び問題にした（Ingold, 2000を参照のこと）。インゴルドのきわめて刺激的な仕事（アメリカ先住民のパースペクティヴ主義にかんする私の研究は、彼からおおきな影響をうけている）は、しかしながら、系統的に現象学に負っており、著者たちとこの論考においてとりあげられている概念とのあいだの関係性は、むしろ間接的なものである。

したがって、ルソーを人間科学の創始者とみなすべきなのだとすれば、レヴィ＝ストロース自身は、構造主義によって人間科学を再構成しただけでなく、内在性の人類学へといたる道筋を示すことで、それを潜在的に「無根拠化した」といわなければならない。しかもこの道筋は、「モーゼが、決してその素晴らしさを知っていたわけではない約束の地へと人びとを導いたのと同様」、おそらく彼が実際にはのりださなかった道筋なのである。[6] 人類学的な知を、先住民の実践の一つの変容とみなしながら、「人類学は観察されたものの社会科学をつくりあげるべく探究する」(Lévi-Strauss [L.-S.], 1958/1954: 397)。そして、その一〇年後には『神話論理』を「神話学の神話」と定義し、レヴィ＝ストロースは「来たるべき哲学」(Hamberger, 2004: 345)の道しるべを設定した。それは、無際限性や潜在性といったしるしによって肯定的に示されている。

ポスト構造主義の創始者としてのクロード・レヴィ＝ストロース…。親族研究について構造主義者の遺産を総決算した『ロム(人間)』誌のある巻のあとがきのなかで、われらがレヴィ＝ストロースは、強烈で決定的ともいえるつぎのようなコメントを残している。

> 人と神、友と敵、身内とよそ者といった対立の中立ちとして南アメリカの**先住民**が着想する類縁関係《アフィニテ》の考え方を批判的に分析することで、ブラジルの仲間たちが、捕食の形而上学と呼びうる事柄をひきだすに至ったのは、注目すべきことである。[…] この観念の傾向から、あるまとまりをもった印象が明らかにされる。喜ぶべきか悲しむべきか、い

ずれにしろ哲学はふたたびこうした舞台の前に立たされている。それは、われわれの世代が、異国の民族に頼んでバラバラにしてもらう手だすけをしてもらったわれわれの哲学のことではなく、事象への驚くべき回帰、つまり彼らの哲学のことである。(L.-S, 2000: 720)

のちにみるように、ここでは、ブラジルの仲間たちによって正確に記述された論考の内容が見事に要約されている。[7] 実際、われわれは、南アメリカの**先住民**が類縁関係《アフィニテ》の観念を使用しているという固有の形而上学的慣習を、民族誌の軸の一つとして理解するだけでなく、一方で、レヴィ＝ストロースが非－関係性の様相について喚起した二つの哲学――「われわれの哲学」と「彼らの哲学」――、そして他方で、構造主義を駆動させるこの来たるべき哲学のあいだにみられる関係性という問題を再び考えなおすための概略を示そうとしている。

というのも、喜ぶべきか悲しむべきかはともかく、やはり哲学が問題だからである。あるいは、構造主義とポスト構造主義のあいだの曖昧な境界の両側に構成された、超領域的な問題を

6――モーゼへの言及は、「マルセル・モースの業績への序論」(L.-S., 1950. XXXVII) にみられる。そこで著者はつぎのようにつけくわえている。「モースが乗りだすことのなかった何かしら決定的な道がなければならない…」。

7――この箇所への他のコメントにかんしては (Viveiros de Castro, 2001a) を参照のこと。また (Maniglier, 2005b) においても強調されている。

新たに検討することで、人類学と哲学のあいだに再び確かな結びつきをつくりなおすことが重要なのである。保守主義者の革命は、この十数年のあいだ、生態学的にも政治的にも世界をまったく息苦しい場所に変容させるのにおおきな力をもったのだが、その直前に生じた思考の熱狂と豊饒の束の間の時期に、立ち戻らなければならない。

そこで、二つの道筋がある。人類学と哲学を交差させる読み方には、一方で、アマゾンの思考を頼りにするもの——ここでは「構造主義のアメリカ先住民的な基礎」(Taylor, 2004: 97)を再びおもいおこしておくことが極めて本質的となる——があり、他方で、ジル・ドゥルーズによる、「異端の」構造主義(Lapoujade, 2006)を頼りにするものがある。目的もふたつある。思考の永続的な脱植民地化の運動としての人類学という理念に接近すること、そして、哲学のやり方とは他なる概念創造の方法を提案することである。

しかし、結局のところ人類学が問題なのである。少し前の過去を振り返ってなされるここでの探索の狙いは、懐古的というよりは、未来を展望するものである。いくらかの可能性を呼び覚ますこと、何らかの雲の切れ間を垣間みること、そのことで、われわれの学問分野が、少なくとも自分自身にとって、知的プロジェクトとして、停滞のなかで死に逝くのとは異なる結末——ややおおげさにいえば——を想像できるようにしたい。

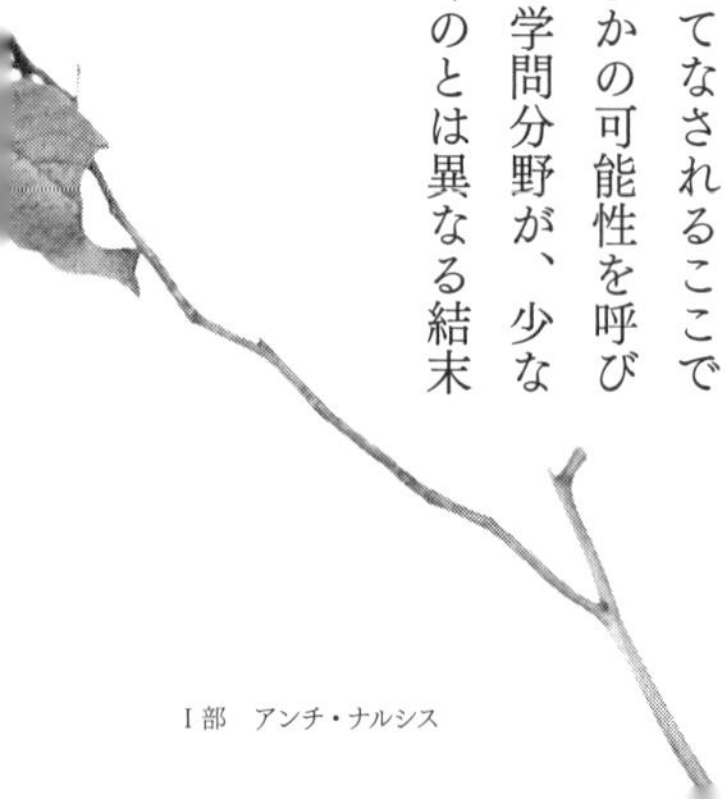

2章 パースペクティヴ主義

タニア・ストルッ・リマと私が、アメリカ先住民のパースペクティヴ主義という概念を提案したのは、人類学の歩みをある意味で再評価するためであった。この概念は、理念《イデー》と実践のこみいった関係を再形象化するものであるが、**新世界**において広範囲に拡がったにもかかわらず、専門家はこの知的混乱の力を正しく評価してこなかった（この言葉こそが適切なのだが）[8]。そこに多自然主義という概観的な概念がつけくわわることになったのだが、この概念は、アメリカ先住民の思考を、現代哲学のある種のプログラムの予想外のパートナー——こういってよければ、暗きさきがけ——として提示するのである。つまり、可能世界の理論のまわりで展開す

るようなもの、近代性のすさまじい二項対立の外部に一挙につくりだされるようなもの、あるいは、あらゆる存在論的な問いに認識論的な回答をみつけなくてはならないといった批判主義のヘゲモニーの終焉を確かなものとし、「超越論的経験論」や「思弁的実在論」といった旗印《はたじるし》のもとで少しずつ新たな思考の逃走線を規定するものとして、［アメリカ先住民の思考を］提示するのである。

この二つの概念は、われわれがつい先ほど言及した「捕食の形而上学」を宇宙論的《コスモロジック》に想定した分析によって明らかになった。レヴィ＝ストロースの要約からひきだすことができるこの形而上学は、類縁関係を示す先住民のカテゴリーの強力な思弁的生産性において、そのもっとも高い表現力を獲得する。われわれはこの現象を、他の概念、すなわち潜在的な類縁関係という概念にさらに翻訳した。[9] 潜在的な類縁関係とは、ドゥルーズがアメリカ先住民の世界の「**他者**の構造[10]」と呼んだ特徴的な図式主義のことである。すなわちそれは、カニバリズム＝食人という記号によって消しようのない烙印を押され、この世界の住人について想像する際にはいつでもついてまわるモチーフとなっている。かくして、種のあいだのパースペクティヴ主義、存在論的な多自然主義、食人の他者性が、先住民のもう一つの人類学の三つの側面をかたちづくる。それは、西洋の人類学の対称的で反対方向の変容である――ここで対称的というのは、ラトゥールの意味においてであり、反対方向というのは、ワグナーのリヴァース人類学の意味においてである。この三角形をえがくことによって、われわれは、レヴィ＝ストロースが「われわれ［の哲学］」の対極においた「エキゾティックな人びと」の哲学の輪郭をはっきりえがきはじめることができる。他のいい方をすれば、『哲学とは何か』（D.G., 1991）の第四章（「哲学地理学」）において着手されたある圧倒的なプログラムを、現実のものにしようと試みることができる。この二人のケースにおいて、たとえ方法論的な曖昧さや意図的な多義性が代償となっているとしても――いつだってそれを支払う準備がなければならない――われわれはその試みをはじめることができるのだ。

8――――基本的な文献として（Lima, 1999/1996; 2005/1995）、また（Viveiros de Castro, 1998/1996; 2002a, b.）を参照のこと。この先、われわれが文字通り繰り返すことになる文章や主題は、人類学の読者、なかでもアメリカ研究者には広く知られたものかもしれない。しかし、他の読者にはおそらくこの繰り返しは有用であろう。

9――――（Viveiros de Castro, 2001; 2002b/1993）。本書の11章を参照のこと。

10――――Deleuze [D.], 1969a

この作業は、まったくの偶然からはじまった。そうでなければならなかったのだ。すなわち、現実に内在するパースペクティヴという多様体の概念に注意を払いながら、アマゾンのコスモポリタン性に関してわれわれが行った探究の結果と、レヴィ＝ストロースが『人種と歴史』において報告し、アメリカ大陸征服の主題としてよく知られているある逸話とのあいだに、ある共鳴があることを不意に感じとったのである。

アメリカ大陸発見の数年後、大アンティル諸島では、スペイン人が先住民たちに魂があるかどうかを調べるために調査団を派遣したのに対して、先住民たちは、彼ら白人の死体が腐敗するかどうかを長いあいだ見張って確かめるために、白人の捕虜を水に浸すことにした。

(L.-S., 1973/1952: 384)

この著者は、この人類学的なコンフリクトのなかに、あるバロック的なアレゴリーを見だした。すなわち、人間本性の典型的な現れとは、彼ら自身の一般性を否定することにあるという事実である。ある種の先天的な強欲さは、人間性という属性を一つの全体としての種へと拡張することを妨げるのだが、そうした強欲さこそが、まさに彼らの属性の一つであるようにおもわれる。つまり、自民族中心主義とは、常識(おそらくそれは、たんに統覚という契機にすぎないが)のようなものであり、よりよく分割された世界の問題なのである。教訓はなじみのあるものであるが、そのことによって教訓の手厳しさが減じるというわけではない。他者を犠牲にして自分自身の人間性を優遇するということは、もう一つの差別と本質的に類似している。なぜなら、**同**(**西洋人**)にとっての他は、**他**(先住民)にとっての他と同様のものとして現れ、**同**は、知らないうちに、**他**と同じ姿をみせることになるからである。

レヴィ=ストロースは明らかにこの逸話に魅了されており、『悲しき熱帯』のなかで繰り返しこれを語ることになる。しかしここで、彼は補足的に皮肉な襞を挿入する。両者のあいだの類似性よりは差異を強調し、他者の人間性にかんする調査において、**西洋人**は社会科学を援用するが、**先住民**はむしろ自然科学を信用するということに注意を向けている。そして、前者が先住民は動物だと主張するのに対して、後者は、**西洋人**は神なのではないかと疑いをかけるにとどめる。「私の結論は、［両者が］同じように無知なのだというものだ。後者［先住民］の振る舞いは、もちろんより人間にふさわしい」（1955, 81-83）。もしこれが現実に生じたケースであるなら、[11]われわれはつぎのように結論しなければならない。他者に関して同じように無知であるにもかかわらず、**他**の他は、**同**の他と同じでは決してない。おそらく、真逆だというべきだろう。実際、先住民の世界において、人間性に関わる二つの他者——動物性と神性——のあいだの関係性は、われわれがキリスト教から継承したものとまったく異なっている。レヴィ＝ストロースの修辞的な対比は、タイノの宇宙論的なヒエラルキーよりはむしろ、われわれのそれに訴えかける効果がある。[12]

いずれにせよ、これは不均衡に対する一つの媒介（仲裁）なのであって、ここからわれわれはつぎのような仮説を導いた。アメリカ先住民の存在論の体制は、**西洋**においてもっとも普及した体制と相違するということ、正確にいえば、身体と心に対して逆転した記号作用が与えられるということである。アンティル諸島［中央アメリカのカリブ海にある諸島］のエピソードに登場するスペイン人にとっては、顕著に表れるのは心の次元であるが、**先住民**にとってそれは身体である。**西洋人**は、**先住民**が身体をもつ（動物もまた身体をもつ）ことを決して疑わない。一方、**先住民**は、**西洋人**が心をもつ（動物や死者の霊もまた心をもつ）ことを決して疑わない。**西洋人**の自民族中心主義は、他者の身体が心を含んでおり、それが形式上、彼ら自身の身体に宿る心と類似するということに疑いをかける。反対に、アメリカ先住民の自民族中心主義では、他者の魂や精神が、先住民の身体に類似した物質的な身体をもっているということが疑われるのである。[13]

11――(Sahlins, 1995) がとり上げるように、侵入者が現地の神に関わるというのは、近代人と先住民がさまざまに遭遇する際に観察される現象である。先住民たちは、近代性やヨーロッパ性について考えるよりも、神について考えることのほうがずっと多いのである。

12――この逸話は『オヴィエド・インディアンの歴史』からの抜粋であり、イスパニョーラ島(一五一七年、聖ジェローム修道会の司祭によって入植者に対して調査がなされた)と、プエルトリコ(若きスペイン人が発見し進入するも、先住民によって捕えられ、そして溺死させられた)にみられる。それは、「人間科学の考古学」が、少なくともバリャドリッド論争(一五五〇-一五五一年)まで立ち戻らなければならないことを示す最大の根拠である。この論争は、アメリカ先住民の自然権について、ラス・カサスとセプルベダのあいだで争われた(Padgen, 1982)。

13――新しい名前によって古い魂がうけとられる。いまやそれが仮面をつけて進行する。文化、象徴、心という意味での精神……。他者の魂についての神学的問題は、完全に、「他者の心」として知られる哲学的パズルになった。今日ではそれが、人間の意識、動物の精神、そして機械の知性(神はインテルのマイクロプロセッサーのなかに住まうのである)についての脳科学研究の先頭に立っている。後者二つについては、ある動物が魂や意識といったもの――おそらく文化についても同様である――をもたないのかを知ることが問題となっている。そして逆に、オートポエティックでない――他のいい方をすれば、実際の身体をもたない――物質的なシステムが、志向的な態度を示しうるのかが問題となっている。

ロイ・ワグナー（アメリカ先住民のパースペクティヴ主義の理論にとって決定的に重要な媒介者となるメラネシア研究者）の表現をもちいれば、身体は、生得的なもの、あるいは西洋的な存在論における自然発生的なもの（「自然」）の次元に属しており、そうした次元は「慣習的」な記号化操作の反－発明的な結果である。それに対して、心は構築される次元にある。それは「分化する」記号化の産物であり、「根本的な区別を乗り越えたり、この世界の特異な個体性を具体化したりすることで、慣習的な世界を明示したり具体化したりする」（Wagner, 1981: 42）。これに対して、先住民の世界では、魂は「あらゆる事柄にかんする暗黙の慣習的秩序の現れ…として経験される」のであり、それは「魂をもつ者が、他者（存在）と似るような様態を総合し、さらにその様態の彼岸において、魂をもつ者は彼ら［他者］を差異化する」（*ibid.*, 94）。反対に、身体▼14は、エージェントの責任に立ち戻るような領域に属している。それは、生得的な基盤や「内在的な人間性」の普遍性に抗してつくりあげなければならないような、根本的な形象である（*ibid.*, 86-89）。いくつかつけ足すと、西洋人たちの実践は、所与の身体－物体（自然）の基盤から「魂をつくりあげること」（そして文化を分化すること）にある。それに対して、先住民の実践は、所与の社会－精神の連続性から「身体をつくりあげること」（種を分化すること）にある。あとでみるとおり、それは神話のなかに正確にえがかれているのである。

ワグナーの理論システムは、概念的に緻密で極めて独創的であり、啓蒙的な要約を拒む。読者には、『文化の発明《インベンション》』（Wagner, 1981）を直接読んでもらいたい。そこでなされている説明は、極めていきとどいており、同時に成功している。おおざっぱにいえば、ワグナーの記号論とは（人間と、おそらく非人間に関わる）実践の理論である。それは、象徴化の二つの様態を相互に、そして再帰的に操作しながら、実践を徹底的に一貫したものとして理解する。すなわち実践とは、(1)慣習的もしくは集合的な（文字表記でもある）象徴体系であり、そこでは記号《シーニュ》は、「指示対象」の異質的な平面に逆らうかぎりにおいて、つまり、記号がそれ自身とは何か他のものを象徴するとみなされるかぎりにおいて、標準化された文脈（意味論、形式言語の領域）で組織される。そして、(2)差異化する、あるいは発明的な（具象的でもある）象徴体系であり、慣習的な象徴化によって表象される現象の世界は、慣習的な対立を解消しながら、「それ自身によって表象される象徴」、すなわち、象徴と指示対象として同時に姿を現すような出来事から構成されたものとして理解される。何よりまず注視しなければならないのは、指示対象の世界――「実在」――が、ここでは記号論的な効果として定義されているということだ。記号の他者とは、「自らを表象する」特異な能力をそなえた、他の記号なのである。出来事もしくは機会としての現勢的な存在者の存在様態は、トーテゴリー［tautégorie：「同じ」を意味するtaurとallegoryを合わせた造語で、シェリングが神話解釈に用いた。アレゴ

14――ここで、われわれはワグナーに対して（彼がこの言葉に与えた意味において）「革新している」のである。彼は『文化の発明』のなかで、分化する諸文化における身体の地位を問題にはしなかった。

リーが、異なる主題を類似によって表現するのに対して、トーテゴリーは、同じ主題を異なる仕方で表現する」である。さらに、強調しなければならないのは、二つの様態のあいだの対比は、それ自体が慣習化した操作（そして知覚）の結果であるということだ。発明と慣習の区別は、それ自体が慣習的である。しかし同時に、あらゆる慣習は反－慣習からうみだされる。この対比は、したがって、内在的に再帰的である。とくに、われわれが、人間文化は根本的に象徴化の様態と対立すると考えるならば、なおさらである。人間文化は、「所与」の機能を保存しながらも、行為や発明に対して獲得された要素を（慣習的に）重視する。文化（慣習についての人間のマクロな体系）は、エージェントの責任領域（「構築された」世界）に属すると定義されたものによって特徴づけられるのであり、さらに、「所与」つまり非－構築の世界に属するもの（というのも、それは帰属としての反－構築なのである）によって特徴づけられる。

文化的な慣習のあらゆる総体の核心は、ある単純な区別のなかにある。つまり、非－慣習化された、もしくは慣習そのものの非－慣習化であるようなコンテクストのタイプ——これらは人間の行為のさなかで決然と分節化される——、そして、「所与」もしくは「生得」という慣習的な見せかけの下で、「動機」として反－発明されなければならないようなコンテクストのタイプとのあいだの区別である。本質的には、〔…〕二つの可能性しか存在しない。動機づけられた集合体（社会とその慣習）を、「生得」としてつねに反－発明するような、分化する行為の形式を決然と実践する人たち、そして、分化する動機を反－発明するような、集合的な行為の形式を決然と実践する者たちである。

(Wagner, 1981: 51)

アンティル諸島での出来事についてレヴィ＝ストロースが指摘した人類学の交差配列《キアスム》は、アマゾンの民族誌において区別されはじめている二つの特徴と、はっきり一致している。第一に、彼は予想外の方法で、アニミストとして新たに（やや一方的ともおもえる方法で）定義された存在論の中心に、身体性のエコノミーの重要性を確認した。[15] 確認したというのは、なぜかといえば、これは『神話論理』においてすでに豊富に明示されていた事柄だからである。しかしながら、これは文字通りに、つまり、諸神話の変容のある神話的変容こそが目的なのだというようにうけとらなければならない。ここでえがかれているのは、厳格なデカルト主義者と気まぐれなラブレー主義者とを結びつける一つの散文である。それは、比較による法神学的な陰鬱さ

（われわれの分野をつくりあげている権利と義務、秩序と原理、カテゴリーと「道徳的な人格」をおもい浮かべてみよ）によって苦しめられたわれわれ自身の人類学の亡霊のような用語で説明されるというよりは、むしろ、器官の流れと物質的なコード、知覚の多様性と動物への生成、という観点からかたちづくられた先住民の人類学なのである。[16] 第二に、彼のおかげで、存在者の潜在的な次元（「心」）の痕跡あるいは総称のない地位についての理論的含意がいくらか理解可能になった。それは、先住民の知の構造的な力にかんする主要な前提であり、西洋の人類学によってえがかれた自らのイメージをえがきなおすことを可能にする。そしてそのことで、「われわれは、自分を見失ってしまうようなイメージを追い払うのである」。この二重のねじれ、つまり、日常的な表象に貼られる物質主義と、思弁的であること、アニミズムについての心理

15――アニミズムのテーマについては、このところフィリップ・デスコラ（1992, 1996）が熱心にとり組んでいるが、彼はそのなかでアマゾンにかんする資料に際立った注意を払っている。

16――アメリカ先住民の身体性の問題を最初に形式化したものとして、Seeger, DaMatta et Viveiros de Castro（1979）を参照のこと。この仕事は、その後の一〇年間にわたって人類学を席巻した身体《エンボディメント》化の主題とは一切無関係に進められたものであり、明確に『神話論理』に寄り添っている。アメリカ先住民の民族学に携わる現行の構造主義者は、現象学的な意味での肉食が「敬虔であると同時に官能的」（D.G., 1991: 169）であること――『生のものと火を通したもの』の読者ならば「腐った木からの呼びかけ」というところだろう――を聞きいれようとはせず、受肉について、聖なる三位一体説というよりはむしろ料理の三角形の観点から考えるのがつねであった。

主義者と実証主義者という二重のねじれこそが、ライプニッツやニーチェ、ホワイトヘッド、ドゥルーズにおいてみることができるさまざまなレッテルと結びつけられた哲学的命題との（少なくとも証明されるのと同様に構築される）類似の名において、われわれが「パースペクティヴ主義」と呼んだものなのである。

さまざまな民族学者がすでに指摘してきたとおり――ほとんどの場合、通りすがりに指摘するだけなのだが――**新世界**の多くの人びと（ほとんど全て）は、世界とは視点の多様性から構成されるものであるという概念を共有している。あらゆる存在者は志向性の中心なのであり、彼らは他の存在者を、彼らの特性や各々の能力によって理解する。こうした考え方の前提と帰結は、まっさきにおもいおこされるであろう相対主義のよく知られた概念には還元されない。実をいえば、これは、相対主義と普遍主義のあいだの対立に直角に交わる平面に整理されるのである。われわれの認識論的な論争の観点からみたアメリカ先住民のパースペクティヴ主義のこうした抵抗が疑問にふすのは、論争に拍車をかけるような存在論的分割の移植可能性である。

多くの人類学者が（異なる理由によるとはいえ）こうした結論に到達している。そのとき彼らが強調するのは、**自然**と**文化**のあいだの分割——学問における憲法の第一条であり、そこでは西洋の形而上学の古めかしいかたちに忠誠を誓うことになる——を、非西洋の宇宙論の特定の次元や内在的な領域を記述するために活用しようとすれば、厳しい民族学的批判の対象となることを免れないだろうということである。

この場合、「**自然**」と「**文化**」という二つの範型に並べられた属性、すなわち、普遍と特殊、客体と主体、物理現象と道徳、事実と価値、所与と創設されたもの、必然と偶然、内在と超越、身体と精神、動物性と人間性などを配列しなおすよう仕向ける批判がある。こうした新たな概念地図の状況のために、われわれは、近代の「多文化主義」の宇宙論に対して、アメリカ先住民の思考に特有の表現を指し示すために「多自然主義」という表現をもちいるよう提案するにいたったのである。前者は、自然の単一性と文化の多様性のあいだの相互の含意をよりどころにしている——一つには、身体と実体の客体的普遍性によって保証されており、二つには、精神とシニフィエの主体的固有性によってうみだされる◀17——のだが、アメリカ先住民の概念は、反対に、精神の単一性と身体の多様性を想定している。「文化」もしくは主体が、普遍性の形式をえがき、「自然」あるいは客体《オブジェ》が、個別の形式をえがくのである。

アメリカ先住民の民族誌は、人間にせよ非人間にせよ、こうしたさまざまなタイプのアクターや主体的なエージェント——神、動物、死者、植物、気候学的な現象、多くの場合は対象《オブジェ》、そして人工物——が住み着く世界を記述するコスモポリタンな理論への参照にあふれている。これらすべてが、パースペクティヴ、欲求、認知を配置する同様の全般的な総体を与えるのである。他のいい方をすれば、「魂」に似たものを与えるのである。この類似には、ほとんどパフォーマティヴな、統覚の同じ様態が含まれている。すなわち、心をもった動物やそのほかの非人間は、「自らを、人格をもったものと考える」、それゆえ、彼らは「人間なのである」。つまり、志向的な対象、あるいは(みえるものとみえないものの)二つの側面をもった対象が構成されるのは、社会と実在の関係性によるのであり、それらは、再帰的で相互的、つまり集合的な代名詞の二重の様態のもとにあるのである。しかしながら、こうした人間がみるもの——そして、それゆえに人間となるもの——は、まさに、先住民の思考によって、また先住民の思考のために提起される哲学的な問題となるのである。

　魂の類似性は、この魂が表現したり知覚したりするものの対立を含意するわけではない。人間が動物、精霊、その他の宇宙的なアクターをみる方法は、こうした存在者が人間をみたり、自らをみたりするやり方とはまったく異なっている。典型的には——このトートロジーはパースペクティヴの零度である——人間、それも規範的な状態にある人間は、人間を人間として理解し、動物を動物として理解する。精霊に関していえば、こうした通常は眼にみえない存在者

17——Cf. Ingold, 1991: 356.

をみることは、その「状態」が規範的でない——病気である、もしくはトランス状態か他の副次的な状態である——ことを確かに意味するのである。獲物は、人間を精霊や捕食者としてみるのだが、捕食動物と精霊の側からみれば、人間は獲物である。ペルーのアマゾンに住むマチゲンガについて、「人間存在は、自らをそのようなものとしてみる。しかしながら、月、蛇、ジャガー、そして天然痘の病原体は、人間をバクやペッカリーとみなして殺すのだ」と、ベアー（1991: 224）は指摘している。われわれが非人間とみなすもの、実はそれ自身（そのそれぞれの同種）こそが、動物や精霊が人間とみなしているものなのである。それらは、家や村にいるときには、人間に似た存在として感じとられる（あるいは、生成する）。そして、その振る舞いや特徴は、文化的な外観によって理解される。そしてそれらは、自らの食べ物を、人間の食べ物のように理解するのである（ジャガーは、血をトウモロコシのビールとみなすし、ハゲワシは、腐った肉に沸く虫のことを焼き魚とみなす、など）。それらは、身体的な特性（毛並み、羽、爪、くちばし、など）を、装身具や、文化的な道具とみなす。それらの社会システムは、人間的な制度にのっとったやり方で組織される（首長、シャーマン、半族、儀礼…）。

少し詳細にみていく必要があるだろう。パースペクティヴ主義は、すべての動物（たいていの場合、他者を含むすべてであり、少なくとも死者を含む）に対して、稀《まれ》にあてはまることがあるだけである。そこに含まれる動物というのは、ほとんどの場合、ジャガー、アナコンダ、ハゲワシ、あるいはオウギワシといった、大型の捕食者や腐肉にたかる動物たち、また同様に、典型的に人間の獲物である、野生のブタ、サル、魚、シカ、バクのような動物である。実際、パースペクティヴ主義の転倒の根本的な次元というのは、捕食者と獲物の相対的で関係論的な立場に関わっている。捕食についてのアマゾンの形而上学は、パースペクティヴ主義の好機となるような実践的《プラグマティック》で理論的なコンテクストとなるのである。とはいえ、その相対的な立場の関係性のなかで、捕食者としての力の序列を決定することができる存在などほとんどいないのである。

　というのも、すべての存在者が必ずしも事実上の人格であるとは限らないが、基本的なポイントは、いかなる種や存在様態であれ人格であることを（権利上）妨げるものは何もないということにある。つまり、タクソノミー、分類、「民族－科学」の問題が大事なのではない[18]。あらゆる動物や、その他の宇宙の構成要素は、強度的に人間なのであり、潜在的に人間なのである。なぜなら、それらのうちのいずれも、自らがある人間存在であることを示す（に変容する）ことができるからである。単純な論理的可能性が問題なのではなく、存在論的な潜勢力が

18　スーダンのディンカでは、クランの神性に、種、存在者、現象の混淆が関わっているのだとリンハートがいっていることと比較してみよ。「ディンカは、特定の種がクランの神性に包含され、他の種が排除されるといった原理について何ら理論をもたない。彼らによれば、そこには理由などないのであり、何であれクランの神となれるものなど存在しないのである」（Lienhardt, 1961: 110）。

問題なのである。「人間であること」そして「パースペクティヴをもつこと」、それは度あい、コンテクスト、立ち位置の問題なのであり、どういった種であるかという際立った固有性が問題なのではない。ある非人間的な存在は、他よりもより完全なやり方でこの潜勢力を現実化するであろうし、さらにそのうちの特定の存在者が、われわれの種がもつ潜勢力よりもより優れた強度をもって、その潜勢力を示すであろう。この意味で、それらは人間であるというよりは、「より人間的」な存在なのである（Hollowell, 1960, 69）。さらに、この問題には本質的にアポステリオリな（経験的な）性質が関わっている。とるに足らないある存在者が、人間のように装うことができるよく似たエージェントとして（幻想、病気、シャーマンによって）立ち現れるという可能性は、つねに開かれている。ある存在が人格をもつためにもっとも決定的なのは、いかなる宇宙論的なドグマよりもまして、何より「人格的な」経験をすることなのである。

もし、ある存在者を人間として考えることを妨げるものが何もないのなら――つまり、生社会の多様体という点で――、他の人間集団を人間とは考えないということもあるだろう。さらに、これは規範なのである。つまり、まったく奇妙なことではあるが、アマゾンの人びとは、およそありそうもない形式によって隠れた人間をみるのだし、より正確にいえば、同様にありえそうもない存在が人間としてみられたり、同じ種族や、時には地理的にも歴史的にもつねに近くにいる隣人に対して、人間性を否定したりするといった、よく知られた自民族中心主義をともなうことがあるのだということをはっきり示しているのである。こうして、長きにわたって人間の条件についての宇宙論的な独我論を甘受してきた古いヨーロッパ（たしかに、種のあいだの間主体性という慰めによって和らげられてはいる）を果敢に脱魔術化する思慮に向きあうと、われわれがとり上げているエキゾティックな民族は、二つの幼稚なナルシシズムのあいだでたえまなく揺れ動くことになるのである。つまり、同族のあいだでのしばしば非常によく似た小さな差異と、まったく異なる種のあいだにみられる大いなる類似という二つのナルシシズムのあいだで揺れ動くのである。そこでは、他者は何にもいたることができない。自民族中心主義とアニミズムは、過少であるかもしくは過度であるか、いずれにしろつねに極端なのである。

人格の条件（その普遍的な統覚の形式とは人間の形式のことである）がほかの種に「拡張」され、またわれわれの種の他の集団に「拒絶」されうるという事実からすぐにわかることは、人格の概念——内在的な潜勢力の際によって構成された志向性の中心——が、人間という概念に先行し、論理的にその上位にあるということだ。人間性とは、同族であるという立場のことであり、集団の再帰的なモードのことであり、そうしたものとして、人間性は、捕食者あるいは獲物の原初的な立場との関係でひきだされる。そしてそれは必然的に、パースペクティヴの他性という状況のなかで、他の集団、他の人間的な多様体をまきこむことになる。[19] この類似性や同族性は、社会的に生産され、ある特定の捕食者の差異という断固たる未決定性から生じるのであり、それに先行するものではない。[20] アメリカ先住民の親族関係のプロセスは、まさにこうして構成されている。ドゥルーズとガタリに着想を与えたのは、捕食者の内在的な安定化としての「再生産」であり、その断固たる未完成さであり、ベイトソン（あるいはバリ人）がいうところの「強度が持続する平面」を称揚するやり方なのである。カニバリズムをあつかう他のテクストにおいて、レヴィ＝ストロースが、引き算による同一性という発想を、完全にアメリカ先住民のパースペクティヴ主義に依拠して定式化しているのは、偶然ではない。

> カニバリズムの問題性は……慣習の原因を探すことにあるのではない。逆に、社会的な生がおそらく帰着するであろう捕食の下限が、どうやって生じたのかを知ることにある。
> (L.-S., 1984: 144; L.-S., 1971: 617も参照せよ)

これは、まさに古典的な構造主義の教訓を応用しているということに他ならない。すなわち、「類似はそれ自体で存在するわけではない。それは、差異のある特殊な状況にすぎないのであり、そこでは差異はゼロに向かっているのである▼21」(L.-S., 1971: 32)。よく知られているように、「向かっている」という動詞にすべてがある。というのも、他者を観察するのと同じように、差異は「何も無効にはしない」からである。差異がその概念の力を完全に開花させることができるのは、それが極限にまで小さくなるときだけなのだ。たとえば、双生児のあいだの差異のことであると、アメリカ先住民の哲学者ならばいうだろう (L.-S., 1991)。

19――「人間」は、実体ではなく関係性を示す語である。未開人が、自らを「人間存在」や「本当の人間」と自称すること(同時にナイーヴでもあり傲慢でもある)は、それが構文論的なものでないのだとすれば、語用論的《プラグマティック》に機能しているように思われる。つまり、発話者の「主体」の位置を示す実詞というよりは、代名詞として機能しているのである。それゆえ、集合的なアイデンティティについての先住民のカテゴリーは、エゴの直接の両親から、あらゆる人間、もしくはすでにみたとおり意識をもつあらゆる存在者にいたるまで、自己／他者の対比を示しながら、代名詞の特徴である文脈上の変異をすることとなる。その蓄積が「民族名」となるのだが、それはかなりの程度、民族誌との相互作用のなかでつくられた人工物であるようにおもわれる。

20――Taylor et Viveiros de Castro, 2006: 151; Viveiros de Castro, 2001b.

21――この教訓は古典的なものだが、「構造主義者」と呼ばれる人類学者で、この考え方を徹底的に、つまりその彼方にいたるまで本当に理解したものはほとんどいない。おそらくそれは、『差異と反復』に近づきすぎているせいだろうか。

実際の非人間が、一方で不可視の顔の形態をもつという考え方は、先住民の実践のさまざまな次元において、根底的な前提となっている。しかし、それがもっとも重要になるのは、ある特定のコンテクスト、つまりシャーマニズムにおいてである。アメリカ先住民のシャーマニズムは、ある特定の個人が、種のあいだにある身体的な障壁を横断したり、異質な主体性のパースペクティヴを自分のものにしたりすることによって、非人間と人間のあいだの関係を調停するような、熟練の能力として定義することができる。非人間的な存在者が、自らを（人間と同じように）おもいえがくような仕方で、彼らの姿をおもいえがくとき、シャーマンは、種を超えた対話における、強力な対話者としての役割を確かなものとする。そして何より、彼らは歴史＝物語を語るために元に戻ってくることができるのだが、それは俗人にはできないことである。パースペクティヴの接触あるいは交換は、危険なプロセスであり、政治の手腕、すなわち一種の外交である。西洋の相対主義が公的な政治として多文化主義を採用しているとすれば、アメリカ先住民のシャーマン的なパースペクティヴ主義が採用するのは、宇宙論的な政治としての多自然主義である。

シャーマニズムは、ある認識のモードを含意した行動のモードであり、あるいはむしろ、認識のある特定の理想である。そうした理想は、ある意味では、西洋近代が促進する客体主義的な認識論の対極にある。この客体主義的な認識論にとっては、対象のカテゴリーがテロスを与える。つまり、認識することは「客体化すること」である。それは、ある対象について、対象に内在するものと認識主体に属するものとを区別する力のことであり、そして、そのようなものとして、不当にあるいは避けがたく対象に投影されてきたものでもある。認識するということは、脱主体化するということなのであり、主体の一部を理想的な最小状態へと縮減するために、客体のなかに現れる主体の一部を明示するということなのである（あるいは、眼をひく批判効果を確保するために、主体の一部を拡大するということである）。主体は、客体とまったく同様に、客体化のプロセスの結果として現れる。つまり、主体は、自らがうみだす客体のなかで自らを構成し、自らを再認識するのである。そして、主体は、「それ」といったように、「外側から」自らをおもいえがくことに成功したときに、自らが客体的であると知るのである。

われわれの認識論は、客体化と呼ぶことができる。客体化されなかったものは、現実的でない、もしくは抽象的な状態にとどまる。他者の形式は、事象《ショーズ》なのである。

アメリカ先住民のシャーマニズムは、まったく逆の理念《イデー》によって導かれている。すなわち、認識することは「人格化すること」であり、知られるべきものの視点を手にいれるということである。あるいは、知られるべき者を手にいれるということである。というのも、すべては「事象のうちの誰」（ギマランエス・ローザ）を知ることだからである。何がなければ、「なぜ」という問いかけに知的に答えることはできない。**他者**の形式は、人格なのである。流行の語彙をもちいて表現すると、人格化もしくはシャーマニックな主体化とは、精神についての現代の哲学者（もしくは現代精神についての哲学者）の表現を借りて「志向的な態度」を普遍化する傾向を反映しているといえる。より正確に記せば、先住民は日々の生活のなかで完璧に「物理的」で「関数的」(Dennett, 1978) な態度をとることができるので、われわれはここで理想の認識論に向きあっていることになる。それは、世界の完全な客体的表象にいたるために「周囲の志向性」を零度に縮減しようという探究からはほど遠く、まったく逆のことが賭けられている。つまり、本当の認識は、システマティックに、そして断固として「エージェンシーのアブダクション」のプロセスを通して、志向性が最大化された状態におけるひらめきに狙いを定める。シャーマニズムは、政治の技術なのだとわれわれは声高にいおう。むしろ今や、政治の技術でもあるのだ。[22] というのも、よきシャーマン的解釈というのは、本当にそれぞれの出来事を行為として、つまり状態もしくは何らかのエージェントの志向的な属性の表出としてみることに成功しているものだからである。解釈の成功は、対象やノエマに帰することができるような志向性の秩序に正比例する。[23] 一つの実体もしくは一つの事象の状態というのは、主体化、つまりそれらを認識する人間との社会関係の現実化にひきずられることはない。それは、シャーマンにとってはどうでもよいことである――つまり認識の残留物、正確な認識に逆らう「非人格的要因」である。繰り返すまでもないが、われわれの客体主義的な認識論というのは、逆の意味＝方向を

22―― 芸術的な経験と「エージェンシーのアブダクション」のプロセスの関係については、アルフレッド・ジェルが『芸術とエージェンシー』（一九九八年）において分析している。

23―― われわれはここで、デネットの志向性のシステムにおけるn序数を参照している。第二の秩序における志向システムでは、観察者は、ただ信念、欲望、そして対象への他の志向性（第一の秩序）だけでなく、他の信念に対する信念等に関わる。もっともよくうけいれられている認知主義者の命題では、唯一ホモ・サピエンスだけが、第二のもしくはそれ以上の秩序において志向性を発揮するものとされている。「エージェンシーが最大化されたアブダクション」というシャーマン的な原理は、逆に、明らかに物理主義的な心理学の教義に陥っていることがわかる。「心理学者はしばしば、「ロイド・モーガンの思考節約の法則」というよく知られた原理に頼る。それは、オッカムの剃刀の特殊なケースとして考えられるものである。この原理では、行動を理解するためには、もっとも低次の知性体、もしくは意識、もしくは合理性をもちいなければならない」（Dennett, 1978: 274）。もちろん、シャーマンのマラカスは、オッカムの剃刀とはまったく異なる類の道具である。後者は、論理学や心理学の論文を書くのにもちいることはできるだろうが、たとえば、魂を連れ戻すといったことにはなんら役に立たない。

もっている。つまり、われわれの認識論では、常識の志向的な態度を、便利なフィクションとして、標的となる対象の動きが複雑すぎて要素を物理プロセスに分解できないときに採用する何かとして考える。世界の完全な科学的説明というのは、あらゆる作用を出来事の因果連鎖へと還元することができるものであり、そしてそれは物理的に濃密な相互作用（とりわけ、遠隔「作用」）へと還元されるはずだというわけだ。

したがって、もし近代の自然主義的な世界において、主体は不十分にしか分析されない客体なのだとしたら、アメリカ先住民の認識論的な慣習がしたがうのは逆の原理である。つまり、客体とは、不十分にしか解釈されない主体のことである。ここでは、人格化するということを知らなければならない。というのも、知るためには人格化しなければならないからである。解釈の客体は、客体の反－解釈である。[24] 後者においては、十全な志向性の形式——一つの精神の形式、人間の顔をした動物の形式——にいたるまで展開するか、もしくは、少なくとも主体と明らかな関係性をもつ——つまりエージェントの「近くに」存在する何か (Gell, 1998) として規定される——か、いずれかなのである。

この二つ目の選択肢において、非人間的なエージェントは自分自身や自らの行為を人間的な文化の形式のもとに知覚するという理念が、決定的な役割を果たす。超人間的な主体性の世界にある「文化」の翻訳には、多様な出来事や「自然」の対象を、社会のエージェント性がひきだされるような指標として再定義するということが必然的にともなう。もっとも一般的なのは、何かしらの変容である。それは、人間にとっては、ただの野蛮な事実であるが、他の種の視点からみれば、技術の産物であり高度に洗練された行為である。われわれが「血」と呼ぶものはジャガーにとっての「ビール」であり、われわれが泥沼とみなしているものを、バクは立派な儀礼の場として経験する、といった具合である。人工物は、こうした曖昧な存在論をそなえている。それは、客体であるが、必然的に主体をも意味する。というのも、それらは、凝固した行為のようなものであり、非物質的な志向性が物質的な姿をとるというようなものだからだ。こうして、あるものが「自然」と呼ぶものが、他者にとっては「文化」であるということがはっきりする。

　これが先住民の教訓であり、人類学はそれをうまく利用することができるだろう。というのも、一時しのぎの交換——問題となる語彙に手をつけないような単純な記号の変化——のために、所与のものや構築されたものの微分／差異的な配置を奪いとってはならないからである。「世界のまったき差異」(Wagner, 1981: 51) というものがあるのだ。むきだしの超越性としての実験、

24——マリリン・ストラザーン (1999: 239) が認識論的体制についてのべていることは、アメリカ先住民の認識論的体制に類似している。「[この] 慣習〔前述のワグナーを参照〕は、人間であろうがなかろうが、他の人間としてとらえられるような解釈の対象を必要とする。実際、解釈行為そのものは、まさに解釈されるものの人格性を前提とする。[…] したがって、解釈をすることによってわかるのは、つねに反‐解釈なのである…」。

反人類学的な純粋な他者性——構築されないもの、定着しないもの、慣習や言説に逆らうもの[25]——が第一義的であるような世界と、人間の形式を身にまとうことが第一義的であるような、内在的な人間性の世界との差異である。こうした先住民の世界の擬人化された仮説と根本的に対峙するのは、所与ではないものとして、所与ではない存在として人間を「構築する」という、執拗な人間中心主義的努力である。それは、もっともラディカルなものも含めて、西洋の哲学のなかにみられる（cf. Sloterdijk, 2000: 20 et s., 35 et s.）。しかしながら、異国の民族がもつナルシシズムの天国（あるいはディズニー版の人類学）というファンタジーとはまったく反対に、人間を前提にすることは、先住民の世界を身近なものにはしないし、活気づけもしないのだということを強調しておこう。すべてが人間であるような場所では、人間はまったく他のものなのである。

　われわれの人類学が夢想するよりも多くの世界が、天空や地の底にある。すべての差異が政治的であり、すべての関係性が社会的であるような、この多方向性を、われわれの世界の幻想のように記述すること、第一のものの発明を、第二のものの慣習へと還元することをつうじて、ふたつを統一すること、それは、両者のあいだの関係性の非常に単純な——そして政治的にはとるに足らない——形式を選ぶということである。そうした説明の容易さは、結局あらゆる種類の複雑さをうみだすことになるのだ。というのも、いわゆる存在論的な一元論は、最終的には、認識論的な二元論——エミックとエティック、隠喩的と字義的、意識と無意識、表象と現実、幻想と真理など——を肥大化させることになるからだ。この二元論が疑わしいのは、あらゆる概念的二分法が原理的に有害であるからではなくて、それがとりわけ、二つの様相を統一した状態として、それぞれの住民のあいだに一つの弁別を要求するからである。**大いなる分割**は、単一自然主義的なのである。

25——「自然は人間とは異なる。それは、人間によって制度化されるものではない。それは習慣や言説に対置される。第一義的な自然、創作物でない自然、制度化されていない自然である…」(Merleau-Ponty, 1995/1956: 20)。

多自然主義

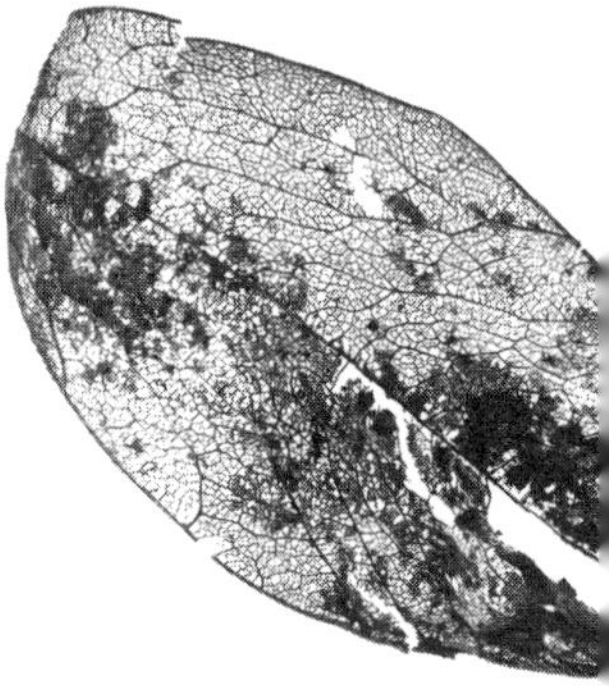

3章

「たしかにわれわれ近代人は概念をもっているのだが、内在平面を失ってしまった……」[26]。ここまでに記したことはすべて、先住民の理論的実践によってなされる、大陸の神話学の創始者的な直観から導かれた一種の演繹的展開にほかならない。つまり、それを満たし、構成し、分割し、現実的な実在におし広げていく、すべての「瞬間」の存在論的な相互浸透によって規定される固有に前歴史的な環境――あの有名な絶対的過去、決して一度も現在になったこともなく、それゆえ過ぎ去ったこともない過去、かくして現在が流れつづけるというそうした前歴史的な環境――の、直観による展開にほかならないのである。

『神話論理』がわれわれに教えてくれるように、先住民の内在平面を物語化することは、そこに現れる人物や行為者の種形成の理由と結果——特徴的な身体性の想定——を巡って、特権的な仕方で明らかにされる。すべては、人間的側面と非人間的側面とが区分できないように混ざりあっていている不安定な一般的条件を分かちもっていると考えられるのである。

［**私はあなたに単純な質問をしたい。神話とは何か**］それは単純な質問どころではありません。もしあなたが、アメリカ先住民に質問したら、彼らはきっとこう答えるでしょう。それは、人間と動物たちがいまだ別の存在でなかった時代の物語＝歴史であると。こうした定義は、私にはとても深いものとおもわれます。

(Lévi-Strauss [L.-S.] et Éribon, 1988: 193)

この定義は実際に、深いものである。だが、レヴィ＝ストロースの念頭にあったものとは少し異なった方向にだとしても、それをさらに深めてみよう。神話的言説とは、完全な透明性をそなえた、潜在的で前宇宙論的な条件に基づいて、事物の現在の状態を現実化させる運動の領域にある。それは「カオスモス」であり、そこでは諸存在の身体的な次元と精神的な次元とが、それぞれを覆い隠すことはない。この前宇宙は、通常はそう記述されるように、人間と非人間

26——D.G., 1991:100.

とのあいだの原初的な同一化を示すどころか、無限の差異によって貫かれており、差異がそれぞれの人物あるいは行為主に内在しているときでさえも（あるいはそれゆえに）そうなのである。こうした無限の差異とは、現実的世界の種や質を構成する、有限で外在的な差異とはまったく他のものである。それゆえ、神話に固有な質的多様性の領域が生じてくる。たとえば、神話におけるジャガーが、ジャガーのかたちをとった人間の情動の塊《かたまり》であるのか、人間のかたちをとった猫科の情動の塊であるのかという問いは、厳密には決定不可能である。というのも、神話的な「形態変化《メタモルフォーズ》」とは一つの出来事であり、つまりは現場での変化だからである。それは、等質的状態の外延的な位置移動というよりは、むしろ異質的な状態の内包的なかさなりあいである。神話は歴史ではない。というのも、形態変化はプロセスではないし、「いまだに」プロセスでは「ない」し、「決して」プロセスには「ならない」からである。形態変化は、プロセスのプロセスに先立ってその外にある。それは生成の形象（あるいは形象化）なのである。

　神話の言説が描く一般的な線とは、かくして、宇宙論的なプロセスにはいっていくときに、宇宙論以前の識別不可能な流れが、瞬間的に積層されることを表している。これ以降は、ジャガーにおける猫科と人間の次元（そして、人間における人間と猫科の次元）は、それぞれが潜勢的な図や地として交代しながら機能することになる。これに基づいて、原初的な透明性もしくは無限の錯綜は、すべての世界内的な存在者の構成を特徴づける、（人間の魂の、動物の精神の）[27]不可視性と、（人間の身体と、動物の身体的な「衣装」の）不透明さのなかに分岐して展開される。しかしながら、こうした不可視性や不透明性は、潜在的な底が、破壊不可能なものもしくは汲み尽くしえないものであれば、相対的で反転可能なものである(先住民の世界の再創造というおおいなる儀礼は、まさしくこうした破壊不可能な底の反-実現の装置なのである)。

われわれは先に、神話において有効に働いている差異とは、無限であり内的であり、それは種のあいだの外的で有限の差異とはまったく異なっているとのべた。神話的な出来事における、行為者と被行為者とを規定するものは、実際、それらがほかの存在である能力を内在的にそなえていることにある。この意味において、それぞれの人物は、無限に自己自身から異なっている。そうした人物は、神話的言説によって一気に設定され、置換され、つまりは変容されることになるのだから。こうした「自己-差異化」は、「精神」の観念の特徴的な性質であり、それゆえ、すべての神話的存在は精神として(あるいはシャーマンとして)把握される。かくして、逆もまた然りであるが、あらゆる有限的な様態もしくは現実的な存在者は、その存在理由が神話のなかで語られると、精神として(というのも、精神であったので)現れることができるの

27―――パースペクティヴ主義のモチーフは、ほとんどつねに、それぞれの種の可視的な形態とは人間を内に隠した単純な外皮(「衣装」)にすぎず、このことは、すでにみたように、同じ種にとってのみ、あるいはシャーマンのようなパースペクティヴ的交換者にとってのみ理解できるという発想に結びついている。

である。神話的主体のあいだに想定される無分化は、類的であれ種的であれ個別的なものであれ、本質もしくは固定された同一性へと、構成的に還元されえないことに関連している。[28]

結局、神話は、流動的で内包的な差異によって命じられた存在論的領野——それは異質的な連続性のそれぞれの点における偶発事をそなえている——を提示するのである。そうした領野では、変容は形式に先立ち、関係は項に優先し、あいだは存在に内在する。それぞれの神話的主体は、純粋な潜在性であるので、「あとでそうなる」ものが「あらかじめそうであった」のであり、それゆえに、それは現実的に規定されたものではない。ところで、ポスト神話的な（広義の）種分化によって導入された外延的な差異は、構造人類学のおおきなテーマ（神話素）を構成する連続性から離散性への移行であるのだが、無限の内的な自己同一性をもつモル的な塊に結晶化されてしまう（それぞれの種は内在的に等質的であり、それぞれの分肢項は、等しく無差異的に種をそのものとして表象しうるのである）。[29]これらの塊は、外在的で量的で測定可能な区間で区切られている。というのも、種のあいだの差異は、同じ秩序と性質をもった特徴の相関、比例、順列の有限のシステムであるからだ。前宇宙論的世界の異質的な連続性は、かくしてその場所を、等質的な離散へと譲る。そこでは、それぞれの存在はそれ自身でしかないのだが、それは、それ自身でないものではないからというにすぎない。しかし精神が証しているのは、あらゆる潜在性は決して現実化されるものではなく、神話の流動的な渦《うず》は、音をたてることなく、タイプと種とのあいだの見かけの非連続性の下でうなっているということである。

それゆえ、アメリカ先住民のパースペクティヴ主義は、視点の差異が同時にとり消されもすれば、増大しもする神話のなかに、その地理的場所があることがわかっている。こうした絶対的言説において、それぞれの存在は他の存在のなかで、あたかも自己自身において――人間として――現れるかのように現れる。それぞれの存在は、すでに明白にそう区分され決定された、動物の、植物の、精神の本性を提示しながら行動していてもそうなのである。◀30 パースペクティ

28―― 神話のなかに漂う、脱全体化され「脱器官化」された身体を、〔すなわち〕とり外されたペニス、人称化された肛門、回転する頭、細かく分断された人物、大蟻とジャガーとのあいだの眼の交換等などを考えよう。

29―― われわれがよく知っているように、神話はこうした契約の「相対化」(Wagner:1981のいう意味での)のさまざまな契機を含んでいる。というのも、まさに、無限の同一性は存在しないからであり、差異が自らを完全に消去することはないからである。うまく調和がとれていない結婚を主題とした、レヴィ=ストロースの『食卓作法の起源』という興味深い例をみよ。「実際、この神話が訴えるものは何か。それは、女性のあいだの身体的な差異と、人間と動物、動物のあいだを区分する差異とを混同することは、罪があり危険だということである。…人間として、女性は、美しかったりみにくかったりするが、いずれにせよ婚姻に値するものである。…総体的に動物の婚姻と対立して、人間は価値をもつ。しかし、もし神話的な装備が転覆されるならば、それはこの神秘を明らかにするのである。社会はそれを無視しようとするのだが、すべての人間は、同じ価値をもつものではない。というのも、人間たちが、その動物的本質において、それぞれのあいだで差異があることは妨げられないし、こうした動物的差異が、夫にとって人間の望ましさを、不平等なものにするのだから」(L.-S., 1967: 60-61)。

ヴ主義の普遍的な逃走点である神話は、身体と名前が、魂と行為が、自己と他者が相互に浸透し、前主体的もしくは前対象的な環境のなかに投げこまれる存在の状態を語るのである。

神話学の意図は、まさしく、この「環境」の「終わり」を語ることにある。他の仕方でいえば、それは「**自然**から**文化**」への移行を記述するということである。それこそが、レヴィ＝ストロースがアメリカ先住民の神話論理において中心的な役割を与えていた主題である。理由がないわけではないとはいえ、ほかの学者たちが示唆するのとは逆に、つぎのようにのべなければならない。つまり、『神話論理』を読み進めていくうちに次第次第に明らかになってくるのだが、この移行の中心性は、まったく逆に、その深いアンビバレンス、つまり先住民の思考にとって（さまざまな意味での）二重の意味を排除するものではないことを指摘しておきたい。同様に、この移行において過ぎ去り生じるものは、われわれが想像するようなものではまったくないと強調することが重要なのである。この移行とは、西洋の通俗的な進化論におけるように、動物から出発する人間の分化のプロセスなのではない。人間と動物とのあいだの共通する条件とは動物性ではなく、人間性である。神話的な大いなる分割は、文化が自然から区分されるというよりも、自然が文化から遠ざけられることを示しているのである。神話が語ることは、いかに動物たちが、人間によって相続され保持された属性を失うのかということである。非人間は古い人間なのだ。人間が、古い非人間なのではない。かくして、もしわれわれの流行の人類学が、人間性を、普通は文化によって隠された動物的基盤に衣装をまとったものとみなしたとしても

――かつては「完璧に」動物的であり、われわれは「根底において」動物的にとどまっているとみなしたとしても――、逆に先住民の思考の方は、結局のところ、かつて人間であった動物や他の宇宙論的な存在者たちが存在しつづけており、われわれには明晰でない仕方であっても、そうなのだと結論づけているのである。[31]

30――「おそらく、神話的時代において、人間は動物とは区分されていなかった。しかし、それぞれをうみだすべきこうした無差異化のあいだである種の質的な関係が、潜在的な状態になおとどまっている種である性質に、先立って存在している」(L.-S.,1971: 526)。

31――存在の、普通には隠された側面を開示すること(それゆえ、それは様々な仕方で――あらゆる仕方でではないが――その明白な側面よりも「もっと真性の仕方で」把握される)は、それぞれの文化的伝統のなかで、暴力と内密に結びついている。われわれにとっては人間の動物性であり、アメリカ先住民にとっては、動物の人間性であるが、それらが破壊的な帰結をもたらすことなしに現実化されるのは稀《まれ》である。北西アマゾンのクベオがいうところでは「ジャガーの獰猛さは人間的起源をもっている」(アーヴィング・ゴールドマン)。

ここで提起されるより一般的な問いとは、何故、存在するそれぞれの種の人間性が主体的には明らかであり（そして同時に、きわめて問題的であり）、また客体的には明らかでない（同時に執拗に確認される）のかというものである。何故、動物たち（もしくはその他のもの）は、自らを人間としてみるのだろうか。私がおもうにそれは、まさしくわれわれ人間が、われわれを人間としてみながら、それらを動物としてみるからである。ペッカリーは、自らをペッカリーとしてみることはできない（そして、人間と他の存在者が特殊な衣装をまとったペッカリーであるという事実を思考していることは誰にもわからない）。というのもそれは、人間によってそれらがみられる仕方であるからだ。もし人間が自らを人間とみて、非人間からは非人間として——動物や精神として——みられるならば、そのとき動物は必然的に、自分を人間としてみていることになる。パースペクティヴ主義が断固として主張していることは、動物とは「根本的に」人間に類似しているということではなく、人間としてそれらは「根本的に」他のものであるということである。動物は結局のところ、ある「底」を、ある他の「側面」をそなえている。それらは、自らが差異化するものなのである。パースペクティヴ主義は、アニミズムでもないし、トーテミズムでもない。アニミズムは、動物と人間とのあいだの実質的もしくはアナロジー的な類似を主張し、トーテミズムは人間内部での差異と動物間の差異とのあいだの形式的で相同的な類似を主張する。パースペクティヴ主義が主張するのは、それぞれの存在の内部での、人間／非人間の差異にかかわる内包的な差異なのである。かくしてそれぞれの存在は、自己自身から分離され、もっぱら引き算的な二重の条件のもとで他なる存在に類似している。引き算的な二重の条件とは、共通の自己分離性であり、厳密な相補性である。というのも、もしすべての存在者の存在様態が自身にとって人間であり、他のいかなるものにとっても人間でないならば、かくして人間性とは相互的に反照的なものであるからだ（ジャガーはジャガーにとって人間である。ペッカリーはペッカリーにとって人間である）。しかし人間性は相互的なものではない（ジャガーが人間であるとき、ペッカリーは人間ではなく、また逆も真である）。[32]
最終的には、これらが「魂」の意味するところである。もしすべてが魂をもつならば、何者も自己自身と一致することはない。もしすべてが人間でありうるならば、明晰判明な仕方で人間であるものはない。人間性は根本的に形式としての、形象としての人間を問題視するのである。しかし最終的に、もし非人間が人間であるならば、そしてそれ故に、自らを人間としてみているのであれば、何故それらは、すべての宇宙的人物を、自分自身をみるようにみないのだろうか。もし宇宙が人間性に満ちあふれているならば、どうしてこうした形而上学的なエーテルは不透明なのだろうか。もしくは、最良の場合でも、どうしてそれらは、人間のイマージュを一方にしか反射しない裏箔なき鏡のようなものなのだろうか。これらの問いは、われわれがすでに、アンティル諸島の事例へコメントをふしたとき予期したように、アメリカ先住民の「身体」という概念に結びつく。そして同じくそれらをつうじて、パースペクティヴ主義の準認識論的な観念から、多自然主義の真性の存在論的観念へと移行するのである。

主体的な位置の多様性を包括する世界という発想が、直接的に相対主義を導くのである。この観念の直接的・非直接的な記述は、アメリカ先住民の宇宙論の記述のなかでしばしばみいだされる。たまたまであるが、マクナの民族誌家であるカジ・アーレムの結論をとりあげてみよう。アーレムは、この北西アマゾンの人びとのパースペクティヴ主義的な宇宙を微細に記述したあとで、つぎのように結論づける。存在への多様な視点の観念が意味するのは、マクナにとっては「すべてのパースペクティヴは等しく有効であり真なのである」ということであり、「真で正確な世界の表象は実在しない」ということであると（1993: 124）。

この筆者は確かに正しい。しかしただある一つの意味において正しいのである。というのも、まったく逆にマクナが、人間にかんしては、世界についての真性で正確な表象は存在するとのべることは、おおいにありそうなことだからだ。もし、ハゲワシたちがおこなっているように、人間が死体にたかるウジ虫たちを、焼かれた魚のようにみているのならば、そこで何かが生じたと結論づけなければならない。人間の魂はハゲワシによって盗まれたのであり、それらのいずれかに変容したのであり、その親になるために人間であることをやめたのであり（それは相互的である）、簡潔にいえば、人間は重大な病におかされたのであり、死にいたりさえするのである。もしくは実践的にはおなじことであるが、それはシャーマンに生成しているのである。それぞれが区分されたパースペクティヴを保持するために——というのもそれらは共立不可能なものだから——あらゆる慎重さが必要である。ただシャーマンこそが、種にかんする二重の市民性（生者と死者という条件）をそなえているのだが、彼らは、特定の、制御された条件のもとでそれらを伝達させうるのである。[33]

しかしここではもっと重要な問いが残っている。アメリカ先住民のパースペクティヴ主義の理論は、実際のところ世界についての表象の複数性を前提としているのではないか。民族誌が

32——かくして、もしわれわれにおいて「人間にとって、すべての人間はオオカミである」ならば、先住民においては、オオカミにとって人間であるのはオオカミだということになる。しかしつねに人間とオオカミとが同時に人間である（もしくはオオカミである）ことはできない。

のべていることを考察するだけで、逆の事態が生じていることをみるには充分なのではないか。つまり、すべての存在者は、世界を同じ仕方でみている(「表象している」)。変化するのは、それがみている世界なのである。動物たちは人間たちと同じ「カテゴリー」と「価値」を利用している。彼らの世界は、狩りと釣り、料理と発酵した飲料、交叉いとこと戦争、通過儀礼とシャーマンと首長と精霊と……の周りを巡っているのではないか、と。もし月が、蛇が、ジャガーが、人間を、バクやペッカリーのようにみているのであれば、それは、月や蛇が、われわれのようにバクやペッカリーを食べるから、とりわけ人間の食物を食べるからである。それは他のようにはありえない。というのも、それぞれの領域において人間でありながら、非人間はものごとを、人間がそれらをみるようにみているからである。つまり、われわれのように人間の領域において、人間がそれらをみているようにみているからなのである。しかし、それらがみている事象は、われわれ(人間)がそれをみているようにそれらがみているときには、他のものなのである。われわれにとって血であるものは、ジャガーにとってはビールである。死者の魂にとって腐った死体であるものは、われわれにとって発酵したキャッサバなのである。われわれが泥沼とみなしているものは、バクにとっては立派な儀式の場なのである。

　こうした発想は、最初は、いささか直観に反するものにみえるだろう。だが、精神物理学の多安定的な対象のケースのように、それらは逆のものにたえず変容しつづける。[34] たとえばジェラルド・ヴァイスは、ペルーのアマゾンに住むアシャニンカの世界を、「相対的な現れの世界であり、そこではさまざまなタイプの存在が、同じ事象を、異なった仕方でみる」(1972: 170)と記述している。もう一度いっておくが、それはある意味で正しい。しかしヴァイスが「みなかった」ものは、まさしく異なったタイプの存在者が、異なった仕方で同じ事象をみているという事実とは、単純に、異なったタイプの存在者が、同じ仕方で異なった事象をみているという事実の帰結だということである。というのも、何が「同じ事象」といえるのだろうか[それがそこでは問われていない]。まさしく、誰との、いかなる種との、いかなる仕方との関連において、何が「同じ事象」といえるのだろうか。

文化的相対主義や多文化主義は、主体的で部分的なさまざまな表象と、唯一で全体的であり、表象に無関係な外的自然にかんする出来事を想定している。だがアメリカ先住民は逆のことを前提としているのである。そこでは、一方では、純粋に代名詞的な表象的統一性がある。宇宙

33――スコット・フィッツジェラルドをパラフレーズするならば、つぎのようにのべることができるだろう。すなわち、ここでのべられるシャーマン的な知性のしるしとは、同時に、二つの共立不可能なパースペクティヴにしたがってみる能力なのであると。

34――ネッカーの立方体は、その完全な例であるだろう。というのも、その多義性は、まさにパースペクティヴの揺れ動きを巡るものであるからだ。アマゾンの神話のなかには、さまざまな登場人物が、人間に目撃されると、ある形態から他の形態へ、(誘惑する)人間から(恐ろしい)動物へすばやく移行する例が数多くみいだされる。

論的な主体のポジションを占領するすべての存在は人間的なものであり、すべての実在者は思考するものとして思考される（それが実在するがゆえにそれは思考する）のであり、すなわち、一つの視点からの「活性化させられた」もしくは「組みあわされたもの」である。[35] 他方には、実在的で客体的な根源的多数性がある。パースペクティヴ主義は多自然的なのである。というのも、一つのパースペクティヴとは、一つの表象ではないからだ。

一つのパースペクティヴとは、一つの表象なのではない。というのも、表象とは精神の特性であり、それに対して視点は身体のなかにあるからだ。ある視点をとることは、おそらくは魂の力によって可能になるのであり、非人間が主体となるのは、それらが精神をもつ（精神である）ことに応じてなのである。しかし、視点のあいだの差異は――視点とは差異以外のなにものでもない――魂のなかにあるのではない。魂とは、形式的にはすべての種において同一であるが、あらゆるところに同じものしかみない。かくして差異とは、身体の特殊性によって与えられるべきものなのである。

動物は、われわれがみているのとは異なる事象を、われわれと同じ仕方でみる。というのも、それらの身体は、われわれとは異なっているのだから。ここでは、生理学的な差異を参照しようとしているのではなく――それについては、アメリカ先住民は、身体の基本的な斉一性を認識している――、それぞれの種の身体を、その強さや弱さを特異化させる情動を参照したいのである。彼らが食べるもの、彼らの動く仕方、コミュニケートする仕方、どこで生きるのか、群生なのか孤立しているのか、慎ましいのか誇り高いのか……身体的な形質学は、差異の強力な記号である。それは、欺きやすいにもかかわらずそうなのである。というのも、たとえば人間の形象は、ジャガーの情動を隠しもっているからである。われわれがここで「身体」と呼ぶものは、かくして判明性をそなえた生理学でもなければ、特徴づけをなす解剖学でもない。それはハビトゥス、エートス、エスノグラムを構成する仕方や様態の集合である。魂の形式的な主体性と有機体の実質的な物質性とのあいだには、情動と能力の束であるような身体という中心的な平面があり、それがパースペクティヴの起源にある。相対主義が精神的な本質主義であるのに対し、パースペクティヴ主義は身体的なマニエリスムなのである。

35――ソシュールがのべるような、客体なものではない、創造された視点であり、主体そのものである。「これがまさにパースペクティヴ主義の基盤である。それは、あらかじめ規定された主体に依存することを意味してはいない。逆に主体は、視点に現れるものであるだろう」(D.,1988:27)。

多自然主義は、それぞれの種に固有な悟性のカテゴリーによって部分的に把握される**物自体**を前提とするものではない。先住民が「Xという何か」、たとえば人間が血として飲み、ジャガーがビールとして飲む何かが存在すると想像しているとは考えないことにしよう。多自然のなかに実在するものは、異なった仕方で知覚される自己同一的な実体ではなく、血／ビールというタイプの関係論的な直接的多様性である。血とビールのあいだには境界しか存在しない。いわば、この二つの「近接した」実体をコミュニケートさせ、それぞれ分岐させもする縁《ふち》しかないのである。[36] 結局、ある種にとって血であり、他の種にとってビールであるようなXなどは存在しない。はじめから、血／ビールしか存在しないのであり、それは人間／ジャガーという多様性に特徴的な特異性もしくは情動性なのである。人間とジャガーとのあいだに想定されている類似性は、結局は両者が共にビールを飲むものであることによるのだが、人間とジャガーとのあいだの差異をなすものをよく知覚させることにしかいたらない。「ひとは言語のなかにいるか、もしくは他のなかにいる。世界の裏側がないのと同様に、言語の裏側はない」(Jullien, 2008, 135)。しかし実際には、ひとは血のなかにいるか、もしくはビールのなかにいるかなのである。誰も飲み物それ自体を飲むことはない。しかしあらゆるビールは血という裏側の味をそなえており、逆もまた真である。

いよいよわれわれは、アメリカ先住民のパースペクティヴ主義に対する翻訳という問題をどのように提起するのかを、そしてそれゆえ、西洋的な人類学の存在−記号論的な術語において、パースペクティヴ主義の翻訳という問題をどのように提起するのかを理解しはじめている。こうして、類似した魂の所有とは、すべての存在者の側での、アナロジー的な概念の所有を含んでいる。それゆえ、ある存在する種から、他の種へ移行するときに変化するものとは、その魂の身体であり、その概念への参照である。つまり身体とは、それぞれの種の「言説」の〈セミ

36――語源学的にいえば「近接したaffin」とは、ad-finiにおかれたもののこと、その領域が、私の領域と境界をなすようなもののことである。近接したものは縁をつうじてコミュニケートし、それを分離するものだけを「共有」するのである。

オグラムの）あいだでの、参照的な離接の場所であり、また道具なのである。それゆえ、アメリカ先住民のパースペクティヴ主義の問題とは、異なった二つの表象（「明けの明星」と「宵の明星」）における共通の参照項（いわば**金星**という惑星）をみいだすことにあるのではない。そうではなく、逆に、多義性の周りを巡ることにあるのであり、そうした多義性こそが、ジャガーが「キャッサバのビール」というときに、われわれと「同じもの」を参照しているのであり、それは、端的にわれわれと同じものを「意味している」ことを想像させるものなのである。他の仕方でいえば、パースペクティヴ主義は恒常的な認識論と可変的な存在論を前提としているのである。すなわち同じ表象と異なった客体であり、唯一の意味と多様な参照を前提としているのである。だから、パースペクティヴ主義的な翻訳の目的は——それはシャーマンの基本的な仕事の一つなのだが——他の種が、そこにある同じものを語るときに利用する表象としての異型同義語「シノニム」を、人間的な概念であるわれわれの言語のうちに見いだすというものではない。その目的は、逆に、われわれの言語を他の種の言語と結びつけつつ切り離す、紛らわしい同型異義語「ホモニム」の内部に隠されている差異をみのがさないということである。西洋の人類学は、解釈に基づく善意の原理（思考するものの良心、他者の粗野な人間性に対する寛容の原理）に基礎づけられており、それは人間の文化のあいだの、自然的な異型同義語「の存在」を主張するのだが、アメリカ先住民の対抗人類学は、これとは逆に、あらゆる種類の避けがたい多義性の起源となる、生ける種の言説のあいだの、反自然的な同音異義語「の存在」を主張するのである（アメリカ先住民の予防原則である。というのも、志向性をそなえた生きものたちの集まりからなる世界は、かなりの悪意に満ちているに違いないからだ）。

結局のところ、多自然主義という観念は、人類学的な多文化主義のたんなる反復なのではない。それは多様なものの結合についての、はっきり異なった二つの仕方にかかわる。それゆえ、多様性をあるタイプの複数性ととらえることもできる。たとえば文化の多様性のように。つまりは、よき文化の多数性である。しかしながら、それとは逆に、多様性を文化においてとらえ、多様性として文化をとらえることもできる。われわれの関心をひくのはこの第二の方向である。多自然主義の観念は、ここで、そのパラドックス的な性格から有用なものとして現れてくる。つまり、「自然」についてのわれわれのマクロ的概念は、真の複数性を認めないので、それはわれわれを意図的に、「（複数的な）自然」という発想に含まれている存在論的な誤用を意識させるし、それゆえに、それが誤りをただすようにおしつけてくる位置移動を実現させてくれるのである。相対主義にかんするドゥルーズの定式（1988: 30）をパラフレーズするならば、かくしてアマゾンの多自然主義は、自然の多種的なあり方を主張するものでもなければ、多種性としての自然性や、自然としての多種性を主張するものでもない、ということになる。多文化主義的な西洋的定式化の逆転は、機能（統一性と多様性）によって相互的に規定された語（自然と文化）のみにかかわるのではなく、同様に、「語」と「機能」の同じ価値にかかわる。人類学者である読者はここで、もちろん、これはレヴィ＝ストロースによる神話の基本定式だとわかるだろう(1958/1955: 252-53)。パースペクティヴ主義者の多自然主義は、西洋的な多文化主義の変容なのだが、それは二重にねじれている。すなわちそれは、翻訳可能性と多義性との閾《いき》である記号−歴史的な閾を越えることを指示するのであり、まさにパースペクティヴ的な変容の閾を指示するのである。[37]

37――レヴィ=ストロースにおける「閾を越えること」(2001:29)。この主題にかんしては、マウロ・アルメイダの本質をついたコメント(2008)を参照のこと。

4章 野生の思考のイマージュ

われわれはパースペクティヴ主義と多自然主義を、先住民のコスモポリタン的な理論として語っている。[38]［ここで］「理論」という言葉を、私は意図的にもちいている。この数十年のあいだに、人類学では、野生の思考から真の理論的想像力という性格を追放しようとする傾向が相当に広まった。私には、このような否認はそれ自身、何よりも人類学者の側での理論的想像力が欠如していることを証すものとおもわれる。アメリカ先住民のパースペクティヴ主義とは、それに外在的である理論にとって可能な対象であるというよりも——たとえば、一次的なアニミズム的存在論の二次的な認識論として規定したり (Descola, 2005)、もしくは狩猟民族の「模倣的」

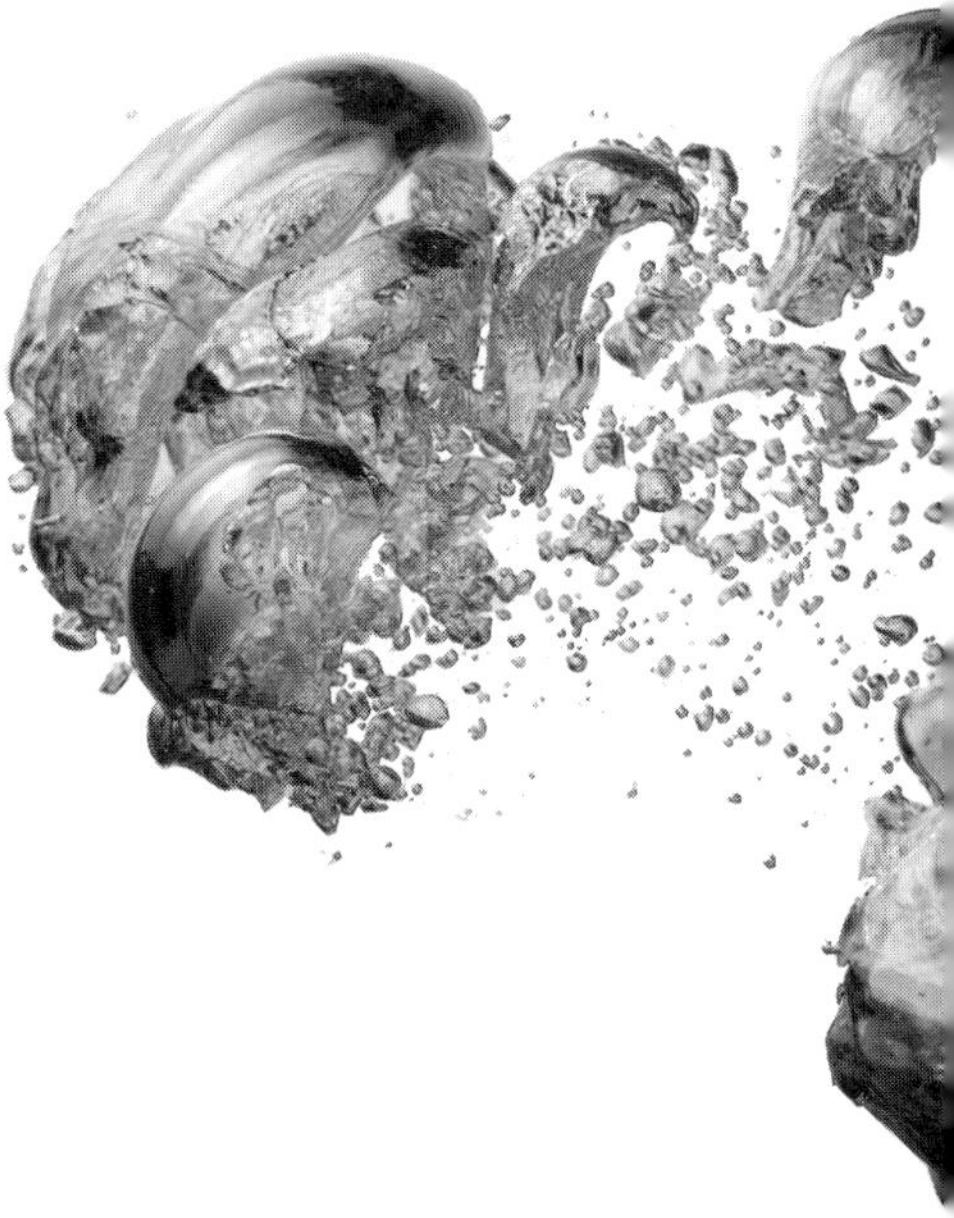

文化において出現する現象学的プラグマティズム（Willerslev, 2004）と規定したりするような理論の対象であるというよりも——まさにわれわれに、理論にかんする他の理論的イマージュを構成させてくれるものなのである。というのも、人類学は「現地人の視点」を微細に記述するので充分だというものではありえないし（マリノフスキー）、それが、不可視の盲点を指摘するためであれ、優れた批判的伝統において、観察者の視点のなかに、現地人の視点を包括するものだからである。とはいえ、パースペクティヴ主義が、こうした伝統に対立してなす仕事とは、それとは「対称的」な仕事、つまり現地人にとっての視点を発見すること、すなわち、アメリカ先住民の文化における現在の視点の概念とは何であり、視点の人類学にとって先住民の視点の概念とは何であるのかを発見することにこそある。明らかに、視点の先住民的な概念は、先住民の視点の概念と一致するわけではない。同様に、人類学者の視点は先住民の視点ではありえない（それは地平の融合ではない）。そうではなく、後者［先住民の視点］との（パースペクティヴ的な）関係の概念が問題なのである。それは反省的な脱場所化的関係である。アメリカ先住民のパースペクティヴ主義は、知性的な構造なのであり、人類学者によるパースペクティヴ主義自身の記述を含んでしまう。というのも、まさにそれは、われわれの人類学を通過した他の人類学だからである。[39] それゆえ、パースペクティヴ主義は、デスコラがのべる意味でのサブタイプ的なアニミズムではないし、人類学者の理性のみが知っているような理性が所有する「実践の図式」ではないのである。それは一つのタイプではなく、概念である。だからそれは、タイプのタイプではなく、概念の概念なのである。そのもっとも興味深い使用法は、われわれにとってエキゾティックにみえる宇宙論を分類することにあるのではなく、われわれにあまりに馴染んだ人類学への対抗‐分析をなすことにあるのである。

38——「コスモポリタン的」とは、再度言及するまでもなく、イザベル・スタンジェール (2003/1996) やブリュノ・ラトゥールの仕事とのつながりを引きうける術語である。ラトゥール自身も、多自然主義のアマゾン的概念を、近代主義的な多文化主義／単一自然主義という対立項の存続不可能性（コスモポリタン的な視点での）を提示するために採用している (Latour, 1999, 2002)。

39——「構造とは、もっとも厳密に変容のシステムとして規定されているがゆえに、それは、その表象を自身の一部とすることなくして表象されることはありえない」(Maniglier, 2000, 238)。アンヌ＝クリスティーヌ・テイラーは人類学者を規定するために幸福な言葉をもっていた。「民族学者の視点と研究対象の視点とを括弧にいれ、そこから知の道具をひきだすことを特性とする学問」。だがさらに、こうした括弧いれはきわめて慎重な概念的努力を必要とするはずである。というのも問われている視点とは、ほとんどの場合、完全に垂直的な仕方で（食い違った仕方で）方向づけられているのであり、それらが交錯する点とは、人間的本性における幾何学的な場所ではなく、むしろ多義性の交差点だからである（下記を参照のこと）。西ニューギニアのコロワイは、生者の世界と死者の世界とのあいだのパースペクティヴの相互的不可視性や転倒を、木の幹が落ち他の幹に交差するイマージュによって思考している (Stasch, 2009: 97)。

想像力の欠落はここでは措くとしても——それは過小評価されるべきではないのだが——それ以外でも、非近代的な人びとに対して、理論的な能力を保持すると非難したり、理論的に無能であると非難したりする二重基準が広くうけいれられていることには、いささかの矛盾をはらんでいるとはいえ、他の理由がある。そこでは一方では、先住民の実践の本質を、ハイデガー的な道具存在者という術語で規定する傾向がある。また他方では、「準‐命題的表象」(スペルベル)に対する、認識の真性の機能すべてを拒絶するということがある。そうした「表象」は、百科事典やカテゴリー化の穏当で確かな境界として現れるときには、野生の思考を拘束してしまう。

実際、問題の所在は、思考の能力と「判断のシステム」との、認識と命題のモデルとの特権的な同一視にある。同時代的な人類学は、現象学的で構成主義的な傾向や認識論的で道具論的な傾向をもつが、ここしばらくのあいだ、非西洋的な（もしくは、非現代的な、非文字的な、非学問的な、他に「構成するもの」が不在な）知性を構成するには、このモデルでは明確な限界があることを雄弁に語っていた。いいかえれば人類学的な言説は、パラドックス的な試みにこそ熱中するのであり、それはある命題を、他者の言説の非命題的な本質についての命題にかさねあわせていたのである。それはいわば、語ることのない者についての、尽きることのないお喋りである。先住民が、自己解釈という実践に対して崇高な侮蔑を示し、宇宙論やシステムについてもさしたる関心を払わないことに（理論的に）満足するなどとおもえるだろうか。先住民における解釈の不在は、このような不在にかんする人類学者による解釈を増大させることを可能にするというおおきな利点をそなえているし、宇宙論的な［概念的な］建築性に対する無関心は、人類学者による壮大なカテドラル［の構成］──そうした壮大なカテドラルにおいて、社会とは、その装置にしたがって、多少なりとも発展し、システム的なものに組織化される──を可能にしてくれる。つまるところ、先住民がより実践的であれば、人類学者はより理論的であることになる。それに加えて、命題的ではない様相とは、移動や循環の「コンテクスト」に強く依存するものとして解釈される。それこそが、この様相を、科学の言説や、その驚くべき普遍化の能力と考えられるものの対極へとおくことになる。かくしてわれわれは、誰もが必然的に、われわれの「状況」と、われわれの「関係的な配置」によって限定されているのだが、しかし、われわれのそれが先住民のそれに比べて、いったいどれほどに、よりシステマティックに限定され、より状況づけられ、より配置されているというのだろうか。

だから、ここでまず、非支配的な思考に内在する前命題性というテーゼに反対し、それに抗いながら、いままで要求されてこなかった他者のもつ「合理性」への権利を再確立することが重要になる。『野生の思考』におけるレヴィ＝ストロースの深い思考は、他なる思考のイマージュを投影することなのであり、他なる野生のイマージュを投影することではないのである。命題こそが、理性的な言明の、また理論的な言説の原子のプロトタイプの役をなしつづけるべきであるという、それ自身は明瞭ではない考えに対抗すべきなのである。非命題的なものは、本質的に原初的なものとして、非概念的なものや、さらには反概念的なものとしてとらえられてしまう。このことは、もちろん概念なき**他者**に「賛成」するため、あるいは「反対」するために主張されている。理性的概念の不在は、積極的にいえば、知性と行動や、思考と感情が分離されていない状態を提示することで、そうした民族が実存的には疎外されていないことのしるしとみることもできるだろう。しかし、賛成であろうが反対であろうが、これらすべては、命題に関与しすぎており、概念のきわめて古風な概念を再認証するものにすぎない。それは、ひきつづき概念を、個別のものを普遍へと包摂する操作として、本質的に分類的で抽象的な運動として、とらえる。しかし、概念を拒むのではなく、概念における微細化哲学《インフラフィロソフィー》をとりだすこと、そしてそれと相互的に、微細化哲学のなかに潜在的な概念性をみいだすことが、ここで必要になってくる。他のいい方をすれば、概念の人類学的な概念こそにいたらなければならない。それは、あらゆる創造的な（「野生の」）思考の命題外部性を、その積極性そのままにおいてひきうけ、（生得のものであれ、獲得されるものであれ）カテゴリーという伝統的な概念や、（命題的であれ準命題的であれ）表象という伝統的な概念や、（花についていわれる、一重のものであれ二重のものであれ〔単弁花・重弁花〕）信念という伝統的な概念とはまったく異なっているのである。

アメリカ先住民のパースペクティヴ主義、もしくはパースペクティヴ的な多自然主義は、概念の概念にかんする人類学的な主張の一つである。しかしながら、少なくとも当初それは、何らかのアカデミックな環境のなかで受容されはしなかった。◀40 逆にそれは、こうした言説についていかなる構造的な結果をうみだすこともできない人類学的言説に対し、根源的に外在的に位置づけられる言説–対象が含んだ内容の特性に関わる記述的一般化としてとらえられていた。だから、ボロロとクナが「パースペクティヴ主義者」であったかどうかを探るという問いが、

40——ところで、私が彼らの理念についての理念を提示する機会があったアメリカ先住民は、現地人の「文化」と西洋的な「科学」——そうした文化を境界画定し管轄下におく——のあいだにある力の関係が含意するものについてきわめて即座に理解していた。

多かれ少なかれ熱を帯びた議論をひきおこす場面に直面しても、何ら驚くべきではない。人類学者は、森のなかをぶらぶらしながら、「パースペクティヴ主義者」を指し示せると考えていたのである。さらに、［モンテスキューの］『ペルシア人の手紙』にみいだされるよき精神をもって、「いかにしてパースペクティヴ主義者たりうるのか」と問う者さえいたのである。逆に懐疑主義者たちは、冷笑しながら、こう表明することを怠らなかった。すなわち、パースペクティヴ主義者であった者など誰もいないし、こうしたがやがや騒ぎは、ずっと昔から知られていることをめぐる、アメリカ先住民の神話学の、どうでもいい細部に拘泥するだけのものであると。いずれにしても、それは**理論**などにではなく、むしろ特定の制約された実用主義《プラグマティック》によってうみだされた（映画でよくみられる）特殊効果にかかわっているというのである。そうした実用主義の原理は原理として、関係者――そうした者はジャガーについて語っていても、彼らがジャガーについて語っているがゆえに、ジャガーが語ることを説明しないのだから――のものではありえない。それは何らかの言葉の病なのである。こうしたことすべてにより、このような受容のコンテクストにおいて、人類学者の理論にとってのパースペクティヴ主義の帰結をめぐる真剣な検討の可能性が――それは人類学におけるすべての概念の実践に課された変容であるのに――一気にブロックされたのである。結局、［パースペクティヴ主義という］思考に沿い、そうした符帳により示される思考とは、人類学における数ある対象の一つを構成するものではない。むしろこうした思考こそが、人類学の他の思考を企画するのである。それは西洋的な「人類学的人類学」に対抗する他の人類学であり、それを根底から覆すものなのである。

部分的にいえば、パースペクティヴ主義の自然主義者的（むしろアナロジー主義者的）解釈とは、パースペクティヴ主義を、ある世界の対象化の図式の、すなわちアニミズムの、数ある特性の一つとしてとらえるのだが、それはまた、人類学という局所的な場所において、フィリップ・デスコラが大著『自然と文化の彼方へ』（2005）で提示した観念をひきつぐ道を開くものである。私はここで、この記念碑的な著作に対して正当な評価を与えることはできない。そこでは、私の仕事がしばしば問われているからだ。私がはっきり明言すべき［デスコラとの］相違点は、長い期間にわたる、互いに実り豊かな対話を基盤に表明されている。だがそれは、「人類学という」われわれの学問がとりあつかうさまざまな他の問いについての深い同意を前提とするものである。

『自然と文化の彼方へ』は、［レヴィ＝ストロースの］『野生の思考』で設定されたパノラマをとらえなおし、訂正し、完成させる仕事であるが、そこでデスコラは、トーテミズムという観念を、三つのその他の「存在論」もしくは「同一化の様式」――こうした同義語は関心をひかざるをえない――と並べておくことで、再‐種別化している。その三つとは、アニミズム、アナロジー主義、そして自然主義である。かくしてデスコラは、四角形のマトリックスを構成した。

そのマトリックスにおいて、根本的な四つの存在論が、異なった存在の種の、身体的および精神的な次元（［デスコラの］新造語では「物理性」と「内部性」）の連続性もしくは非連続性の関係にしたがって配分されるのである。[41] こうしたマトリックスは、アメリカ先住民のパースペクティヴ主義にかんする論考（Viveiros de Castro, 1998/1996）で私が提示した図式から影響をうけたものであるが、デスコラは別の場所で、ありがたくもそのことを注記してくれている。先にも一部を参照したが、私はこのテクストで、二つの「交錯する」存在論的図式のあいだに、いくらか簡潔な対比を設定した。それは、存在する種のあいだの、形而上学的な連続性（種としての魂）と、物理的な非連続性（特定の身体）の組みあわせである。こうした組みあわせは、先住民の心理形質的な多自然主義に固有なものである。物質的な連続性と形而上学的な非連続性との組みあわせこそが、近代の人間中心主義的な多文化主義に典型的なものである。そこでは人間は、創造物の残りすべてと、精神的実質によって（その同時代的な変化によって）絶対的に分離されながらも、身体的物質をつうじてコミュニケートするというのである。[42] こうして示された対比は、概略的にいえば、デスコラのアニミズム主義者と自然主義者の図式をえがきだす。他の二つの図式、すなわちトーテミズムとアナロジー主義を示すには、二つの形象を、つまり物理的次元と形而上学的次元のあいだに連続性と非連続性との「平行な」関係がえがける形象をくわえるだけで充分である。[43]

『自然と文化の彼方へ』が与えた当初の衝撃は、われわれの世代の多くの人類学者を（あるいは哲学者を）導いた衝動と、おそらくは同じものであった。それは、構造主義が、野生の思考のもつ非連続的で分類的な、隠喩的で象徴的な、トーテミズム的で神話論的傾向という幾分か側面的なものに関心を示し、連続的で「トランスカテゴリー的」な、換喩的で偶発事的な、範

41——これらの異なった種は、最終的には、人間／非人間という両極にまとめられる。たとえば近代の自然主義は、「世界と他者との観察を支配するもっとも一般的な図式の可能な表現の一つ」であるといわれる（*op.cit.*,13）。自然（世界）と文化もしくは社会（他者）とのあいだの二元性は、批判されはするが、他方ではおそらくは不可避的に、背景としての役割を演じつづける。

42——デスコラの以前の著作は、「動物的」な世界において有効にえがかれる存在のあいだの精神的な連続性に向かっていたが、『自然と文化の彼方へ』のもっとも重要な突破口は、弁別符のような仕方で、身体的次元をいれこめることにある。かくして私の敬愛する同僚や友人は、モーリス・レーナルトにおいて、カナク・ベスーが記念すべき仕方でそうしたように、私が彼［デスコラ］の理論のなかに身体そのものをもたらしたと告げてくれたのである。

43——この二つの平行的な図式が根拠づけられているかどうかについては（もしくは少なくとも、交錯する図式と同様の、存在－類型学的なカテゴリーへのそれらの帰属については）、それらが「物理性」と「内部性」という相互に独立した定義を前提とし、かくしてそれらを実体化する傾向をもつかぎりでは、私は何らかの留保をつけているわけではない。それに対して、交錯する図式では、内的な対比によって規定され、そこでの極は相互が図と地として機能する、たんなる「位置」の価値だけが要求される。このことは、パースペクティヴ主義がアニミズムの一タイプもしくは加工物とみなされないかぎり、私がパースペクティヴ主義とよぶものと、デスコラのアニミズムとのあいだの重要な差異を際立たせるだろう。むしろパースペクティヴ主義は、身体と魂とのあいだの区別の、他の機能の仕方とみなされるべきである。

型的で儀礼的な様相を顧みなかったことへの不満である。結局、われわれは数年間、レヴィ＝ストロースの方へ歩みをすすめたのちに、むしろレヴィ＝ブリュルの方を再検討すべきではないかと疑ったのである。メゼグリーズとゲルマントに対するのと同様に〔プルーストの『失われた時を求めて』における、メゼグリーズの方へと、ゲルマントの方へとが、レヴィ＝ストロースの方へとレヴィ＝ブリュルの方へとパラフレーズされている〕、この方向への道が複数存在することを忘れてはいない（これらの方向は、ともあれ、**語り手**の視点が信じるほど遠いものではない）。デスコラによって、第一の形而上学として指示されたアニミズムは、アマゾンでの経験から出発して、まさにこの方向への一歩をしるしたのである。アニミズムは根本的な前提として、人間以外の存在者も人格であり、つまりは社会的関係の項であるという発想をもつことをおもいかえすだけで充分である。トーテミズムとは逆に、アニミズムは自然の多数性を人間内的な関係を意味するために使用する分類の体系なので、社会的なカテゴリーを、人間と非人間とのあいだの関係を意味するために使用する。かくして、二つのセリーではなく唯一のセリー――人格のセリー――が存在することになるだろうし、「自然」と「文化」のあいだの関係は、隠喩的な類似性ではなく、換喩的な隣接性に属することになるだろう。[44]

私についていえば、野生の思考との結びつきが強すぎる観念を避けようとしてきた。そこで、『野生の思考』に含まれる、トーテミズムと供儀との（本書の8章および9章を参照のこと）きわめて問題的な対立という「マイナー」な極を評価したのである。私が、アメリカ先住民のシャーマニズムとカニバリズムの分析において、供犠の軸においたもの（レヴィ＝ストロースの意味において）を、デスコラはアニミズムの側においた。そして、おおくはこうした概念上の「同義語」のおかげで、われわれの仕事は互いに実りあるものになった。かくしてわれわれは同じことを語っていると考えていた。しかし、私はといえば、供儀の換喩の向こう側に、分類的理性とは「他のもの」を、もしくはより正確にいえば構造主義の中心的概念の組みあわせ的でもアナロジー的でもない解釈を、すなわち変容という解釈を志向していたので、『自然と文化の彼方へ』の著者とは他の軌道を辿っていたのである。デスコラは、『野生の思考』のプロジェクトを拡張し、より豊かなものにしようとした。トーテミズムの観念が、レヴィ＝ストロースにおいてうけとった種的な意味を限定しつつ（レヴィ＝ストロースにとってこの観念は、結局、意味作用の活動性の同義語にすぎなかった）、それを存在論のあいだの一つのタイプに変容してしまうがゆえに、『自然と文化の彼方へ』の根本的な四つの存在論の演繹の手続きすべては明確に、「供儀的なもの」ではなく「トーテミズム的なもの」（レヴィ＝ストロースの本来の意味においてこそ触発されているのである。[45] デスコラは、彼の対象を、閉じた組みあわせの機能であると考えた。そして彼の目的は、実践の図式の類型学を――世界と他者との対象化の形式を

44――われわれがすでに認めたように、微分的な身体性の導入は、このモデルを複雑化したのである。

45――デスコラの書物においては、供儀は、より制限された、もしくは字義通りの解釈をうけており、それはアニミズムな存在論ではなく、むしろアナロジー的な存在論の特徴として考察されている。

――有限の構成要素の規則にしたがって設定することにあったのである。この書物は、そのような意味で、「アナロジー主義者的」であるのと同じく「トーテム主義者的」なものでもある。それは驚くべきことではない。というのも『自然と文化の彼方へ』が、古典的な構造主義的宇宙論へもたらした貢献の特殊性は、レヴィ＝ストロースのトーテミズムを二つの下位タイプに分割すること、つまりデスコラがのべる意味でのトーテミズムと、アナロジー主義のトーテミズムに分割することにあったのだから。アナロジー主義の定義は、一連の文明化された現象とスタイルに（とりわけ、かつて「野蛮な」と呼ばれてきた民族のそれに）大変よく適合する事実をまったく疑わないとしても、実際にアナロジー主義は、まずもって、『自然と文化の彼方へ』のなかで主張されているとのべなければならない。この書物は、驚くべき考証学的知識と、繊細な分析を示すものであるが、それは他方で、理論と方法という観点からみれば、完全にアナロジー主義者的なものであり、それは彼の、全体的分類への傾斜、同一化への、対応システムへの、性質への、ミクロコスモス－マクロコスモス的な投影の図式への嗜好からもみてとれる。実際、構成からみても、デスコラのシステムが、彼が同一視しようとしている四つの存在論の一つを優勢的に表すことは不可能なのである。それらを同一化させる思考そのものが、アナロジー主義者の思考なのである。アニミズム主義者的な精神、もしくは自然主義者の脳は、おそらくは異なった思考をもっている。それはたとえば、パースペクティヴ主義的思考であり、まさにこの書物こそが、その一つのヴァージョンである。

というのも、私が設定した問題とは、構造主義を拡張によって豊かにしようとすることではなく、強度によってそれを解釈することなのであり、「ポスト構造主義」的な方向を示すものだからである。かくして、デスコラが明らかにし乗り越えた挑戦は、ある意味では、『野生の思考』を深く『言葉と物』と同一視したあとで、それを書きなおすという挑戦なのであるが、私がしばらくのあいだ試みた挑戦とは、『千のプラトー』によって、私が人類学をすっかり「忘れて」しまってから、『神話論理』を読みなおすことなのである。[46]

そうであれば、パースペクティヴ主義は、あらゆる分類のもつ問題性にアレルギーを示すものではないし、それを必然的なロゴス中心主義性や、それと同じような罪として責めるものでもないことがわかる。事物を近くからみてみれば、われわれ人類学者とは、みな幾分かはアナロジー主義者である…この意味で、パースペクティヴ主義は、分類的なリビドーの再重複化あ

46――『自然と文化の彼方へ』と『言葉と物』を比較するならば、このフーコーの偉大な著作が、彼自身の時代性の産物である(そこにまきこまれている)ことを根本的に示していることに着目せざるをえない。他方で、『自然と文化の彼方へ』が、それ自身の類型論のなかに自身を位置づけられうるか、逆に、それが設定した思考の仕方を、思考の仕方として排除するかどうかという問いは、その著作のなかに明確には答えをみいだしえない。結局、われわれの書物がそれぞれレヴィ＝ストロースの著作を参照しているにもかかわらず、きわめて異なっている理由とは、何よりもまず、『言葉と物』はカント主義的であるが、『千のプラトー』はポスト相関主義的なモナドロジーの書物であるからだと明言しておこう。

るいは「強度化」なのであり、その特徴的な問題は、分類されるものが分類するものになったときに、何が生じるのかと定式化されるかぎりでそうなのである。問題なのは、自然がそこで分割される種を秩序化することではなく、どのようにこれらの種が、それ自身でこうした仕事をなすのかを知ることになったときに何が生じるのか、なのである。それについで以下の問いがたてられる。それらの種は、どのような本性をもつのだろうか（ジャガーはいかにして「世界と他者」を観察するのだろうか）。トーテムの操作子が、トーテムの視点からして、どのように機能するかが問題になったとき何が生じるのだろうか。もしくは、より一般的にいえば——正確にはそれは同じ意味なのだが——われわれが先住民に、人類学者とは何かと問うときに、何が生じるのだろうか。

かくして「社会」もしくは「文化」人類学は、「形質」あるいは「自然」人類学との対比においてそう呼ばれるのではないし、むしろそうであるべきではない。なぜなら、人類学が直面すべき第一の問いは、人類学が研究している民族にとって「社会」あるいは「文化」の位置にあるものが何であるかを決定するという問いであり、いいかえれば、この民族にとっての人類学とはいかなるものか――その民族が行為者であり、理論的な受動者［被観察者］ではないような人類学とはいかなるものか――という問いだからである。これは、人類学をつくりだすとは、人類学を比較するということであり、それ以上でも以下でもないということを意味している。比較のみがわれわれの分析の道具だというわけではない。とはいえ比較は、われわれの第一の手段であり、最後の地平でもある。というのも、われわれが比較しているものとは、つねにすでに必ずや構造的方法と同じ意味での比較であったのだし（『神話論理』のなかで適用されているような比較）、すべての変容の対象は、必ずや他なるものの変容でしかないし、オリジナルの実体ではないのだから。比較がすべて変容にいたるならば、比較とは変容以外のものではありえない。もし文化が、ストラザーンの華麗なプロセス的定義（1992c: 47）がいうように、「ひとびとが、彼らの世界の異なった領域のあいだにアナロジーを描く仕方にある」ならば、あらゆる文化は、巨大で多次元的な比較装置となるだろう。そしてもし人類学が、ワグナーがのべるように（1981: 35）、「文化を、文化の通訳によって研究する」ものであれば、そのとき「われわれの探求を特徴づける操作とは、いかなるものであれ、文化の一般的性質でもなければならない」ことになる。結局、人類学者と先住民とは「直接的に比較可能な知性操作」において関与しているのであって（Herzfeld, 2001: 7）、そうした操作とは、何よりもまず比較なのである。文化内部的な関係もしくは内的な比較（ストラザーンのいう「領域のあいだでのアナロジー」）と、文化間での関係もしくは外的な比較（ワグナーのいう「文化の発明」）とは、厳密な存在論的連続性をもっている。

しかし直接的な比較可能性は、必ずしも直接的な翻訳可能性を意味しない。また存在論的な連続性は、認識論的な透明性を含意しているのでもない。どのようにすれば、アマゾンの諸民族によって辿られたアナロジーを、われわれ自身のアナロジーにおいて再構成することができるのだろうか。われわれが自らのアナロジーを、原住民の比較と比較するときに、われわれの比較に何が生じるのだろうか。

われわれはここで、アメリカ先住民のパースペクティヴ主義的な人類学を援用することで、多義性の観念を提示したい。それは、比較という、われわれのアカデミックな人類学にとっての象徴的な手続きを再概念化するためにである。われわれが念頭においている操作とは、観察者にとって等しく、外的で社会文化的な二つもしくは複数の実体のあいだの明確な比較なのではない。それらは定数をみいだそうとしたり、立法的な価値をもつヴァリエーションを同一視したりするものでしかない。確かにこれらは、人類学において、よく使われる手続きの一つである。しかしそれは、われわれの装置においては、多数のうちの一つに、つまり人類学的方法にとっての一つの「統制的規則」にすぎないのである。逆に、われわれがここで論じようとする比較とは、方法の「構成的規則」なのである。重要なのは、「観察者」の概念的装置との連関における、「観察されたもの」の実践的で言説的な概念の翻訳が含む手続きのことなのである。だから、比較について語るときとりあげられる比較とは、しばしば不明瞭で自動的な——その説明もしくは論点化は方法の重要な契機である——比較であり、そこには人類学者の言説がその一つの項として含まれざるをえず、フィールドワークや民族誌的なモノグラフィーの読解の当初から機能している、そうした比較なのである。

比較のこの二つの様相は、等価的なものでも別々のものでもない。その第一のものは、通常は推奨される。というのもそれは、自己と他者との対立的な（それは第二の操作を際立たせる）対象化的三角形を可能にするからであり、観察された者へ、充分な属性的特性を与えるからである。しかしそれは、みかけほどに無実ではない。ここでとりだされる三角形は、真の三角形ではないのである。2たす1は必然的に3をつくるわけではない。というのも、そこではつねに人類学者（「1」である）こそが、自らの文化と異なった二つもしくは複数の文化――それらは、相互にもしばしば異なったものである――の関係項を規定するからである。人類学者がカチンとヌエルとを比較するときに、彼はつねに、カチンやヌエルの要求にしたがってそれをなしているのではない。彼は、比較の舞台から消え、彼自身がカチンもしくはヌエルから［何者であるのかを］問題提起されている（課されている）ことを不可視にし、あたかもこの両者が、自ら比較をなしているかのようにする…そうした観点からなのである。こうしてカチンやヌエルは、人類学的な言説の内部から発生する。［人類学者たちという］他の社会文化的実体から提起された問題によって、彼らの比較可能にされた社会文化的実体という共通する対象性を与えられるのだが、そうした他の実体は、比較という働きの規則を規定しつつ、類比なく、この働きの外部に現れてしまう。もしこの議論が、アガンベンの「例外状態」という発想を読者に想起させるならば、それは私の議論とまさに同じ発想にかかわるからである。

　結局のところ、学者たちのドクサとは逆に、比較による複数化がうみだした、対象に内在する対称性とは、主体と客体という関係の対称性にかんする魔法の力をもつわけではないし、そこで主体は比較の純粋精神になることはできない。さらに、隠されている他の比較――すでにのべたように、観察者が、観察されるものとの関係に含まれる比較――を、それ自身で判明にさせることもできないのである。

こうした含みあいこそが「翻訳」と呼ばれる。今日、文化的な翻訳が、明確に人類学の仕事だとのべることは決まり文句になってしまっている。[47] 問われるべきは、正確に、何が翻訳であり、翻訳でありえ、翻訳であるべきか、そしてこうした操作はいかにして実現するのかにある。ここでこそ、タラル・アサド（1986）が示したように、私が責任をもつ（翻訳した）言葉において、事態が複雑になる。人類学においては、比較は翻訳の役にたつが、その逆は正しくない。人類学は、翻訳のために比較をなすのである。人類学は、説明し、正当化し、一般化し、解釈し、コンテクスト化し、語られないことを語る等のために比較をなすのではない。イタリアのことわざにあるように、翻訳することがつねに裏切ることであるならば、その名に値する翻訳とは――ここではヴァルター・ベンヤミンの（あるいはむしろ、ルドルフ・パンヴィッツの）パラフレーズをするだけだが――到来する言葉を裏切るものであり、出発する言葉を裏切るものではない。よき翻訳とは、みしらぬ概念が、翻訳者の概念的な装置をデフォルメし転覆させる翻訳

47――少なくともいくらかの環境においては決まり文句である。というのも、他の環境では、人類学の真性な仕事とは、何であれ文化的な翻訳を実現することではなく、逆にその自然的な還元をなすことだと主張されているからである。

のことである。元の装置の意図はそこで明らかにされ、かくして到来する言葉は変容される。翻訳、裏切り、変容。構造人類学におけるこのプロセスは、よく知られているように、「神話」と呼ばれている。それは「構造人類学」の同義語なのである。

かくして、アメリカ先住民のパースペクティヴ主義を翻訳することとは、まずはそれが含む翻訳のイマージュを翻訳することである。制御された多義性の移動というイマージュがそれに該当する。「制御された」とは、歩くことは制御された落下であるというのと同じ意味でのべられている。先住民のパースペクティヴ主義は、多義性についての主張であり、すなわち、同義語的な概念のあいだで、他性を参照するという主張なのである。そこで多義性は、とりわけ異なったパースペクティヴ的な位置のあいだのコミュニケーションの仕方として、それゆえ、人類学的な試みの可能性の条件と限界として現れる。

パースペクティヴ主義の先住民的な理論は、さまざまな様式の身体性が「自然的」に世界を情動的な多様性として経験する仕方のあいだでの暗黙の比較からなるものである。かくしてこのような理論は、われわれにとっては逆立ちさせられた人類学として現れる。われわれ自身の民族人類学は、さまざまなタイプの心性が「文化的に」世界を表象し、そうした世界が、そのさまざまな概念的ヴァージョンの唯一の起源として定立される仕方のあいだでの明晰な比較による手続きにしたがうとみなされるかぎりでは。ここから、パースペクティヴ主義的な文化主義者の記述が否定し、脱正当化することとは、人類学的理性が、自らの対象を原初的もしくは物神化された形態として回顧的に投影することだとのべることができる。それは、反‐もしくは前‐人類学である。

パースペクティヴ主義の概念は、こうした逆立ちの逆立ちを主張するのである。いまやそれは、先住民の周りをめぐるのだ。先住民の転回。アダム・クーパー（2003）が、皮肉をこめたトーンで、おおきなアメリカ先住民的な運動――それは、「近代の先住民化」（Sahlins, 2000）などといった反省的な位置の移動をひきだしたのだが――について語る「先住民への回帰」なのではない。それは転回《ターン》であり、巡ること、カイロス、罠、迂回、予期せぬ転回なのである。トマス・ハーディではなく、むしろパースペクティヴの芸術を消費する、天才ヘンリー・ジェームスが重要なのである。かくして先住民の転回とは、（われわれの何人かの同僚がときどき好んでするような、先住民のこき下ろし《スクリュー》というよりも、むしろ）ねじ《スクリュー》の回転というべきものなのである。クーパーのパースペクティヴにおいて、われわれが語ろうとしている歴史とは、実際のところホラー話なのである。それは他なる世界主義的で認知的な人類学、もしくは（ある日私はパトリス・マニグリエの口からその言葉を聞いたのであるが）「他なる認知主義」……

しかし最後に賭けられているものは、レヴィ=ストロースによるアンティル諸島の逸話である。それはただパースペクティヴ主義に「ついて」長々と語っているだけのものではない。そこではレヴィ=ストロース自身がパースペクティヴ主義者なのである。それは、間種的なパースペクティヴ主義を主題化する、アメリカ先住民の複数の神話についての（一つならぬ受容の）歴史的な変容として読まれるべきなのである。私はこの物語をこうしたものと夢想する。すなわち、主人公が森のなかで道に迷い、みしらぬ村に到着するが、そこで住民は彼を迎えいれ、彼にひょうたんにはいった「キャッサバのビール」でリフレッシュするようにいい、彼はそれを喜んでうけいれる。だが驚いたことに、主人たちは彼に、人間の血で満ちたひょうたんを渡そうとしていることがわかる。彼の結論は、もちろんこの連中は人間ではないということである。この逸話は、コミュニケーションの分離＝離説の周りを巡る神話と同じく、話者たちは同じことについて語っていないし、それを知らないのである(プエルトリコの逸話の場合では、「対話」は、相互的な自民族中心主義についての、レヴィ＝ストロースがなす比較推論の平面に関わっている)。すべてはあたかも、ジャガーと人間とは、異なった事物に同じ名前を与えているかのようであり、**西洋人**と**先住民**とは同じ人間性について「語っている」かのようであり、それゆえこの自己記述的な概念が**他者**に適用されるのかどうかについて自問しているかのようである。しかし**西洋人**と**先住民**が、概念を規定する基準(意図)として理解するものは、根本的に異なっていたのである。結局、レヴィ＝ストロースの歴史も、神話と同様に、多義性の周りを巡っている。

よく考えてみれば、アンティル諸島の逸話は、民族誌的な文学や、われわれ自身のフィールドワークのメモにみられる数多くの逸話ときわめて類似している。実際それらは、とりわけ人類学的なシチュエーションもしくは出来事をとりあつめているのである。たとえば、キャプテン・クックの最初の有名なエピソードからは、マーシャル・サーリンズが分析したように(1985)、プエルトリコの交錯した経験の構造的変容をみいだすことができる。それは知的な多義性の二つの原タイプにかかわっている。アマゾンの先住民からみれば、間文化的なものとは、間種的なものの特殊な一ケースでしかないし、歴史とは神話の一ケースでしかない。

強調すべきは、多義性とは、人類学者と先住民とのあいだのコミュニケーションを脅かす数多い病理の一つなのではないということである。それは言語学的な無能力や、コンテクストの無知や、共感の欠如や、不作法や、無邪気や、悪意や、忘却や、こうした、人類学的な言明化を経験的に悩ますすべてのデフォルメや怠慢のようなものではないのである[48]。これらの偶然的な病理とは逆に、多義性とは、固有に超越論的なカテゴリーであり、人類学に固有な文化的翻訳というプロジェクトを構成する次元なのである[49]。それはたんなる否定的事実ではなく、まさに人類学的な言説の可能性の条件であり、その実在を正当化するものである(つまり権利上の問いである)。翻訳とは、多義性の空間に自らを落ち着け、そこに住み着くことなのである。多義性を破壊することではない。というのも、翻訳が前提とすることは、多義性は決して[現実的に]実在するものでないということであるのだが、だが[同時に]まったく逆に、翻訳は、多義性に価値を与え潜性化させるため、つまり接触している「言語」とのあいだに実在しないと想像された空間を、つまりは多義性によってまさに隠れた空間を、開き拡張するためになされる。多義性は、関係を妨げるものではない。むしろそれを根拠づけ活気づけるものなのである。それはすなわち、パースペクティヴの差異である。翻訳とは、いつであれ、そしていつまでも、多義性が[潜在的に]存在すると想定することなのである。それは差異によるコミュニケーションであり、他者を、根源的な一声性や究極的な冗長性を想定することで、沈黙のもとに保持することではない。それは、それがあったところのものと、われわれが「そうのべようとしていた」ものとのあいだの本質的な類似性なのである。

ヘルツフェルト氏は最近、以下のように論じていた。「人類学は多義性（無理解）にのみ専念している。人類学者であるわれわれの、われわれ自身への多義性も含めてそうなのである。というのも、多義性とは、一般的には、共通する意味をもったさまざまな観念のあいだでの相互的な共約不可能性の結果であるからだ。［だから］こうした共通の意味こそを、われわれは研究しなければならない」（2003: 2）。私はこの見解に不賛成なのではない。私が主張していたことは、もし人類学者が（権利上）存在するならば、それはただ、ヘルツフェルトが「共通する意味」とのべているものが、まさしく共通のものではないという理由によってであるということだけによっている。私はまた、問題となっている「観念」の共約不可能性は、共約可能性を妨げるどころか、まさにそれを可能にし、正当化してもいると主張したい（ランベック［1998］がなしているように）。というのも、ただ共約不可能なものだけが、あえて比較される価値をもつのだから。共約可能なものを比較することとは、互換可能なものに帰還する作業にすぎない。結局、

---

48 よく知られているように、「コミュニケーションの病理」とは、グラール［神話］からアスディワル［神話］にいたる、レヴィ＝ストロースの神話学のおおきな主題である。

49 これらの考察は、明らかに、ドゥルーズ＝ガタリのよくしられた一節の一つのいい換えである（ストラザーンのいう「領域のあいだのアナロジー」）（1991: 53s.）。

無理解とは、パースペクティヴ的な多自然主義がみいだす、多義性の意味からとらえられなければならないのである。多義性は（欠如という意味での）「解釈の欠落」ではない。それはまさに解釈の「過剰」である。それは、問題になる解釈が一つ以上存在することを知らないかぎりでそうなのである。これらの解釈は必然的に多数的である、それは、世界をみる想像的な仕方と関連をもつのではなく、みられている実在の世界と関連をもっている。アメリカ先住民の宇宙論において、実際、異なった種の実在的世界は、それぞれの視点に依存する。というのも、「一般的な世界」はこうしたさまざまな種においてあるからである。それは視点であるそれぞれの種の多数性の抽象空間なのである。[50]

かくして人類学は多義性に関心をもたざるをえない。それは、inter/esse という、あいだ存在、あいだ実在という、字義的な意味においてである。しかしロイ・ワグナー（1981: 20）がいうように、ニューギニアのダリビとはじめに関係をもったとき、「私を理解しない彼らの仕方は、私が彼らを理解しない仕方とは同じではなかった」。おそらくそれは、これまで提示された人類学の最良の定義であるだろう。[51] ここでの決定的なポイントは、無理解という経験的事実にではなく、双方の無理解は同じではないという「超越論的事実」にある。だから、誰が間違っているのかを問うことも、誰が誰を間違えているのかを問うことも重要ではない。多義性は、誤りではないし、蔑視でも誤謬でもない。それは、多義性を含む関係性の根拠そのものであり、外部との関連のなかにつねにあるものである。誤りや蔑視がそれ自身として構成されるのは、与えられた「言語の働き」においてでしかない。それに対して多義性は、言語の異なった働きのあいだの間隙のなかで生じる。誤りや蔑視は、あらかじめ構成された前提を想定しており、等質的に構成されている。それに対して多義性は、問題となっている前提の異質性を「想定」するだけでなく、それを異質なものとして定立し、前提として異質性を想定するのである。多義性は前提を規定するが、それは前提が多義性を規定しえないからである。それゆえ、多義性は、弁証法的な矛盾の世界に属するものではない。というのもその総合は離接的であり無限だからである。それを対象としてとらえることは、前もって他の多義性を規定するし、以下同様である。

多義性とは結局のところ、主体的な失敗ではなく、客体化する装置なのである。それは誤りでも幻影でもない。それは物象化された、もしくは物神化された言語における客体化の想像にかかわるものでもない。そうではなく多義性とは、あらゆる社会関係の境界であり、そこでは言語の働きが最大限多数化する「間文化的」といわれる関係の境界例における超客体化された条件なのである。こうした多数化は、いうまでもないが、人類学者の言説と先住民の言説との関係を含んでいる。だから、たとえば文化にかんする人類学者の概念は、ワグナーが論じたように多義的であり、それは知的な多義性の解決の試みとして現れる。多義的であるのは、それ

50——ドゥルーズがいうように、事象への視点というものはない。事象や諸存在が視点なのである(1988: 203)。

51——« Their misunderstanding of me was not the same as my misunderstanding of them. »

が「あるひとがある文化を、その文化を自分のものとは想像していないひとたちのものとして想像するときにうみだされるパラドックス」(1981: 27)に基礎づけられているからである。それゆえ、「誤解」が「理解」に自己変容するとき、人類学がはじめの自らの無理解を、「彼らの文化」における先住民の主題に変容するとき、そして、白人が「お土産」と呼ぶものが本当は「商品」であることを先住民が理解するとき、そうしたときでさえ、多義性は、同一性になることはない。**他者**の**他者**はつねに他者である。そしてもし、多義性が誤謬、幻影、嘘ではなく、差異の関係的な実証性の形式そのものであるならば、それに対立するものは、真理ではなく、むしろ、唯一の超越論的な意味の実在を希求する一義的なものなのである。誤りや幻影は、とりわけ、それぞれの多義性の裏側に一義的なものが隠されており、人類学者はその腹話術師であると想像することにある。

だから、何よりもまず、先住民への回帰以上のこと、あるいはそれとは別のことが問われている。もし回帰があるならば、それはレヴィ＝ストロースが語ったような「事象への驚くべき回帰」であり、哲学が前面に回帰してくるということである。しかしながら、レヴィ＝ストロースが示唆したように、われわれの哲学と、彼らの哲学（それらはなお同義語だろうか。それならよいことだ）とのあいだの排他的な二者択一ではなく、実験形而上学もしくはフィールドの哲学地理学と理解された人類学と、概念を創造すること（D.G., 1991）である固有のエスノ人類学の実践と理解された哲学との、離接的総合としてである。こうした人類学と哲学との横断化は——それは『千のプラトー』の著者が「悪魔的縁組」と名指しているものであるが——同じ目標に向かって設定され、思考の永続的な脱植民地化の状態(ある内包のプラトー)にはいる。

社会人類学や文化人類学が、ずっと以前から、根本的かつ全体的に、哲学的問題や概念によって——とりわけ何よりも「神話」という哲学的概念から、その問題にいたるまで——横断されてきたことをおもいかえす必要はない。レヴィ゠ストロースが示唆するように、哲学から、つまり人類学の文化的マトリックスから、どのように離れるかを知ることもまたきわめて哲学的だからである。それゆえここでの問いは、人類学者が哲学者との、決して途絶えたことのない対話を再びはじめるかにあるのではなく、いかなる哲学とあえて結びつけるのかにあるのである。それははっきりと、何が望まれているのか、何が可能なのかにかかっている。カントを、ハイデガーを、ヴィトゲンシュタインを参照しながら野生の思考のイマージュを規定することもまったく可能だろう。内容の平面において、直接的な平行性を設定することもなお可能である。たとえば、アマゾン的な宇宙論は、本質の世界と現れの世界のあいだの多義的な類似の事例が多いのだから、おのずとプラトンの読解へと導いてくれるだろう(だがその唯一の関心は、この先住民のプラトニズムが、どれほど表面的なものにすぎないかを示すことにある)。しかしながら繰り返しておくが、すべては、野生の思考がわれわれに課した問題に依存しているのであり、他の仕方でいえば、人類学が研究してきた集合性によって発見された、数多くの複雑な記号実践的なアレンジメントのなかで、われわれが着目しようとしている興味深い哲学的問題とは何かという問題に依存しているのである。

われわれにとって重要なのは、ドゥルーズの哲学であり、とりわけ、ガタリと共に著された『資本主義と分裂症』の二冊である。私はそれを、アメリカ先住民の思考においてとらえられる波動を伝播するのに、もっとも適した道具として選択した。パースペクティヴ主義と多自然主義は、人類学的言説によって再総合された対象であるが（というのも、あえていえば、先住民の理論がこれほどまでに実践的な仕方でパック詰めされて示されることはないのだから）、それはアメリカの民族学者が、ドゥルーズ主義者になることと、ドゥルーズ-ガタリの哲学がある先住民になることとの出逢いの結果である。先住民になること。それはすでにみたように、『千のプラトー』の、まさに生成についての章で、決定的な仕方でのべられている。

　これは、かつて私が高らかに宣言したように、「先住民たちはドゥルーズ主義者である」ということになるのだろうか。[52] そうでもあり、そうでもない。そうでもあるというのは、まずもって、ドゥルーズ-ガタリの哲学を、先住民の思考で叩いてみたときに、空虚な音しかでないわけではないからだ。ついで、ドゥルーズによって特権視される一連の哲学は、西洋哲学の伝統のなかでのマイナーな系譜であるかぎり、こうした伝統の外部との、一連の結びつきを可能にするからだ。しかし、結局のところは、そうではない。先住民はドゥルーズ主義者なのではない。というのも、彼らは、カント主義者でもニーチェ主義者でも、ベルクソン主義者でも

52 Viveiros de Castro, 2006.

ヴィトゲンシュタイン主義者でも、メルロ゠ポンティ主義者でもマルクス主義者でもフロイト主義者でも、そしてとりわけレヴィ゠ストロース主義者でもありうるからである。わたしはハーバーマス主義者でさえある先住民について語られるのをきいたことがある。そうであれば、もう何でもありだろう。

そうでもあり、そうではない。確かに、「問題はまずい仕方で設定されている」。というのも、多自然主義者の反人類学という視点からすれば、問題は哲学を野生の思考の光のもとで読むことであり、その逆ではないからである。われわれの思考の潜在性として存在する、数多くの他者になること、これを現実化することが重要なのである。**外**の思考と出会うために**外**を思考し、他の果てにいくこと（ただ中国を思考するのではない）[53]。他の思考の経験はすべて、われわれの思考の経験なのである。

53――『外（中国）を思考する』というのはフランソワ・ジュリアンの書物の題名である（Jullian et Marchaisse, 2000）。この書物は、他のジュリアンの書物と同じように、『アンチ・ナルシス』のまったきモデルとして参照されるものである。完全には私は同意することができない、きわめて稀な場面においてさえもそうである。

II部 人類学的視点から読む『資本主義と分裂症』

5章 奇妙な相互交差

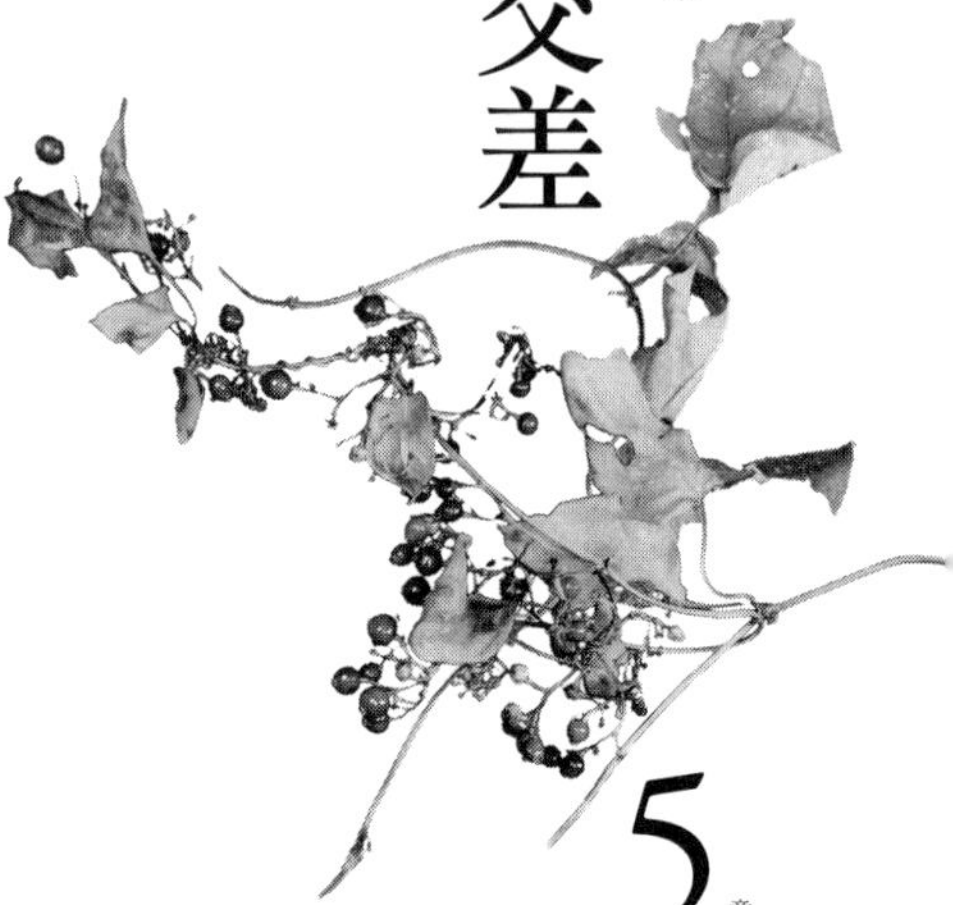

私の世代にとって、ジル・ドゥルーズとフェリックス・ガタリという名前を聞いてただちにおもいうかべるのは、一九六〇年代おわりの数年間をしるしづける思考の方向性の変革である。その数年間に、**西洋**の現在の文化を示す鍵となるいくつかの重要な要素が発明された。この変革の意味＝方向、帰結、そしてまさにそのリアリティは、現在にいたるまでなお激しくぶつかりあうある論争の対象となっている。

秩序の精神的奉仕者——**多数派**◀54のために働く「見習いたち」——にとって、この変革が表象するのは、何より未来の世代がそこから守られなければならなかった何か、そして今でもなおそこから守られなければならない何かなのである——今日において守る側の者は、昨日には守られる者であったのだし、逆もまたしかりである。彼らは、六八年の出来事が完遂されることなく消費され、つまり実際には何一つ起こらなかったという確信をより強くもっている。だが真の革命は出来事に抗して起きた。そして、**理性**（おなじみの婉曲語法を借りるなら）がそれを奪い去ったのだ。**理性**の力は、**帝国**の惑星機械を強化する。そして、**資本**と地球との神秘的な結合——「グローバリゼーション」——が実現する。その作用は、**叡智界**《ヌース》の輝かしい発現——「情報の経済」——によって覆われている。資本はつねに理性的だというわけではないのだが、人は、逆に、理性がいつでも喜んで資本に騙《だま》されるという印象をいだくものだ。

　反対に、他の世界が可能であるといった発想の下、ロマン主義的なやり方を強調する者たち（慣例的な侮蔑表現をかりるならば）にとっては、新自由主義の禍《わざわい》を拡大したり、管理《コントロール》の社会技術（**市場**が**国家**であり、**国家**が**市場**である。この二つのあいだに選ぶべきものはない）を強化したりしたところで、一時的に表面に現れる欲望の流れに自らを結びつけつづけられるかどうかといった問題に直面するだけである。こうしてもはや四〇年以上が経過した。そうした者たちにとっては、六八年は、終わっていないか、もしくははじまってすらいない純粋な出来事として、それが存在しているかのように、歴史的接続の一種の未来のうちに書きこまれている

54——Pignarre et Stengers, 2005: 49-53.

(D.G., 1984)。

私は、正しいかどうかはともかくとして、この後者の者に自分を含めたい。ジル・ドゥルーズとそのパートナーのフェリックス・ガタリ――概念の政治という観点からみれば、二〇世紀後半の哲学においてもっとも重要な著作の著者たち――の影響について私は同じことをいったのだが、それはこうした理由による。「同じこと」とのべることで私がいいたいのは、この影響が、その潜勢力を現実化させたとは到底いい難いということである。現代のいくつかの研究分野や研究領域におけるドゥルーズ（とガタリ）の存在感は、実際のところ、期待されるほどには際立っていない。彼らの存在が、いまだつつましやかな芽生えでしかないような分野で、私は研究をおこなっている。つまり、社会人類学においてである。

人類学にとって、ドゥルーズとガタリの仕事の影響範囲は、すくなくともミシェル・フーコーやジャック・デリダといった思想家のそれと同じくらい巨大なものである。彼らの仕事は、人類学を含む現代の人間科学において支配的な反‐時流と呼びうる研究において、すでに広く摂取されている。この反‐時流は、二一世紀初めのフランスにおいては、それほど容易にはうけいれられていない。人類学と哲学のあいだの関係は、この三〇年のあいだに眼にみえて強くなっているのだが、このプロセスは、とりわけアングロサクソンの学術界の内部で生じており、そこでは、他の人文諸科学とまったく同様に、人類学は、フランス人類学それ自体よりも「大陸哲学」に対してより開かれている。一九八〇年から一九九〇年のあいだには、ハイデガーによる実存分析、メルロ＝ポンティによる身体の現象学、フーコーによる権力のミクロ物理学、デリダによる脱構築の方法論といったものの影響力がおおきくなった。一九七〇年代にはすでに吹き荒れていたそうした大陸の風向きは、アメリカとイギリスの人類学において、**古いヨーロッパ**のさまざまなマルクス主義の悪臭を広めることになる。それは、他の面では、一九六〇年代に支配的となった大陸の脅威ともいうべき、構造主義に対する免疫学的な反応と考えうる影響の継承である。古いヨーロッパにおいては、とりわけフランスでは、人類学と哲学の関係は、構造主義がそのパラダイムの勢いを失うにつれて、逆に次第に脆弱なものとなる。もしくは、両者の関係は、すくなくとも人類学的な側面においては、ポスト構造主義というよりはむしろ前－構造主義 (L.-S. et Eribon, 1988: 131) の基礎の上に再構築されることになる。哲学的なポスト構造主義、とくにフレンチ・セオリーは、英語圏の国々では二つの分野が歩み寄るおもな要因となったのであるが、フランスにおいては人類学にほとんど何の影響も与えなかった（ローカルな学術界の支配層からは、激烈な反応がなかったというわけではないのだが）。

確かに、フランスを越えて世界の人類学者やその同僚たちがフレンチ・セオリーを流用するときに、おもいもしない滑稽なことが生じるという例には事欠かない。しかし、こうしたレッテル貼りという問題の布置——もちろん二重の意味で軽蔑的なものである——に直面したときに、フランスの人間科学の研究者が一般に示すのが冷めた無関心だというのは——もし公然とした敵対心でないなら——まったく残念というほかない。というのも、そうした問題の布置は、相互の、そして結局は再帰的な、無理解の極端なプロセスをひきおこしながら、それぞれの国の主要な伝統のあいだで、分野内部のくい違いをつくりだすからである。この分野に「エントロポロジー entropologie」(L.-S., 1955: 478) のような新しい名前を与えるという冷めた提案が、不意に自己参照の次元をもたらすようにおもわれる。文明の理論における不調…。

まったく、奇妙な相互交差である。現在のアングロサクソンの人類学は、一九六〇年代と一九七〇年代に、フランス哲学（より一般的には大陸哲学）を、アングロサクソンの経験的で実践論的《プラグマティック》なハビトゥスに、発明的なやり方で組みこみ、ためらいもなく流用したのだが、その一方でフランスの人類学は、デュルケム主義の学問的基盤に再び没頭しようという徴候を示してさえいる。一般的な例外として、もっとも特筆すべきなのは、ブリュノ・ラトゥールとフランソワ・ジュリアンであり、彼らはよく知られた思想家なのだが、学問区分上でも政治的にも分野の主流からは除外されている。そのためフランスの人類学は、アングロサクソンの教条的な論理主義の加盟代理人によって誘惑されても仕方がないと思っていたのである。いわばそれは、この数十年間のフランスにおけるマクドナルドのチェーン店の普及と同じくらい迅速かつ不可解な展開である。とり上げるべき他の潮流は、やや退屈なものではあるが――前者に真っ向から反対するわけではないだけになおさら――、(その対象の無意識に投影された) 心理－認知の自然主義の一類型としての社会認知の広範な自然化 (分野の意識下におけるプロジェクト) である。それは、現行の認知資本主義の公理と完全に整合しながら、ある知のエコノミーを正当化する。そこで、人類学の概念は、「観察されるもの」について実存的な研究をおこなう「観察者」が抽出した、象徴的な余剰価値とみなされる。[55]

実際には、それほどのことにならないことははっきりしている。[56] 人類学にかんするかぎり、強調しておかなければならないのは、ダイナミズムと創造性の手本は、ラトゥールやジュリアンの名前をあげるだけではすまないほどに数多く存在している。また、世代交代も実現しつつある。その変化は、必ずしも先に描いた潮流の硬直化には向かわない。さらに、つねに老練な研究者がいるもので、彼らはパースペクティヴの相互性が人類学的なプロジェクトの本質的な要請であることを率直に擁護し、ボブ・ショルトの強烈な表現によれば、その対象の「認識殺し《エピステモシード》」に同意することを拒んできたのである。そういうわけで、激しい反発の潮流は、過小評価はされているが、それでも著名な人類学者の一団であり――彼らのなかには、よく知られているように、フランスの慣習である意地悪な検閲官の役割を偽称するため、レヴィ＝ストロースの名前をある場面でひきあいにだすものもいるが――彼らは、人類学の側（たとえば(Favret-Saada, 2000)）でも、哲学者の側のいずれにおいても、抵抗のかなめにぶつかるごとに拡がっていったのである。そこで、イザベル・スタンジェールの影響力のある仕事に注意を促しておかなければならない。彼女は、「一般化された対称性」というラトゥールの原理を十分に実現する――つまり、左派である――ために、もっとも多くの仕事をした思想家である。

結局、楽観的に振る舞うのには理由があるのだ。たとえば今日、われわれは構造主義者のプロジェクトの歴史的・理論的な再評価の開始に立ちあっている。最近レヴィ＝ストロースが「プレイヤード版」に収録した、「構造的な出来事」が（広い意味での）知的な業界に与えるであろう影響をあらかじめ予測することは難しい。彼の仕事は真剣に研究しなおされはじめているが、『人種と歴史』の最後の数行をおもいおこしてみれば、それはただ「われわれの後、そしてあいだで」起きているだけではなく、「われわれの前で」起きてもいる。プレイヤード版は、そもそ

55――構造主義のあとでなされたフランス思想の二つの方向性、つまり認知主義とポスト構造主義について考えてみると、明らかにこの国の人類学者は、ほぼ全会一致で前者にその方向性を求めたといえる。「認知」という語は、最近のこの分野の言説において、枕詞の役割を担う有力な操作子となるまでになった。人類学的な認知主義は、フーコー、ドゥルーズ、デリダによる哲学的なポスト構造主義とは異なる実例になるというよりは、結局のところ――レヴィ＝ストロースという巨人への制度的・心理的な近さが、おそらくはその理由なのだろうが――明らかに反－構造主義的な立場をとった。さらに、この二つ目の方向性は、よく知られているように、「ハイパー構造主義」との緊張に満ちた豊饒な絡まりあいのなかで推し進められてきた。それは、アルチュセールやラカンの仕事に根づき、アラン・バデュー、エチエンヌ・バリバール、ジャック＝アラン・ミレール、ジャン＝クロード・ミルネールといった人たちの仕事において花開いたのである（Maniglier, 2009）。

56――この段落を書いてから出版されるまでのあいだ、私は、自分が一度ならず後悔し、ここに長い修正を加えることになるだろうと確信していた。しかし、今この時点で、そうはなっていない。もちろん、私は最初からすべてのアメリカ研究者の同僚を、こうした厚かましい評価の対象には含めていない…（われわれは、つねに超構造主義者だったのである！）。

も、その著者が好んで指摘した事象への驚くべき回帰を証言するものである。人類学的な構造主義の遺産は——敬意をこめたオマージュや異論はおくとしても——、今日フランスでは、人類学よりも哲学によってよりよくひき継がれているようにおもわれる。私はここで、若い世代の哲学者たちが、一九六〇年代以降のフランス思想の知的な独創性や根源性をとり戻そうとおこなっているレヴィ=ストロースの仕事の再評価を参照しておきたい。◀57

こうした世代のメンバーのなかで、構造主義のプロジェクトに関心を示しているもっとも独創的な解釈を提示した者として、パトリス・マニグリエをあげておかなければならないだろう。彼が光をあてたのは、(ソシュールの記号論の基底にある)記号の特異な存在論であり、それはレヴィ=ストロース流の人類学的概念とも不可分である。マニグリエが、レヴィ=ストロースの人類学を解釈するなかでひきだしてきたものには、ある本質的で、控えめな、しかし完全に明瞭な、ドゥルーズの哲学からの影響が映しだされている。こうした解釈が、当の二人の思想家の同意をうることが難しいのはいうまでもないし、二人の思想家の自称後継者たちの同意をうることなどさらに難しい(これだけでも非常に興味深い)ことである。しかし、道筋はひかれている。マニグリエは、構造人類学が「同時に経験論でもあり、多元論でもある」ということ、そしてその根底にある哲学は「あらゆる意味で、実践的な哲学である」ということを決然と主張する。経験論的、多元論的、プラグマティックなレヴィ=ストロース…!　ついにそうした読解が現れたのである。われわれはここで、ジャン・ファブレ=サーダが見事な皮肉によって痛烈に批判した「レヴィ=ストロースの思想」の対局にいるのだ。

57——私は、とりわけ、高等師範学校の現代フランス哲学研究センター(http://cirphles.ens.fr/)の周辺に組織された研究グループを想定している。しかしながら、構造主義の理論的系譜に新たな定義を与えたジャン・プティトの先駆的な業績に対しては、きちんととらえなおしの作業をしなければならない(Petitot, 1999を参照のこと)。

ドゥルーズの哲学の新しさは、一九六八年に生みだされたカウンター・カルチャーの政治運動、たとえば実験芸術やマイノリティー運動、なかでももっとも重要な潮流であったフェミニズムによって、すぐにうけいれられた。それはすぐ後に、科学論のような、対称的 - 再帰的な人類学の新しい戦略的プロジェクトの考え方の目録に組みこまれ、後期資本主義のダイナミズムについての影響力のある分析にひき継がれた。逆に、古典的な人類学——マイナーな主体と客体を、この三つの語のあらゆる意味において研究する——とドゥルーズの概念とのあいだを結びつけようとする試みは、期待に反して、いまだに驚くほど稀《まれ》であり、ほとんどいつも消極的である。結局のところ『資本主義と分裂症』(D.G., 1972, 1980)の二部作は、グアヤキからカチン、そしてドゴンからモンゴルにいたるまで非西洋の人びとにかんする膨大な文献をもちい、そこから人類学にとって豊かな含意をもつ命題を発展させながら、多くのそうした議論を理論的根拠としたのである。それは、おそらく、より洗練された知の構成にとってもきわめて豊かなものである。それとはまた別に、すでに触れたように、ロイ・ワグナー、マリリン・ストラザーン、ブリュノ・ラトゥールといった、ここ数十年のあいだに影響力をもった人類学者のいくつかの仕事には、ドゥルーズの発想との暗黙の結びつきをみてとることができる。もっとも、そうした結びつきは、いまだ彼らのあいだではみられない。ワグナーの場合を考えてみると、その結びつきは純粋に潜在的なものであり、(ドゥルーズの意味における)「非平衡的進化」の産物、あるいは、独立した(ワグナーの意味における)「発明」の産物である。それは、現実のものではないし、驚くべきものでもない。ストラザーンの場合、結びつきは「部分的」(『部分的つながり《パーシャル・コネクション》』の著者にふさわしい)であり、さもなければ、極めて間接的である(「間接的」であることは、ストラザーンが好んだやり方である)。このケンブリッジの人類学者は、多様体、パースペクティヴ、分有、フラクタルといった、一連の概念的に密度の高い語彙をドゥルーズ＝ガタリと共有しており、さまざまな角度からみて、三人のなかでもっとも高度に「分子的な」ドゥルーズ主義者である。▼[58] ラトゥールの場合、結びつきは現働的で明示的、「モル的」なものであり、それが彼の理論的土台の要素の一つを構成している。そうはいっても同時に、ラトゥールの仕事の重要な部分は、ドゥルーズ主義的な哲学者の精神にはまったくなじまないものでもある（その存在が刺激的なものであるということを除けば）。

上述した三人の人類学者が、正当にも（ポストモダニストというよりはむしろ）ポスト構造主義者と呼ばれうる数少ない者たちであることは、もちろん偶然ではない。彼らは、構造主義のなかに新たな洞察をみいだしたのである。そして、生きられる世界、住処《すみか》での実存、身体化された実践といった感傷的な擬似‐内在主義のような、明らかに後退した理論プロジェクトに関わるのではなく、自ら前に進みだしたのである。彼らは、世界システムの政治経済学や「創られた伝統」の新伝播《でんぱ》主義などといった、社会生物学の分野における**万物理論**のマッチョな実証主義を選択することはなかった。同じ理由で、すくなくとも『差異と反復』と『意味の論理学』以降のドゥルーズの思考を、構造主義の脱領土化のプロジェクトとしてみることができる。そうした運動から、彼は、自身のもっともよく知られた洞察をひきだし、それに支えられながら、他の方向性に乗りだしていったのである▼59（Maniglier, 2006: 468-69）。結局のところ、構造主義のもっとも完成された哲学的表現を洗練させながら、この二つの書物は、自ら分裂をギリギリのところで免れるような激烈な理論的緊張に身を預けるのである。こうした分裂は、『アンチ・オイディプス』においてはっきりと表れる。この書物は、語の正確な意味においてポスト構造主義を結晶化する主要な軸であった。つまり、以前の状態に対して、構造主義の革命的な側面を先鋭化させ、もっとも保守的な側面を騒がしくいい立てる者たち（それにしてもまったく騒がしい連中である）を拒絶することで発展させられた思考の様式なのである。

人類学者が、自らの分野の文献に何年ものあいだ没頭した後に、ドゥルーズとガタリの書物を読んだり、読みなおしたりすると、奇妙な感覚、反転した既視感《デジャ・ヴ》のようなものを覚えずにはいられない。すでに書かれていたことが、後になって…。人類学において、多くの理論的パースペクティヴや記述の技法は、最近ようやくそのスキャンダラスな雰囲気を失い始めたが、実のところそれらは、二〇年前あるいは三〇年前のドゥルーズ＝ガタリのテクストと、リゾーム状に結びついている。[60] これらのテクストの人類学的な価値を正確に評価するためには、社会人類学が今日まきこまれている諸力の網の眼を詳細にたどっておかなければならないのだが、それはこの試論の射程を超えている。しかしながら、われわれが〔高度に専門的ではなく〕一般的なままでいようとおもうなら、この二人の思想家が、現代の概念の感性論と呼びうるような堆積層に関与していると指摘するのは容易いことだ。

このところ、人間科学は、換喩、インデックス性、字義性といった記号プロセスへとその関

58——マリリン・ストラザーンは、自らがドゥルーズ主義の人類学者としてえがかれることを奇妙におもうかもしれない。しかし、ドゥルーズが哲学者を読解する方法を人物画の技法として説明していたことが、まさにおもいおこされる。「問題は「似せる」ということではない…」(D.G., 1991: 55-56)。

59——ドゥルーズの基礎的な文献（2002/1972）を参照のこと。この論文は、プティトが明らかにしたように、構造主義への内的な突破口を切り開く最良のものである。

心を移行させている――それらは、隠喩と表象（表象の本質としての隠喩）を退ける三つの方式であり、意味論に対して語用論《プラグマティック》を特権化し、［統語的な］従属関係に対して［並列的な］等位関係に価値を与える。二〇世紀をとおして、かくも多様な哲学の気質、プロジェクト、システムの潜在的な収束点となった「言語論的転回」は、いまや言語学と（ある程度）人類学におけるマクロ・パラダイムとしての言語から離れて、徐々に他の方向へと舵を切りはじめているようにおもわれる。上に示した［三つの］関心の移行は、モデルとしての言語からの逃走線が、いかにして言語モデルそのもののうちに書き記されたかを示している。

　言語から離れていくようにみえるのは、記号《シーニュ》そのものである。記号と項、言語と世界が存在論的に不連続性であるという感覚は、言語のリアリティと世界の知解可能性を保証し、実に多くの他の不連続性や排除――神話と哲学、魔術と科学、未開と文明――の根拠や口実となるものであったのだが、こうした感覚は、少なくとも伝統的に提起されてきた意味において、形而上学の衰退という苦境に立たされているようにおもわれる。われわれが近代であることをやめつつある――あるいはこういってよければ、決して近代であったことなどなかった――というのは、もっぱらこの意味においてである。◀61 世界の側（世界そのものが、いまや多様な「いくつもの側面」からできているのだから、もはや「他の側面」をもたないような一つの側面）では、これに対応して、つぎのような関心の移行が生じる。すなわち、単一の全体と組みあわせは失われ、分数的－フラクタル的なものや微分的なものに特権が付与される。階層的全体性の探究とフラットな多様体が区別して認識される。内的に同質的なセリー間の対応よりも異質的な諸要素のカテゴリーを超えた結びつきに関心が寄せられる。そして、諸形態の粒子的あるいは幾何学的な不連続から諸力の波動的あるいはトポロジー的な連続性が強調される。一方には、シニフィアンとシニフィエ――それ自身が構造的不連続のうちにある――があって、他方には、現実的なものの現象学的に連続するセリーがあって、この概念的に同質的な二つのセリーのあいだのモル的な不連続性は、分子的な不連続に帰着する――あるいはむしろ、連続性が本来的に差異的で異質的であることが示される（連続的なものと未分化なものという理念の決定的な

60――「おそらく、このデジャ・ヴの感覚は、ある文化的母胎に住まう感覚でもある…」(Strathern, 1991: 25)。読者は再び『差異と反復』に立ち戻ることになるだろう。というのも、ドゥルーズは、自らの著作をある時代精神の表現とみなし、そこからあらゆる哲学的帰結をひきだそうとしたのである (D., 1968: 1)。逆に、読者は『資本主義と分裂症』の全二巻において、フランス語で記された人類学の文献がほとんど参照されていないことに驚くかもしれない。最近の注目すべき研究に、フィリップ・デスコラの『自然と文化の彼方へ』(2005) がある。そこには、『アンチ・オイディプス』の第三章と『千のプラトー』の第五プラトーとにみられる議論との驚くべき多くの類似がみられる。しかしそこでは、ドゥルーズの名前がたった一度現れるだけである。

61――私はここで完全には同意していない。というのも、いまもって私は、マニグリエが企てているソシュール記号論の再興が意味するところを十分には理解していないからである。その概念的な仕事において、彼は、記号の再定義を「生成と多様体の存在論」(2006: 27, 465) のなかに含めている。

区別である)。それは、「フラットな存在論」(DeLanda, 2002)であり、そこでは実在的なものは、連続的に変化する内在的にダイナミックな多様体として現れる。つまり、組みあわせの表出、もしくは原則や超越的規範の文法的発動としてというよりは、均衡から程遠いメタ・システムとして現れる。そして、弁証法的な連接(「水平的な」)や、その反対の階層的な全体化(「垂直的な」)というよりは、むしろ差異化する関係性、つまり異質的な離接的総合として現れるのである。このフラットな存在論に相当するのが、「対称的な」認識論(Latour, 1991)である。ともかくも、認識論(言語)と存在論(世界)との区別の崩壊、また「実践的存在論」(Jensen, 2004)のゆるやかな出現に立ちあっているのである。そこにおいては、知ることはもはや既知(未知)のものを表象する方法ではなく、既知(未知)のものと相互に作用しあう方法となる。すなわちそれは、観照、反省、コミュニケーションの方法というより、むしろ創造の方法である(D.G., 1991)。知の役割は、表象をとおして雑多なものを統一することではなくなり、「世界に満ちたエージェンシーの数の多様化」(Latour, 1996a)へと生成する。ドゥルーズ主義とのハーモニーが聴こえてくる。[62]新たな思考のイメージ。ノマドロジー。多自然主義。

以下で探究するのは、こうした現代の概念的な感性論のきわめて限定的な側面である。何よりもまず一つの例を示すことで、ドゥルーズ-ガタリの分裂症と社会人類学との対話の可能性を深めるために、二つの方向性を提案する。まずは、ドゥルーズの諸概念と、現代人類学における有力な分析命題との図式的な対比である。そしてつぎに、原始領土機械や前シニフィアン

62――フラットな存在論という考え方は、ドゥルーズが再びとりあげた中世の命題である「存在の一義性」をおもいおこさせる。「一義性は、多なるものの無媒介の総合である。つまり、一は多以上のものであるとはいえない。もっとも、後者［多］は、ちょうどそれを包含することのできる上位の一般的な主題にしたがうのと同じように、一にしたがうのではあるが」(Zourabichvili, 2003: 82)。この評者はつぎのようにつづける。「この多なるものの無媒介な総合から導きだされるのは、同じ等価性の共通平面にあらゆる物事を拡張するということである。「共通」というのはここで、同一であるという意味では決してなく、ただ異なっているだけの存在者のあいだで、横断的かつ階層的でないコミュニケーションがなされるということである。その尺度（もしくは階層）は、意味を変化させもする。それは、基準との関わりで存在者に外在する尺度では決してなく、あるものに固有の限界に関わるような内在的な尺度である…」。フラットな存在論については (DeLanda, 2002) において長々と解説がなされている。また (DeLanda, 2006) において彼は、議論を適切な方向に発展させている。(Jensen, 2004) は、この存在論の政治‐理論的な影響について（それに十分な根拠があるかどうか）、とりわけラトゥールの事例をとりあげて見事に分析している。ラトゥールは、『社会を組み立てなおす』という著作において、「水平的な社会性の擁護」が方法論的に要請されることを強調しており、それが「アクター・ネットワーク理論」の特徴であるとする。その上、その別名は「アクタント‐リゾームの存在論」であるとものべている (Latour, 2005: 9)。こうした理論に適した概念分析は（ワグナーなら対抗的な方法というだろう）、［社会体を］横断し分解する強度的差異を解放することで、社会体の階層的な脱‐組みこみが生じることで可能になる。それは、「個人主義」に向きあうような妥協の働きとは根本的に異なっているし、かつての全体主義者の遺言を逆向きの予言に変えるような主張とは正反対のものである。

的記号論というドゥルーズ＝ガタリ的な考え方に対して古典的な社会人類学が与えた、ある特定の影響範囲——親族理論——を検討することにしたい。

6章

多様体の反-社会学

『資本主義と分裂症』の第一巻である『アンチ・オイディプス』（一九七二）において、ドゥルーズとガタリは、精神分析の支柱、つまり欠如としての欲望という反動的な考え方を倒壊させた。そしてそれにかえて、純粋な肯定的生産性としての欲望する機械という理論を設定した。それは、社会体《ソキウス》によって、すなわち社会的生産機械によって必ずコード化されている。この理論は、この書物の中心的な章［第三章］において、故意にアルカイックなスタイルでえがかれた世界史（普遍史）の壮大なパノラマに出くわすのだが、それは人類学の読み手をすぐにたじろがせるだろう。そこでは、二人の著者は、論述の枠組として未開／野蛮／文明という古めかしいセ

リーを採用しているだけでなく、豊富な民族誌的文献を「でたらめな比較」とでも呼びたくなるような仕方であつかっている。しかし、読み手がつぎのことに気がつくのにそれほど時間はいらないだろう。すなわち、ここでは三段階のトポスは、伝統的な解釈からは程遠いものとなっているということ、そして、制御を欠いた比較という印象は、著者たちにとっての「制御《コントロール》」が通常のものではないという事実に由来するということである——ロイ・ワグナーならそれを、「集めるもの」ではなくむしろ「差異化するもの」と表現しただろう。『アンチ・オイディプス』は、実際、「異なる仕方で思考しようとする並外れた努力」(Donzelot, 1977: 28)の賜物なのである。その目的は、たんにオイディプスと精神分析の抑圧的な誤謬推理を糾弾するというだけではなく、真の「反-社会学」(*ibid.*, 37)を設立することにある。こうしたプロジェクトが、現代人類学にとっての関心事となった。少なくとも現代の人類学は、自らを社会学のエキゾティックで無害な一領域とみなすのではなく、逆に社会学を、まずまず明晰で、ほとんど不可避的に規範的な、「自文化の人類学」◀63の一様態とみなすのである。

二部作の第二巻である『千のプラトー』(D.G., 1980)は、『アンチ・オイディプス』の精神分析的関心からは距離をおいている。「偶然性の世界史」(D.G., 2003/1987: 290)を書くというそのプロジェクトは、ここでは異なる強度の「プラトー」を横断することをとおして、明確に非線形的な仕方で実行される。つまり様々な記号的-質料的な形成物、ならびに眼が眩むほど多くの新しい諸概念をまとったさまざまな強度的プラトーの探究である。

この書物が提示し明らかにするのは、現代の人類学におそらく最高度の影響を及ぼしてきたドゥルーズの主題、つまり多様体の理論である。ドゥルーズにおける多様体という概念によって、人類学に固有の新しい知の実践だけでなく、人類学が関心を寄せる現象をも、よりよく説明できるようにおもわれる。その効果は、なによりまず、解放することである。それは、ある種の認識論的な牢獄の壁を形成する二つの二元論のあいだに逃走線をひくことなのである。人類学は、一八世紀から一九世紀の暗闇のなかで、その起源以来（よく知られるように、自分自身を守るために）そうした壁のなかに閉じこめられてきた。一方では**自然**と**文化**、そして他方では**個人**と**社会**である。よくいわれるように、これはこの分野における「究極的な知の枠組」であり、間違っていると考えることはできない。というのも、われわれは、まさにこの枠組をもちいることで、真と偽について考えているからである。しかし、本当にそうだろうか。こうした枠組が変化することで、それにともなって思考の可能性もまた変化する。思考という理念は変化するし、思考可能なものの理念も変化する。枠組の理念それ自体が、理念の枠組と共に変化するのである。多様体の概念が、おそらく人類学的に思考可能なものに――つまり、人類学によって思考可能に――なったのは、もっぱらわれわれが、部分的な論理の世界、ポスト多元論的な世界、われわれが決して近代であったことのない世界をまさに生きているからなので

63―― L.-S., 1973/1964; Strathern, 1987; Viveiros de Castro, 2003.

ある。そうした世界がおき去ったものは、なんらかの止揚というよりは、無関心による、**一**と**多**のあいだのすさまじい二者択一、先にのべた二つの二元論や、より些細なほかの二元論の数々を作動させている大いなる二元論であった。[64]

かくして多様体は、特定のタイプの存在者を定義するメタ概念なのであり、『千のプラトー』の序章「リゾーム」こそは、その具体的なイメージである。[65] マニュエル・デランダが指摘するように、多様体の理念は、反-本質主義者、反-分類学者であらんとする決断の産物である。ドゥルーズは、この理念を創造することで、本質と範型という古典的形而上学の観念を退位させる。[66] それは、思考を、同定（認識）、分類（カテゴリー化）、判断とは異なる一つの活動として思考し、思考すべきものを実体や主体としてではなく、強度的な特異性として思考しようとするような、「並外れた努力」の主要な手段なのである。このような決断の政治的-哲学的な意図は明らかである。すなわち、多様体を概念へと変形させること、そして概念を多様体へ変形させること。つまり、概念と権力、他のいい方をすれば哲学と国家とのあいだにある原初的な結びつきを断ち切るということである。「プラトニズムの転倒」(D., 1969b) というよく知られたいい方は、こうした意味でいわれるのである。

多様体は、本質とは異なっている。多様体を構成する次元は、構成された特性ではないし、分類する上での包摂の基準でもない。多様体の概念の主要な要素は、逆に、分類ではなく差異化としての個体化の観念である。「潜在的なものの現実化」のプロセスは、限定による可能性の実現とは異なるし、類似、対立、アナロジー同一性の類型学的な範型にはなじまない。多様体は、純粋な強度的差異の存在様態であり、「この還元不可能な不等価性が、世界の条件をかたちづくる」(D., 1968: 286) のである。[67] 範型と存在者という観念は、一般に、リゾーム的多様体を定義するにはまったく不適格である。もし、クワインの洒落たいい回しのように、「同一性なき存在者は存在しない」(pas d'entité sans identité) のだとすれば、多様体は、そうした身分には適さないと結論しなければならない。リゾームは、一つの存在者として振る舞うのではなく、一つの範型を定義するのでもない。すなわち、それは中心のない網状のシステムであり、実体外の個体

64――メレオロジーのモデルについては (Strathern, 1992a) をみよ。ポスト多元論的な世界の発想については (Strathern, 1991, XVI: 1992a: 3-4, 184) などを、および (Strathern, 1992b: 92) を参照のこと。「すさまじい二者択一」という表現は (Pignarre et Stengers, 2005) でももちいられている。

65――私がメタ概念といっているのは、あらゆる概念は権利上一つの多様体だからである。すべての多様体が必然的に概念的というわけではないが (D. G., 1991: 21 et s.)。

66――ドゥルーズのこの概念の源泉は、ベルクソンの哲学（二つの多様体の理論、内包と外延）、およびガウスとリーマンの幾何学（n次元の表面として内的に定義されるような多様体）にある。ベルクソンとの関係を知るには (D., 1966: 第二章) を、またリーマンとの関係を知るには (D. G., 1980: 602-09) をみよ。ドゥルーズの多様体について、その一般的な数学的側面を知るには、デランダによる独自の天才的な再構築 (2002: 9-10; 38-40 et passim)、ドゥフィー編 (2006) に収められたDuffy, Smith, Durie, et Plotnitsky の論文を参照のこと。(Zourabichvili, 2003: 51-54) は、ドゥルーズの作品にみられる概念の哲学的意味を見事に要約してくれている。

化、もしくは出来事（「此性」）に対応する異質的な特異性どうしの強度的な諸関係（「生成」）によって構成されている。したがって、リゾーム的多様体は実際に一つの存在などではなく、生成のアレンジメント、一つの「あいだ」なのである。一つの差異の動力、あるいはむしろ、そのように機能する強度的なダイアグラムである。ブリュノ・ラトゥールは、アクター・ネットワーク理論がリゾーム概念に負っていることに注意を促しているのだが、これはとくに際立ったものだといえる。彼によれば、いかなる事象であれ一つのネットワークとしてえがかれうるのだから、ネットワークは一つの事象ではない（Latour, 2005: 129-31）。一つのネットワークとは、一つのパースペクティヴであり、刻みこみ記述する一つの方法であり、「多くの他の諸要素との関係づけに応じて、一つの事象を刻印する運動」（Jensen, 2003: 227）のことである。しかし、このことで、事象は徐々にそれ自身とは異なるものになる――というのも、「事象」が他の結びつきをもつパースペクティヴは内的で内在的なものである。「事象そのものこそが、多様なものとして知覚されはじめる」（Latour, 2005: 116）。ようするに、ライプニッツにまで遡る命題であるが、事象に対する視点というものは存在しないということである――諸々の事象や存在こそが、視点そのものなの「である」（D., 1968: 79, 1969d: 203）。同一性なき存在者は存在しないというのなら、パースペクティヴなき多様体も存在しないのである。

リゾームは存在物ではないのだから、それが一つの存在物である、などということは決してないし、複数の存在物だということもない。多様体は、単一体よりもおおきな何かであるとか、多元的もしくは上位の単一体のような何かであるということもない。むしろそれは、一、以下のものであり、引き算によってえられる（ドゥルーズにおける小ささ、マイナー性、過少化の観念の重要性）。あらゆる多様体は、代補的次元（n+1 これはたとえば、nプラスその「原理」、nプラスその「コンテクスト」という意味である）によっておしつけられる外的な協調を逃れている。多様体の内在は自己措定されるのであり、コンテクストそれ自身に先行する。多様体は、トーテゴリー的であり、ワグナーにおける記号のように、それ自身の固有な内的調性機能をもちながら、「自らを表象する」（Wagner, 1986）。多様体は、n-1次元のシステムである（D.G., 1980: 13, 27, 31）。あるいは、「脱－超越性」によってつくりだされる多を産出するために、逃れるものとしてのみ作用する、**一つのもの**（le Un）である。それが示しているのは、「多様体をそのようなものにする組織は、システムを形成するために単一性を必要とはしない」（D., 1968: 236）ということである。

67――レヴィ＝ストロースが記した、他のよく似た文章と比較してみよ。「不均衡がつねに与えられている…」（1966: 222）、「世界の実在は、ある不一致性から成っている。世界とは、それが何であるかを純粋、単純にはいうことができない。それは原初的な非対称性の姿をしている…」（1971: 539）。われわれはここで、構造主義のもっとも重要な二つの命題に直面しているのであるが、世界はこれらを介してそのつぎの世代に継承されるのである。すなわち、世界は、その構造が必然的に不均衡であり、実在を構成するのは非対称性なのである。

かくして多様体は、「横断的な」複雑性をもったシステム、すなわち階層性や他のいかなるタイプの超越的統一化にも抗うようなシステムである——本書の主要な議論を先どりしていえば、出自というよりもむしろ縁組の複雑性である。諸々の開かれた強度的な線（輪郭ではなく力線（D.G., 1980: 621））が、異質的な諸要素を結びつけるまさにその瞬間その場に多様体が形成されるのだから、リゾームは「部分」と「全体」の区別を棄却する根本的にフラットな存在論を投げかけるのである。[68] クワ（2002）が指摘するように、それはロマン主義というよりは、バロック的な複雑性の概念である。実際、多様体は、人類学の可能性を組みつくしたようにみえる**啓蒙主義者**の原子論的な連帯を、**ロマン主義**の有機的な全体性におき換えた「準－客体」なのである。したがって、多様体は、この分野を象徴する大概念——**文化**と**社会**——とは完全に異なった解釈をもたらし、それらを「理論的に陳腐なものにする」（Strathern et al., 1996/1989）。

ワグナーのフラクタルな人格《パーソン》、ストラザーンの部分的つながり《パーシャル・コネクション》、カロンとラトゥールの社会－技術的ネットワークは、フラットな多様体についての、よく知られた人類学的な例である。「フラクタルな人格は、一つの集合体との関係において存在する一つの統一体などではなく、あるいは、一つの統一体との関係において存在する一つの集合体などでもない。そうではなく、つねに積分的に内含された関係性をもつ一つの存在者なのである」（Wagner, 1991: 163）。多様体、内含、強度という概念間の絡みあいは、実際、ドゥルーズ（1968: 第六章）によって詳細に練り上げられた一つの論点である。ドゥルーズのもっとも明晰な注釈者であるフランソワ・ズーラビクヴィリの考察によると、「内含は、ドゥルーズ哲学の原理的な論理的運動である」(2004/1994: 82)。また他の個所で、彼はドゥルーズの多元論が「関係の一次性」(2003: 52, n.1)を想定していることを強調している。差異の哲学は、関係性の哲学なのである。

　しかし、どんな関係性でもよいということではない。多様体は、諸項の接続あるいは連接とは異なった、関係の総合という方法によって形成されるシステムなのである。ドゥルーズが離接的総合あるいは包含的離接と呼ぶ操作が問題である。それは、相似や同一性を（形式的ないし最終的な）原因とするのではなく、発散もしくは距離を原因とする。この関係の様態が「生成」と呼ばれる。離接的総合あるいは生成は、「ドゥルーズ哲学の主要な操作子《オペレーター》」(Zourabichvili, 2003: 81)であり、差異そのものの運動——それをとおして差異が弁証法的な矛盾や止揚の円環的アトラクターから逃れる遠心運動——である。対立的な差異ではなく肯定的な差異、矛盾するものの

68——「われわれは、全体ではなく、部分だけを信じる。[…]全体は諸部分と同時に存在するというだけではない。全体は部分と隣りあっており、それ自身が別々に生みだされ、諸部分にはまりこむ…」(D.G., 1972: 50, 52)。リゾーム状に結びついた異質的な諸要素は、諸項の前提となる実質的な条件、もしくは本質とは関わりがないということに注意しておかなければならない（こうした意味で異質性と呼んでいるものは、観察者の「文化的傾向性」に依存する(Strathern, 1996: 525)。むしろ、異質性は多様体によってとらえられた結果＝効果なのである。多様体こそが、トーテゴリックな特異性として諸項を機能させながら、それが異質性を結びつける諸項を生みだすのである。

調停ではなく異質的なものの識別不可能性、すなわち離接的総合は、離接を「関係のまさにその本質」(Id., 1994/2004: 99) とみなし、関係を、離接的総合によって結びつけられた諸項とパースペクティヴとの「相互的で非対称的な内含」の運動とみなす。離接的総合は、等価性やより高次の同一性へと解消されることはない。

> ドゥルーズのもっとも深い洞察とは、おそらくこうである。すなわち、差異とは異質的なもののあいだの交流や感染でもあるということ。他のいい方をすれば、発散は視点の相互的な汚染なしには生起しないということである[…]。関係づけるとは、つねに、諸項の異質性そのものをとおして、ある距離をおいて互いに交流することなのである。
>
> (Zourabichvili, 2004/1994: 99)

現代の人類学理論との対比に戻るために、関係としての分離というテーマがロイ・ワグナーとマリリン・ストラザーンの仕事に頻出するということをおもいおこしておこう。「離接と接続を同時に理解する」(Strathern, 1995: 165) ものとしての関係という考え方は、「諸関係が人びとのあいだに差異をつくりだす」(Id., 1999: 126; cf. 1996: 525; 1988, chap.8) ことをはっきりと主張する理論の基底をなしている。メラネシアの社会を、パースペクティヴの交換と関係性の内含繰り広げのプロセスとして、ストラザーン流に壮大に記述した「システムM」(Gell, 1999) は、離接的総合についての対称性－人類学の理論である。[69]

メタ理論の観点からは、足し算的ではなく引き算的なリゾームの多様体は、多様体を非メレオロジー的で「ポスト多元論的」な形象に変えることができる。そしてこうした方法によって、マリリン・ストラザーンがいつものように洞察に満ちた仕方で人類学特有の袋小路とみなしたような、一と多の二者択一的なジレンマに逃走線をひくことができる。

人類学者たちは、概して、一のオルタナティヴが多であると考えてきた。その結果、われわれは、いくつかの一、つまり単一の社会ないし属性か、さもなくばいくつかの一からなる一つの多様体をあつかうことになってしまったのである［…］。いくつかの一、およびその多様化と分割にとりつかれた世界は、関係性というものを概念化する上でさま

69――この理論については、メラネシアにおける「アナロジックな親族関係」にかんする、ワグナー（1977）の基本文献が参考になる。そこでもちいられている「流れ」と「切断」の言語は、奇妙なことに『アンチ・オイディプス』をおもいおこさせる（著者はこの本を引用していないし、おそらく知りもしなかっただろう）。ワグナーとストラザーンの発想が影響を与えているとおもわれる最近の研究のなかで、Rupert Stasch（2009）が記した、ニューギニア西部のコロワイの関係論的な想像力にかんする研究をとり上げておきたい。そこでは、野生の思考が自己問題化するような力の擁護と説明がなされ、離接的で異質的な多様体としての関係性にかんする、驚くべきコロワイの理論が記されている。

ざまな困難をもたらす。

(Strathern, 1991: 52-53)

したがって、固定観念を脱した概念の治療が必要になる。人類学の分析は、通常の場合、「あらゆる人間社会において」偶発的な差異の根底にある実体的な相似性を探しだすのだが、多様体を比較することは、個別性を一般性の周りに収斂させることとは異なる。それは、アルベール・ロトマン(ドゥルーズが数学についての参照するときの著者)の詳細な記述をおもいださせる。

多様性の内在的な特性を探求するグラウスとリーマンによる微分幾何学は、多様性がおかれたあらゆる空間から独立しており、普遍的な内容物もしくは特権的な座標の中心を参照することを一切退《しりぞ》ける。

(*apud* Smith, 2006: 167, n.39)

幾何学を読み、そして人類学を読んだならば、この含意は明らかであろう。人類学にとって、多様性の代わりとなりうるものは何であろうか。想像することは決して難しくない。慣例的に矛盾やスキャンダルとして儀礼的に告発されてきたものが、突如として理解可能なものとなる。だが、確固とした基礎を想定することなく、多様性を記述したり比較したりするということなのだろうか。普遍はどこにあるのか。種の生物学的構成、象徴の規則、政治経済の原理はどうなるのか（「外部のリアリティ」はいうまでもない）。行為としてではなく、力として、確かに理解可能である。しかし、すくなくともこの意味＝方向で思索する権利はある。ちょうど微分幾何学のように、人類学がエキゾティックな知を密輸しようとしているのだといわないものがいるだろうか。しかし知の密輸というのは、比較と一般化について人類学の正統性を増長させるというほどエキゾティックなわけではない。この分野が避けがたいものとは、二〇〇〇年の歴史をもつ形而上学なのである。それは、大胆にもその限界を認めないことを誇りとするような形而上学であり、幾何学者ではない。

しかし、多様体を比較することは、おそらく外延的な差異のあいだの形式的アナロジーによって相関的な不変式を打ち立てることとも異なるのであって、たとえば構造主義的な比較がその好例となるだろう。もしくは「互いに似ているのは、類似ではなく差異である」(L.-S., 1962a: 111)。多様体を比較すること――それは比較することそのもの、そして比較することによるシステムのことである――は、発散の独特のあり方を規定することであり、内的な距離と外的な距離の両方を規定することである。ここにおいて、あらゆる比較分析は必ず分離的総合となる。多様体に関していえば、関係性が変化するのではなく、変化することが結びつきをつくりだすのである。差異化する差異である。[70] 一世紀以上も前に、分子的社会学者ガブリエル・タルドはつぎのように書いていた。

真理とは、差異が差異化していくということ、変化が変化していくということであり、したがってそれらが自らを自身の目的とみなしつつ、変化と差異がそれら自身の必然的で絶対的な特徴を証明するということである。
(Tarde, 1999/1895: 69)

チュンリン・クワは、先に引用した論文のなかで、「有機体としての社会というロマン主義の概念と、一つの社会としての有機体というバロックの概念のあいだの根本的な差異」(2002: 26)に気づいている。名前が挙げられてはいないものの、これは、デュルケムとタルドの社会学のあいだにある差異を見事にとらえた記述である。前者が、社会的事実を独自の特徴とみなすのに対して、後者の「普遍社会学的な視点」は「あらゆる事象は一つの社会性であり、あらゆる現象は社会的事実である」(Tarde, *op.cit.*, 58, 67) ことを主張する。こうした立場は、個人と社会、部分と全体のあいだにある区別のあらゆる正当性を疑う。また同時に、人間と非人間、生命と非生命、人格と事象のあいだにあるいかなる差異の妥当性に対しても無関心である。フラクタルな存在論(「存在するとは差異化することである」)とタルドの境界なき社会学は、「普遍的な精神形態」にいきついている。あらゆるものは人格、「極小の人格」(*ibid.*, 43)、人格なき人格、そしてついに、広く行きわたった人格をもつことになる。

強度的な差異、パースペクティヴの差異、差異の差異。ニーチェが考察したように、健康の視点から病気をみるのは、病気の視点から健康をみるのとは異なる。[71] というのも、差異は決して同じものではないし、二つの意味＝方向において、道のりは同じではないからである。

ニーチェ的な遠近法について深く考えることによって、離接に対して肯定的な共立性を理解できる。すなわち離接とは、分離不可能であると同時にそれに並ぶものがない、視点のあいだの距離なのである。というのも、二つの意味＝方向において、道のりは同じではないからである。 (Zourabichbvili, 2003: 79)

多様体の比較——他のいい方をすれば、「多様体の発明」(Wagner + Deleuze) としての比較——は、関係性を作る関係性とまったく同様の意味で、一つの離接的総合なのである。

70——これは、レヴィ＝ストロースの「神話の基本定式」についてのうけいれやすい注解ともみなしうる。

71——(D., 1969d: 202-203)。同様に、**主**と**奴**の弁証法においては、弁証論者は主ではなく奴である (D., 1962: 11)。

ドゥルーズのテクストは、概念的な二項関係の増幅を楽しんでいるようにおもわれる。たとえば、差異と反復、強度と外延、遊牧的と定住的、潜在的と現働的、線と断片、流れと量子、コードと公理、脱領土化と再領土化、マイナーとメジャー、分子的とモル的、平滑と条理…。こうした文体上の特徴のせいで、ドゥルーズは「二元論」の哲学者として批判されてきた(Jameson, 1997)。しかしそれは、控え目にいっても、少しばかり軽率な結論である。[72]

二冊の『資本主義と分裂症』における論述の進行——そこには二元性が満ちている——は、対立する表現によってたえず中断される。つまり、様態、明示、退行、下位区分、そしてその他の、まさに著者たちの提案に由来する二元的な(あるいは他の)区別の論理構成上の移行である。このような方法論的な中断の仕方は、まさに方法を問題にしているのであり、二元論のあやまりの後での心残りを表明しているのではない。それらは、概念構築の決然とした契機なのである。[73]ドゥルーズにおける対概念は、原理でも帰結でもない、どこか他のところへ到達しようとするものである。ここであげる典型的な例は、再び、根とリゾームとの区別である。おそらく『千のプラトー』のなかでもっともよく引用される一節のなかに、それをみいだすことができる。

重要な点は根－樹木と水路－リゾームが二つの対立するモデルではないということである。根－樹木は、たとえ固有の逃走を生みだすとしても、超越的なモデルおよび複写として作用する。水路－リゾームは、たとえ固有の階層性を形成するとしても、それが専

72 ―― ドゥルーズを「直接的ないし非弁証法的な二元性」の哲学者とする、より興味深い解釈としては、(Lawlor, 2003) を参照のこと。

73 ―― たとえば、樹木とリゾームの二元性 (D. G., 1980: 21)、分子的とモル的という多様体の二つのタイプ (*ibid.*: 47)、表現の形式と内容の形式との区別 (*ibid.*, 110)、断片的と中心的との対立 (*ibid.*, 255, 259)、そして最後に、平滑空間と条里空間 (*ibid.*, 593) の場合である。プロセスと傾向という二つの極を区別したすぐ後で、ドゥルーズとガタリの分析は、一方で、極性をもう一方の極性へと、前者に非対称的に埋めこまれるようにして広げ（したがって、権利上の「混合」をひきおこす）、そして他方で、必ず最初の極の事実上の混合を示すのである。

制的な経路をもたらすとしても、モデルを覆して地図の輪郭をえがく内在的なプロセスとして作用する。地球上の一定の場所、歴史におけるある一定の瞬間が問題なのではなく、ましてや精神における一定のカテゴリーが問題なのでもない。たえず構築と崩壊のうちにあるような一つのモデルというものが問題なのであり、たえず伸長し、中断しては再度立ち上がるような一つのプロセスというものが問題なのである。いや、これは新たな二元論、あるいは他の二元論ではない。エクリチュールの問題である…われわれが一つの二元論に訴えるのは、ただもう一つの二元論が無効であることを主張するためである。われわれがモデルの二元論を採用するのは、ただあらゆるモデルの無効を主張するような一つのプロセスに到達するためである。われわれは二元論を構築しようと欲したのではなく、それを通過せざるをえないということである。そのたびに、二元論を解きほぐす知的な矯正手段が必要とされる。すべての二元論を経由して、**多元論＝一元論**というわれわれ全員が探し求める魔術的公式に到達しよう。すべての二元論は敵であるが、それらは、まったくもって必要な敵なのであり、われわれはそれらを調度品としてたえず再配列しているのである。（D.G., 1980: 31）

自分たちの哲学を**大いなる分割**の理論（樹木状の**西洋**、リゾーム状の**他者**）に還元してしまう読解をついでに払いのけていることはいうまでもないが、著者たちは、ここで二つの特徴的な手続きを説明している。第一の手続きは、マイナーもしくは実践的《プラグマティック》な仕方で概念をあつかうこと、すなわち、究極的な対象や意義や究極目的としてではなく、道具や仲立ちや乗り物としてあつかうことである――野生の思想家としての哲学者。ドゥルーズ＝ガタリの明晰なプラグマティズムは、惰性的思考がもつ二元的傾向とは正反対である。『アンチ・オイディプス』では、彼らは欲望する生産の一元論的な考え方を擁護しているし、『千のプラトー』では、多様体の「ポスト多元論的な」理論を展開している――二つの明白に非二元論的な企てである。とはいえ彼らは、二元論を、少し考えれば克服できるような障害であるとは想定していない。二元論は、想像的なものではなく、実在的なものである。すなわち、それらはイデオロギー的な策略ではなく、ある機能の帰結、もしくは抽象機械のある状態の帰結であり、容赦ない超コード化の分節である（そして、また他の抽象機械、他の機能が存在する）。まずもって二元論が実在的に生みだされたのだから、それを解きほぐさなければならない。さらに、同じ理由から、二元論を解きほぐすことは可能なのである。なぜなら、それは実在的に生み出されたものだからである。著者たちは、二元論が西洋形而上学の出来事の地平線――暴かれる（脱構築される）しかなく、しかし**洞窟**のなかに囚われた者には決して乗り越えられない絶対的な境界――であるなどとは決して考えない。しかしながら、それらを解きほぐすには、それらを否定したり、それらに異論を唱えたりするといった円環状の罠から逃れることが重要になる。「熟慮の上で」、つまりすれすれのところで――逃走線によって――そこから脱出しなければならないのである。

これが、われわれを第二の手続きへと移行させるのである。

ドゥルーズの二元性は、最小限の多様体として定義されるような、ある回帰的図式にしたがって構築され、変容される。かくして、あらゆる概念的区別は、現実的－外延的な極と潜在的－強度的な極を設定することによってはじまる。後続する分析は、二元性を、一方の極からとらえたり、他方の極からとらえたりすることで、二元性の本質がどのように変化するのかを示すことになる。外延的（樹木状、モル的、堅固、条里的、等々）な極の視点からすれば、第二の極との区別を設ける関係は、典型的な対立である。それは、排他的離接、限定的総合、つまり、外延的で、モル的で、現働的な一つの関係そのものである。しかしながら、他方の極（強度的、リゾーム的、分子的、柔軟、平滑的）の視点からすれば対立はなく、そこにあるのは強度的な差異、内含、あるいは強度的で潜在的な極における離接的包含である。第一の極によって定立された二元性は、他方の極では、分子的多様体のモル的局面またはその反響として現れるのである。◀74 こうして、それぞれの極は、それ自身の本性にしたがって、もう一方の極との関係性を把握する。あるいは他のいい方をすれば、こうしてそれぞれの極のあいだの関係性は、必然的、二者択一的に、一方もしくは他方の極の領域に依存する。つまり、対立の状態もしくは逃走線の領域に依存するのである（D.G., 1980: 263-64）。包含する第三局を起点にして、外部から筋道がつけられるということはありえない。パースペクティヴ主義――多様体としての二元性――は、弁証法――統一性としての二元性――が、自らを普遍的な法則とするために否定しなければならない事柄なのである。[75]

　ある二元性にみられる二つの極ないし側面は、あらゆる現象やプロセスにおいて、つねに現前し活動しているといわれる。それらの関係は、典型的に、「相互的前提」として概念化される。「相互的前提」とは、『千のプラトー』[76]において、（直線的ないし弁証法的な）因果性、（存在論的ないし認識論的な）ミクロ→マクロな還元や、質料形相主義ないし表現的な図式の代わりに、幾度となくもちだされる観念である。人類学の立場からすれば、相互的前提を、発明と慣習というワグナーの二重の記号論と関係づけてみたくなる。その記号論においては、図－地の反転

74 ―― 「二者択一、排他的離接は、ある原理との関わりによって規定される。しかしながら、その原理は二つの項、あるいは二つの下位集団を構成し、それ自身が二者択一のなかに含まれている（離接が包含的な場合とはまったく異なっているのである）」（D.G., 1972: 95）。このようなモデルは、ベルクソン的な持続と空間との区別についての注釈（D., 1966）のように、ドゥルーズの著作群にみられるものである。この区別は、たんに本性上の差異として定義することはできない。というのも、差異は、本性上のすべての差異を支えて移動させる持続と、程度上の差異しか示さない空間とのあいだにあるからである。「したがって、分割された両者のあいだには、いかなる本性上の差異もない。本性上の差異はもっぱら持続の側だけにある」（*op.cit.*, 23）。

75 ―― アメリカ研究をする人類学者にとっては、この二つの二元論は、『大山猫の物語』（L.-S., 1991）の中心的な議論を必ず想起させるものがある。それは、旧世界と新世界の神話における双児性についての対称的な考え方である。このことについては後に詳細にみることになるだろう。

76 ―― D.G., 1980: 59, 85, 111, 260, 629.

図式[77]（Wagner, 1981: 第三章 Wagner, 1986）にしたがって、各々の記号化の様態は、他方の様態を加速させるか「反－発明」する。あるいは、『贈与のジェンダー』（Strathern, 1988）の主要な分析にみられる二重の機能様態にも関係づけたくなる。すなわち、メラネシアにおいてジェンダーの経済あるいは交換の様態を支配する二重の機能様態であり、そこでは一つの極――男性／女性、同性／異性、媒介された交換／媒介されていない交換――は、つねに他方の極の一つのヴァージョンないし変換として記述される。ストラザーンがまったく（本当に）他のコンテクスト[78]（1991a: 72）で要約しているように、「それぞれの極がコンテクストを提供し、他方の極の地となる」のである。

ここで重要なのは、相互的前提が、いかなる二元性の二つの極をも、それらが互いに条件づけあっているがゆえに、等しく必要不可欠なものとして規定するということであり、しかしだからといって、相互的前提は、二つの極を対称的もしくは等価なものにはしないということである。相互的前提とは、非対称的で相互的な内含の関係なのである。「道のりは、一方から他方への方向と、他方から一方への方向では、同じではない」。それゆえ、樹木状の複写物からリゾーム的な地図を区別するとき、ドゥルーズとガタリが考察するのは、地図がたえず複写によって全体化され、統一され、安定化されるということ、そしてそれが今度は、リゾーム的なプロセスによってひきおこされるあらゆる無秩序な歪形化［脱形態化］にさらされるということである。しかしそれでも、結局のところ最後には、「つねに地図の上に複写を呼び戻さねばならない。この操作は、その前の操作とは、決して対称的ではない」（D.G., 1980: 21）。それらが対称的でないのは、一方が、欲望のプロセスである生成とは正反対に働く(*ibid.*, 334)からであり、もう一方の働きは欲望のプロセスを促進するからである。[79]

相互的前提(そこでは、樹木がモデルであるのに対して、リゾームはプロセスである)におけるプロセスとモデルとの非対称的な関係は、『差異と反復』において展開されている差異と否定との区別を想起させる。否定は、実在的だが、その実在性は純粋に否定的なものである。否定は、転倒させられ、外延化され、限定され、対置された差異にすぎない(1968: 302 et s.)。した

77——— ワグナーは、文化的な慣習と発明との相互的な生産関係を「弁証法的」なもののうちに定位する(1981: 52; この用語は(Wagner, 1986)において幅広くもちいられている)。しかし、このような弁証法は、明らかに非ヘーゲル的であり、ただちに相互的前提と離接的総合を想起させる。「互いに同時に矛盾するか支え合うような二つの考え方ないし視点のあいだの、緊張あるいは対話のような交替」(Wagner, 1981: 52)。ようするに、解決や調停なき「弁証法」である。つまり、ヘーゲルの止揚というよりはベイトソンの分裂生成である。ベイトソンの仕事は、今では私は、ロイ・ワグナーとドゥルーズ‐ガタリの非平行的な概念の進化のあいだを横断する接続線であると考えている。

78——— メラネシアにおける親族とジェンダーの宇宙においては、「各々の関係は他方からのみやって来る[…]夫婦関係と親‐子関係は、互いの隠喩であって、それゆえ内的反映[内省]の源である」(Strathern, 2001: 240)。

79——— 先の註で引用した文献のなかで、ストラザーンはつぎのように記している。「異性の関係は同性のあいだの関係と同時に転換し、自らの内に転換の内在的な前提をもつ」(*op.cit.*, 227)。これは、非対称的な相互的関係の一例なのかもしれない。同性関係と異性関係のあいだの関係性、それ自体が異性関係なのである。これは、同一性は差異の特殊なケースであるというレヴィ=ストロースの前提を説明する、もう一つのやり方である。

がって、ドゥルーズとガタリが、リゾームと樹木、滑らかな分子的分節化と堅固なモル的分節化といった価値論的な対比を打ち立てることが問題なのではないと一度ならず警鐘を鳴らしているとはいえ（D.G., 1980: 31, 259-60）、つねに傾向と反－傾向という、二つのまったく異なる運動があるということは依然として事実である。潜在的なものの現実化と、潜在的なものの反－実現という二つの運動である。第一の運動は、潜勢力ないし強度の差異が、延長へと繰り広げられ経験的な事実を具現化するにつれて衰退する運動である。第二の運動は、差異を創造ないしは「内含」する運動である。それは、反転する回帰ないし因果性（D.G., 1980: 537）であり、「創造的な内への縮合」である。このことは、第二の運動が、第一の運動の超越論的でそれゆえ解消不可能な条件として、第一の運動と厳密に同時的であることを妨げない。この第二の運動こそが、**出来事**あるいは**生成**であり、強度の純粋な保持――生起するすべてのものにおいて、それ自身の現実化を逃れる部分――である（D.G., 1991: 147）。

ここで再び、この相互に内含されたプロセスの非対称性を、ロイ・ワグナーの記号論のある側面（1981: 51-53, 116, 121-122）と関連づけるのは必然であろう。ワグナーの記号化の二つの様態のあいだの関係がもつ「弁証法的」あるいは「対抗的」な性質は、一つの様態、すなわち差異化－発明の様態に属している。しかし、二つの様態のあいだの相反する対比は、それ自体、他の様態の働き、すなわち集合化－慣習化の様態の働きの結果なのである。その上、二つの様態は、あらゆる記号化の行為において、同時にそして相互に働いている（一方が他方に働くのは、それらにはいかなる彼方もないからである)。しかし、「制御するコンテクスト」が慣習的な様態である文化――『千のプラトー』の言葉でいえば、領土化のベクトル――と、制御が差異化する様態である文化とのあいだには、「世界における差異そのものがある」。もしこれら二つの様態のあいだの対比がそれ自体、価値論的でないなら、慣習的で集産的な記号化を好む文化――文化の理論を「集合表象」としてつくりだした文化――は、複写の方向へと向かい、発明の弁証法を阻止し抑圧するのである。そしてそれは、必ず最後には、「地図の上に呼び戻される」。同様に、『贈与のジェンダー』において提起される「贈与」の社会性と「商品」の社会性との対比は、明らかに商品の世界に内的なものとして想定されている (Strathern, 1988: 16, 136, 343)。しかし同時に、贈与の社会性の分析が、人類学者に人類学それ自体の文化的前提の特徴を認識させ、資本主義の隠喩をとり除かせるかぎりにおいて、商品形態は、商品ではなく贈与形態の変容(脱形態化)であるかのようである (*op.cit.*, 309)。商品に対する贈与の側からの視点は、贈与に対する商品の側からの視点と同じではない。これが、相互的かつ非対称的な内含である。[80]

80――他の二元論に挑戦するためだけに一つの二元論を引用するという戦略は、たとえば、ラトゥールによって、「フェティッシュ」[fairiches:事実faitsと呪物fétichesの合成語]についての反-批判的なブックレットでもちいられている。「近代の二重のレパートリーは、事実と呪物を区別することにはなく、むしろ、一方で事実と呪物を理論的に切り離すことと、他方でまったく異なる実践の移行のあいだに、[…]微妙な区別をすることにある」(Latour, 1996b: 42-43)。

7章 すべては生産である——強度的出自

もし、ドゥルーズの概念システムのうちで原初的といいうるような、一つの内含的な非対称が実際にあるなら、それは、強度的なもの（あるいは潜在的なもの）と外延的なもの（あるいは現実的なもの）との区別のうちに存在する。ここでの私の関心は、『資本主義と分裂症』においてなされた親族の古典的な理論の二つの主要なカテゴリー——出自と縁組——を再解釈するために、こうした区別の射程を評価することである。この選択には、理由がある。というのも、第一に、ドゥルーズとガタリによるこれら二つの観念のあつかいが、『アンチ・オイディプス』と『千のプラトー』とのあいだにみられる、ある重要な転回をきわめて明晰に示しているから

である。そして第二に、それは、親族の人類学を変容させて、今日他の研究領域において生じている「非−人間主義」の展開 (Jensen, 2004) と足並みをそろえるための可能性を示唆しているからである。縁組と出自の観念は、親族関係のなかで、またそれを介して効果をもつかぎりにおいて、伝統的に人間化の調整機能とみなされてきたのだが、問題は、いかにして縁組と出自の観念を概念的に変形させて、超−人間的なものへと開くのかということにある。もし人間性が一つの本質でないというなら、親族の人類学が含意するものとは何なのか。

縁組と出自という観念は、一九五〇年代から一九七〇年代に、人類学においてある種のトーテム信仰のごとき役割を果たし、当時は親族についての二つの正反対の考え方を意味する提喩〔部分で全体を表す比喩〕であった (Dumont, 1971)。その後、それら二つの観念が属していたモーガン主義的パラダイムの一般的凋落の後を追うようにして、縁組と出自という観念は突如としてその梗概《こうがい》の価値を失い、単なる分析上の約束事という役割をひきうけるにいたっている。しかし、そんなときでも言及されることはあり、活躍の場がなくなってしまったわけではない。以下では、この〔凋落の〕運動への反省的中断を試み、古典的な理論のいくつかの部分を、再びもちいることができるのだということを提案する。もちろんそれは、以前の状態に後戻りするということではない。『親族の基本構造』に対する反響として大いになされた「規定的な縁組」といういささか軽薄な形式主義を再び生みだすことでもなければ、ラドクリフ=ブラウン、メイヤー・フォーテス、ジャック・グディといった、(デュルケムに着想を得た) 英国学派が特徴づける血縁集団の実体主義的形而上学へと舞い戻ることでもない。逆に、大事なのは、「人びとは、自らの諸関係によってすべてが構成される」[81]（Strathern, 1992b: 101）という前提から全ての帰結をひきだすことができるような、親族のリゾーム的な概念の輪郭を可能なかぎりおもいえがくことである。もし血縁集団の理論が、その原型として、実体や同一性（形而上学的個体としての集団）という考えをもち、婚姻の縁組理論が、対立と全体化（弁証法的全体性としての社会）という考えをもつのなら、ここで提示されるパースペクティヴによって、ドゥルーズとガタリの仕事のなかから、差異と多様体（包含的離接の関係）としての親族理論のためのいくつかの要素が汲みだされることになるだろう。

81――「人間は自らに不可欠な関係性をもつものである」。

社会人類学は、『資本主義と分裂症』において最高の地位をしめている。二部作の第一巻〔『アンチ・オイディプス』〕では、バッハオーフェンやモーガンに始まり、エンゲルスやフロイトを経て、レヴィ゠ストロースやリーチ（われわれは一九七二年にいた）にいたるまで、原始社会の理論を完全に書きかえている。その主たる対話者は、レヴィ゠ストロースの構造主義である。レヴィ゠ストロースの構造主義に賛同し、そして多くの場合反論するために、マリノフスキーの機能主義から、フォーテスの構造機能主義、グリオールとディテルランによる民族誌的な実験、メイヤスーとテレーのエスノ・マルクス主義、エヴァンス゠プリチャードの関係論的な分節構造、そしてヴィクター・ターナーの社会的ドラマトゥルギーにいたる多くの理論的、民族誌的な参考文献が動員される。[82] 親族についてのレヴィ＝ストロースの考え方は、インセストの禁止を社会性の条件とする超越論的な演繹に基づいている (L.-S., 1967/ 1949) のだが、ドゥルーズとガタリはそれを拒否するのである。というのも、そこには**オイディプス**の人類学的一般化がみてとれるからである。二人の著者たちは、モースの『贈与論』(レヴィ＝ストロースにとっての主要な参照文献) が抱える問題を、ニーチェの『道徳の系譜学』と比較する。そして、彼らは、後者が人類学者にとって真の座右の書であるべきだと提案するのである (D.G., 1972: 224 et s.)。

モースとニーチェとの差異は、『アンチ・オイディプス』においておそらくいくらか強調されすぎている。「交換」と「負債」の区別は、モースの展開した議論にはまったくふさわしくないし、著者たちがいうほどはっきりしたものでもない。[83] 結局、ポトラッチやクラにおける交換は負債にほかならない。とりわけ、第一に、贈与における対抗的交換の目的は、相手を負債によって「殺害する」(文字通りの場合もある) ことにあるのだ。『アンチ・オイディプス』における交換の考え方は、つねに商品交換の側 (これによって著者たちが「交換」と「贈与」を対立させることが可能になっている) にひき寄せられたり、社会契約の側にひき寄せられたりする。後者は、『贈与論』に疑いなくみられる観念ではあるが、私がおもうに明らかに義務に従属する観念であり、モースはこれを超越的な規範としてというよりは、主体の内在的な分割作用として考案したのである。義務に従属することは、内在的な他者性に向きあうことである。さらに、「社会的記憶」をつくりだすのに不可欠な「生物学的記憶」の原歴史的抑圧というニーチェ的理論についても、モース的ないし構造主義的な交換理論が共有する人間化のパラダイムとまったく相いれないわけでない。問題の関係性がはっきり変わったといえるのは、ドゥルーズとガタリが、『千のプラトー』(D.G., 1980: 324)において、生成を明確に反－記憶として定義するときだけである。

『アンチ・オイディプス』でひかれているモース／ニーチェの対比は、ヘーゲル、コジェーヴ、バタイユ、社会学研究会、そしてより近いところでは、とりわけレヴィ＝ストロース、ラカン、ボードリヤールが関与する、ある論争的背景をおもいおこさせる。バタイユが『贈与論』のニーチェ的読解からひきだした「普遍経済」は、『アンチ・オイディプス』ではほとんど言及されていない(*op.cit.*, 10, 225)。侵犯というバタイユ的なカテゴリーをドゥルーズとガタリが軽視している(リオタールの見解)ことは、この沈黙ともおもえる態度を部分的に説明してくれる。『意味の論理学』に収められたクロソウスキー論において、ドゥルーズは、一方で交換、一般性

82——ドゥルーズとガタリにみられる民族学の文献には、非常に充実した「アフリカ」のセクションがある。それは、その時代のフランス人類学のおかれた環境を映しだしている。アフリカ研究はかつて、もっとも広がりをもち、そして構造主義の影響をもっともうけいれなかった民族学の下位領域であった。

83——この区別は、『ニーチェと哲学』においてすでに現れている(D., 1962: 155)。

（等価性）、偽の反復と、他方で贈与、特異性（差異）、真の反復との対比を設定している。この対比は、『アンチ・オイディプス』における交換の議論を十分に（そもそも『差異と反復』（D., 1968: 7）のはじめから）予感させるものだが、ここではまさにバタイユに関係している。すなわち、クロソウスキーの小説の主人公テオドールは、「真の反復は、贈与にこそ、すなわち交換の商業経済とは対立する贈与経済にこそあるということを知っている（……ジョルジュ・バタイユへのオマージュ）」（D. 1969c: 334; 中略原文）。

いずれにせよ、『アンチ・オイディプス』では、矛盾する利害の社会発生的な総合としての交換という命題に抗して、社会的機械が欲望の流れのコード化という問題に回答するという前提が提示される。ドゥルーズとガタリは、刻印という考え方――「社会体はしるしをつける」、社会体が身体に痕跡を残す、循環は二次的な動作にすぎない（*op.cit.*, 217 et s.）――と同時に、生産主義――「すべては生産である」（*ibid.*, 10）――を提示している。『経済学批判要綱』を踏襲したスタイルで、生産、分配、消費は、普遍的なプロセスとしての生産の諸契機とみなされる。刻印は、この生産の登録とコード化の一契機であり、この契機は、**自然な贈与物**や神性としてフェティッシュ化された社会体、刻印の魔術的な表面、反生産の要素（「器官なき身体」）に反－実現する。

しかし結局のところ、『アンチ・オイディプス』でなされた親族のスキゾ分析的な解体が不十分なものにとどまっているという印象はぬぐい難い。というのも、それは一つの批判だからである。言葉遣いも、ほとんどがカント哲学を下敷きにしており、そのパロディーですらある。たとえば、超越論的仮象、無意識の総合の不当な使用、**オイディプス**の四つの誤謬推理、等々。『アンチ・オイディプス』は、依然として**オイディプス**的な書物なのである。さらに悪いことには、この書物は、どうしようもなく弁証法的にオイディプス的な書物なのである。[84] それが、社会性についての人間中心主義な概念へと結びつけられた。したがって、その問題性は依然として人間化、つまり**自然**から**文化**への「移行」でありつづけている。もちろん、こうしたアプローチの不十分さは、『資本主義と分裂症』の第二巻が、徹底的に反‐オイディプス的な観点をとったことではじめて明らかになる。実際、『千のプラトー』の著者たちは、前作を検討することで、種や人間の条件の特異性にかんする「人類学的な」タイプのあらゆる疑問を、**オイディプス**とのとり返しのつかない妥協の産物ととらえていると考えるのは、ばかげたことではない。なぜなら、欠点は答えのなかにあるのではなく、問いのなかにあるからである。

『資本主義と分裂症』の第一巻がもつこの方法論的な限界は、縁組がオイディプス三角形の唯一の伝達者の役割を果たしているという解釈をもたらす。それは、親であるということを、婚姻性に先行させ（親であることが婚姻性に「拡張される」）、そして縁組を、出自を配置する

84――「『アンチ・オイディプス』はカント的な野望をもっていた」（D. G., 2003/1997: 289）。

ためのたんなる手段とみなす議論である (D.G., 1972: 85-86)。他のいい方をすれば、『アンチ・オイディプス』において表明された交換主義的な考え方への批判は、オイディプスへの対抗理論に基づいている。すなわち、そこでは出自と生産が縁組と交換よりも原初的なのである。こうした意味において、また他の意味でも、『アンチ・オイディプス』は、反-構造主義的な書物である。しかしながら、ドゥルーズとガタリが、人間の親族関係についてのレヴィ=ストロースの評価からこうして距離をおこうとしていたのだとしても、何よりまず彼らは、レヴィ=ストロースが親族の問いを定式化した際にもちいたいくつかの用語をうけいれる必要があった。たとえば、彼らは、縁組は親族関係の問題であり、親族関係は社会の問題であると考えているのである。今度ばかりは、彼らは非常に慎重な態度を示している。

『アンチ・オイディプス』のなかの中心的でもっとも長い第三章（「未開人、野蛮人、文明人」）は、「原始領土機械」の特徴と、縁組と出自の「活用変化」の分析からはじまる（*ibid.*, 171）。構造主義とは異なるもう一つの理論をつくり上げるための基本仮説は、出自が二度現れるというものである。すなわち、第一に、親族の遺伝的かつ強度的な状態となり、第二に、縁組に対して相補的に対立する特殊的かつ外延的な状態となる。縁組は外延的な契機においてのみ現れる。つまり、強度的な親族関係から外延的な親族関係への移行である。

著者たちが仮定するのは、前宇宙的強度、生命、離接、夜行性、そして曖昧さの出自の原初的存在、つまり「交錯」もしくは胚の流入（*ibid.*, 191）である。それは、大地の充実した未分化な身体にしるしづけられる最初の刻印の特徴である。「出自ないし系図の純粋な力、**ヌーメン**」（*ibid.*, 181）。ここでの分析は、マルセル・グリオールと西アフリカでの彼のチームによって収集された神話語りの解釈、とりわけ『青い狐』（Griaule et Dieterlen, 1965）として刊行されたドゴンの主要な起源神話の解釈にもっぱら依拠している。宇宙の卵としてのアンマ、胎盤の**大地**、インセスト的なトリックスターとしてのユルグ、両性具有的で人と蛇の姿をした「双子」としてのノンモ、等々。

一般的な論拠のなかでこうした語りがしめる場所は、理論的にきわめて重要な意味をもつ。それは、『アンチ・オイディプス』において「基準となる反－神話」になる。[85] 第二章（「精神分析と家族主義」）において、著者たちは、無意識についての演劇的－表現的な概念と機械的－生産的な概念のあいだに対比を設定し、何度も繰り返し早急な問いをもちだす。すなわち「なぜ神話に回帰するのか」（D.G., 1972: 67, 99, 134）という、精神分析的なギリシア神話の象徴的使用を参照する問いである。しかし、つぎの章（*ibid.*, 181-195）で、彼らは親族の人類学を再構築することをやめる。最終的に神話に回帰するのは彼ら自身である。ドゥルーズとガタリは、神話の概念を根本的に再評価することなしにドゴンの資料をもちだすということはしない。

神話に回帰することが不可欠である。それは、神話が転置された表象だからということでもなければ、現実の関係性を反転させて拡大させるからというわけでもなく、神話だけが、現地の思考や実践に応じて、システムの強度的な条件を規定するからである（そこには、生産のシステムも含まれる）。（D.G., 1972: 185）

『アンチ・オイディプス』のなかにさえみられる、こうした神話への回帰にかんする的外れな評価については、徹底的な考察がなされなければならない。さしあたって私は、その考察をしようとおもう。思弁的な形で、つぎのようにいうことができるだろう。**オイディプス**の悲劇への言及と『青い狐』のサイクルへの言及のあいだにあるのは、同じ神話に向きあう態度の差異というよりは、神話それ自身のなかにある差異、「神話」と呼んでいるものに内在する差異なのであると。ドゴンの神話は、原始的な記号論の野生ないしは「前シニフィアン」（D.G., 1980: 147 et s. の意味で）的な体制に属するのだが、**オイディプス**の物語は、専制的なシニフィアンの未開で「東洋的《オリエンタル》」な体制に属している。それゆえ、唯一の、同じ神話が問題なのではないし、異なる属のロゴスが問題なのでもない。哲学地理学の鍵となる概念（ある種の、概念に近いものとし

85——ドゴンの神話についてのカルトリーとアドレール（1971）の論文は、こうした民族誌的地平の起源となっており、分析の決定的な岐路において引用されている。この二人の人類学者は、A・ゼンプレニと共に、『アンチ・オイディプス』の第三章の草稿を注意深く読んだ（Nadaud, 2004: 20-21 を参照のこと）。ドゥルーズとガタリの考えは、一方で、カルトリーとアドレールの研究に決定的な影響を与えた（Adler and Cartry, 1971: 37 n.1）。

ての概念(D.G., 1991: 86 et s.を参照)に言及するには、「形象」と「形象」があるのだというのとまったく同じ意味で、神話と神話があるのである。神話的な言表とは完全に異なる意味が問題となるのは、「**真理の支配者**」(Detienne, 1981/1967)そして言表に関わるその君主体制という前－哲学的世界、ギリシア研究者や哲学史家の古典世界から抜けだして、「**国家**に抗する社会」の超哲学の世界、野生の思考やラディカルな人類学的他者の世界にはいるときである。つまり、そうした問題には、いまだそれに相応しい分析がなされていないのである。◀86

しかし、ドゴンのメタ神話は、野生の思考を総称するような精神にいたる思考ではない。それは、西アフリカの人びとの宇宙発生論的な神話である。西アフリカでは、共同体の親族的起源(リネージ)を基礎としてつくられる政治グループの存在と同様に、祖先と子孫という観念によって根本的にしるしづけられた親族の文化が花開いた。それゆえ、『アンチ・オイディプス』の著者たちが、こうした神話を横断して、親族の起源にある関係論的な次元としての出自という考えにいたり、縁組はリネージへの帰属関係を識別する機能という付随的な次元とみなしていることには、驚きはしない。われわれは、まったくフォーテス的な構造機能主義者が考える親族の世界のなかにいるのだ(Fortes, 1969, 1983)。重大かつ第一義的なのは、曖昧で、内に縮約され、内含された、(前)インセスト的な出自のリネージであり、それは、「夜行性で生命宇宙的な」記憶の対象となりながら、社会体の物理空間において展開され、現実化されるためには縁組によって実行される「抑圧を被ら」なければならず、そのかぎりで、自らの包含的で無制限な用法から逸脱する (D.G., 1972: 183)。

しかしながら、『アンチ・オイディプス』のこの論点において提喩的に**野生**とされるドゴンのシステムは、あたかも、潜在的ないし強度的な平面においては出自の理論となり、現実的ないし外延的な平面においては縁組の理論であるかのようである。そこで、著者たちは、フォーテスの「相補的出自」にかんするリーチの批判を全面的にうけいれる。同様に、彼らは、交叉イトコ婚の論理についてのレヴィ＝ストロースの決定的な論証 (1967: 151-157) をうけて、つぎのように結論する。すなわち、「縁組が出自に由来するということは決してないし、出自から説明されるということもない」、そして、「この外延化されたシステムには、第一次的な縁組はなく、最初の世代や最初の交換などというものもなく、つねにすでに縁組がある」[87] (D.G., 1972: 1182, 184)。外延的秩序においては、出自はアポステリオリであり、「行政的、階層的な」特性を帯びるの

86 —— 神話の構造分析にかんするレヴィ＝ストロースと［ポール・］リクールのあいだの論争は、この差異にその発端がある (La pensée sauvage et le structuralisme, *Esprit*, 322, nombre 1963を参照のこと)。［マルク・］リシール (1994) は、神話の異なる体制について興味深い指摘をしている (voir ci-dessous, p.141)。

87 —— 典型的な構造主義的論述については、以下も参照のこと。「親族構造を考えるとき、あたかも縁組が出自のラインとそれらの諸関係から由来するかのように話を進めないでいるのは難しい。横の (latérales) 縁組と一連の負債が、外延のシステムにおいて外延化された出自を条件づけるのであって、その逆ではないとしても」(*op.cit.*, 220)。

だが、それに対して、縁組はこの秩序において第一次的で、「政治的、経済的」である（*op.cit.*, 172）。社会政治的な人格としての姻戚者は、最初から存在し、家族関係がつねに社会の領域と同じ外延をもつようにするのである（*ibid.*, 188）。しかし、始まり以前に何かが存在している。つまり、発生の形而上学的秩序においては、他のいい方をすれば、神話的な観点からは（*ibid.*, 185）、縁組は後で到来するのである。「外延化されたシステムは、それを可能にする強度=内包的諸条件から生じるのだが、しかし、そのシステムは諸条件に反作用し、それらをとり消し、抑圧し、神話的表現しか許容しない」（*ibid.*, 188）。神話は「表現するのではなく条件づける」（*ibid.*, 185）のだから、ここには神話的表現とは何なのかという、重要な問いが明らかに残されている。

インセストの禁止後の親族の領域は、したがって、現実的には縁組によって制御され、潜在的には出自によって制御されるといった、縁組と出自との相互的前提という関係性によって組織される。神話の強度的なレベルは、縁組を考慮にいれない前-インセスト的な出自に満ちている。神話は強度的である。なぜなら、（前）インセスト的であり、その逆でもあるからだ。縁組は「実在的に」社会の原理であり、神話の終わりである。ここで『親族の基本構造』の最後の一節を想起せずにはいられない。そこでレヴィ=ストロースは、つぎのように書いている。神話の**黄金時代**、そして**その彼方**に、「人類は、失うことなく獲得したり、分かちあうことなく楽しむといった、交換の法をすり抜けられると信じることができるような儚《はかな》い瞬間を捕らえ定着させることを、つねに夢想してきた」。そして、「社会的な人間となることを永遠に拒否し」、「そのあいだで生きる」ことが、人類にとってまったくの喜びなのである(1967: 569-70)。

この問題を、『アンチ・オイディプス』における概念の経済という観点から再定式化すると、私には、ドゴン神話の分析にみられる決定的に重要な側面は、(強度的な)出自を、刻印の離接的総合の操作子として規定するということであるようにおもわれる——ノンモは一人でも二人でもあり、男でも女でもあり、人間でもヘビでもある。青い**狐**は**大地**の息子でもあり、兄弟でもあり、夫でもある等々——それに対して、縁組は連接的総合の操作子である。

> 縁組とは、刻印の第二の指標である。つまり縁組は、生産的な結びつきのうえに、刻印の離接と両立可能な外延的形態、二つの人格の組みあわせという外延的形態をおしつける。しかし、この刻印の離接がもつ排他的で制限的な使用を規定することによって、縁組は逆に刻印へと反作用を及ぼしてもいるのである。それゆえ、縁組は不可避的に、ある特定の契機に、出自系統のなかに併発するようなものとして、神話的に表象されることとなる(他の意味では、それは記憶にないほどの昔からすでにそこにあるのだが)。(D.G., 1972: 182)

すでにのべたように、離接的総合は、多様体を特徴づける関係的体制である。たったいま引用した一節のすぐ後には、問題が出自から縁組へと向かうのではなく、「強度エネルギーの領

域から外延的システムへと移行するのである」と書かれている。この意味で、

強度的領域の一次的エネルギーは……出自のエネルギーであるにせよ、問題を何一つ変えはしない。なぜなら、こうした強度の出自は、いまだ広がりをもたず、人格のいかなる区別も、性の区別も含まず、ただ強度における前人称的な変奏のみを含むからである…」。

(*op.cit.*, 183)

ここで、つぎのようにつけ加えるべきかもしれない。すなわち、この強度的領域が人格や性の区別を知らないのなら、それは種のいかなる区別をも、とりわけ人間と非人間との区別をも知らないのだ、と。神話においては、すべての行為者は単一の相互作用の領域に配置されており、同時に、存在論的、異質的、社会学的に連続している(そこではあらゆるものが「人間」である。そして、人間はまったく他のものである)。

したがって、問題が現れるのは必然である。一次的エネルギーが出自のエネルギーであるとして、それが何も変えはしないのだとすれば、一次的エネルギーが縁組のエネルギーであるような強度的領域を明確にすることは可能だろうか。縁組が、ただひたすらつねに、前‐インセスト的な出自を秩序づけ、識別し、分離し、統治するように働くというのは本当に必然なのだろうか。あるいは、「強度における前人称的な変奏」を含む、一つの強度的な、非オイディプ

ス的縁組を考えることは可能だろうか。簡潔にいえば、問題は、離接的総合としての縁組の概念をつくり上げることなのである。

しかしながら、そのために、われわれはおそらく『アンチ・オイディプス』がそうしている以上に、レヴィ＝ストロースによる社会－宇宙論から大きく距離をとらなければならないだろう。そして、交換という概念をドゥルーズ的、あるいは「倒錯的」な解釈に委ねなければならない。そしてそのためには、同時かつ相互的に、女性の交換についてのレヴィ＝ストロースの理論が、結局のところ、出自集団についての法学者の理論よりも、はるかに洗練された、興味深い人類学の理論でありつづけているという事実を認めることからはじめなければならない。ある意味で、『親族の基本構造』は、家族が中心におかれ、両親によって支配されるという親族のイメージから訣別したという点において、最初の『アンチ・オイディプス』であったのだ。あるいは、他のいい方をすれば、『アンチ・オイディプス』と『親族の基本構造』の関係は、『親族の基本構造』と『トーテムとタブー』の関係に類似している。

アンチ・オイディプスを手掛かりにして親族にかんする構造主義者の言説を補修するには、少なくとも、排他択一的な観点から「親族原子」を記述することを放棄し――この女は、私の姉妹であるか私の妻であるかのどちらかであり、あの男は、私の父であるか母方の叔父であるかのどちらかである――、それを包含的ないし非制限的な離接の観点、つまり「…か…か…」、「と／もしくは」という観点から考えなおさなければならない。姉妹と妻との、兄弟と義理の兄弟との差異は、内的な差異、すなわち「それ自身が分解不能で、不等な」差異とみなされなければならない。彼／彼女が直面する、分裂症や、男／女、死／生の離接についてドゥルーズとガタリがのべていることは、われわれのケースでも有効であるようにおもわれる。すなわち、この女は、なるほど私の姉妹であるか妻であるかのどちらかであるが、しかし彼女は、「まさにそのどちら側にも属している」のであって、姉妹たち（兄弟たち）の側では姉妹であり、妻たち（夫たち）の側では妻である――私にとっては同時に両側ということはないが、「しかし、その二つの側のそれぞれは、彼女あるいは彼が滑走しつつ俯瞰する距離の端点である…分解不可能な空間における杖《つえ》の両端と同じように、一方は他方の果てにある」(D.G., 1972: 90-91)。

この議論は、あらゆる人類学者にとって聞きおぼえのある言葉でいい換えることができる。私の姉妹が私の姉妹であるのは、彼女が他の誰かの妻であるからである。姉妹は、生まれつき姉妹なのではなく、同時に妻として生まれることがないから姉妹なのである。姉妹が実在するのは、妻がいるからなのだ。「女性」は一つの項――一つのメタ関係性――である。それは、「姉妹」と「妻」の関係のあいだの非対称的関係からつくられる（もちろん、同じことが「男性」にも当てはまる）。姉妹との血縁関係は、モル的な性の情動と同様に、所与ではなく――「所与の生物学的基礎」(Héritier, 1981) など存在しない――、むしろ妻との類縁性と同じ資格であるだけでなく、その仲介者（逆さの形式的因果）によってつくられる。これは、私の姉妹／妻と私のあいだの性の対立関係であり、それが私の義理の兄弟と同じ性であるという関係性を生みだしている。異性の関係は、たんに同性の関係を生みだすだけでなく、その内的で差異／微分的なそれ自身の潜勢力を、同性関係に対して投げかけるのである (Strathern, 1988, 2001)。二人の義兄弟は、それらの関係（兄弟／姉妹、夫／妻）の前提となる異性関係の対概念と同じ仕方で互いに結びつく。それらの差異にもかかわらず、というわけではなく、差異ゆえにそうなるのである。義理の兄弟のひとりは、彼の姉妹の夫婦としての顔を、彼女の夫にみいだす。義理の兄弟のもうひとりは、彼の妻の姉妹としての側面を、彼女の兄弟にみいだす。一方が他方を、その両者を分化させる対立した性の結びつきによって規定されたものとみなすのである。各々が自分自身を「同じ性」とみなすのは、他方の者が、異性「として」みられるかぎりにおいてであり、逆もまた然りである。関係項の二つの側面は、こうして、関係づけられた諸項に内的な区別をつくりだす。すべては二重になる。「女性」と「男性」である。関係するものと関係されるものは、互いにとって不必要となることなく、相互に交換可能なものであることが明らかとなる。類縁関係の三角形の各頂点は、他の二つの頂点を自分自身のヴァージョンとして含んでいるのである。

メラネシアのダリビにおける婚姻交換についてロイ・ワグナーが行った分析（一九七七）を参照することができるだろう。妻を与える父系のクランは、差しだした女性を男性の実体の遠心的な流れとみなす。しかし、妻をうけとるクランでは、その求心的な流れを女性の実体によって構成されたものとみなす。婚資の支払いが反対方向に動き始めるとき、パースペクティヴは転倒する。著者はこう結論している。「交換あるいは互酬制として記述されるものは、実際には、一つの物事に二つの見方がかみあっている状態なのである」(*op.cit.*, 62)。メラネシアにおける贈与交換をパースペクティヴの交換という観点で強度的に規定できる(もちろん、交換の概念を規定することができるのは、パースペクティヴの考え方であって、その逆ではない)という解釈は、おそらくこの四半世紀においてもっとも影響力のある人類学的研究である『贈与のジェンダー』(1988)のなかで、マリリン・ストラザーンによって高度に洗練されたかたちで展開された。ワグナーとストラザーンの仕事のこの側面が再提示しているのは、宇宙論的なパースペクティヴと潜勢的な類縁性のあいだの関係の「予期された変容」であるが、これはアマゾンの民族誌ではようやく近年になってとり上げられはじめた主題である。こうした解釈の相乗効果は、もっと後になって生じたものである (Strathern, 1999: 246 et s.; 2005: 135-162; Viveiros de Castro, 1998, 2008a)。

「姉妹」に対して「妻」の規定が先行するということについて、私は読者に『野生の思考』のタイプ原稿の一節に立ち返るよう勧めたい。これは、一九六二年の版では削除されたのだが、フレデリック・ケックによって、「プレイヤード版」の作品集に収められた重要な版のなかにとり戻された。

したがって、食物の禁忌と外婚制の思弁的根拠は、一般的な視点となりうる諸項を結び

> つけることへの嫌悪（あらゆる食物が「食べられる」のと同様、あらゆる女性は「交わることができる」）にある。しかし、そうした諸項のあいだに、精神は特定の場合に相似的な関係性を生みだす（自分のクランの女性、あるいは動物）…。どうして、こうした結びつきの積みかさねが…禁止を生みだすのだろうか。ありうる唯一の答えは、こういったものだろう。すなわち、原初的な類似性は、事実として与えられるのではなく、一つの法として制定されるのである［…］。新しい関係性の下で類似性を理解すると、類似性は差異を生み出す方法であるとする法との不一致が生じる。実際、相似性は、差異の方法なのであり、それ以外のものではない…
> （L.-S., 2008: 1834-35, n.14; 強調は著者）

この注目すべき一節がとり除かれたのは、この文章が、レヴィ＝ストロースが概して抱く類似性や差異についての理念とくい違っているからというわけでは必ずしもない。逆に、ここで大事なのは、のちに『裸の人間』において再び出会うことになる、すでに引用した決まり文句を予見する展開である（「類似性は、それ自体では存在しない。それは、差異の特殊な場合であるにすぎない」）。これは、『大山猫の物語』においてみられる、アメリカ先住民の双子の不可能性についての議論のきわめて抽象的な言表とまったく他なるものではない。しかしながらこの一節は、その弁別的価値によって、私には説得的に感じられる。つまりここでは、婚姻交換についての構造主義者の概念を、フランソワーズ・エリティエが提示した「同一性の非－積みかさね」といった原理から区別するための距離をとることができる。この〔エリティエが提示した〕原理は、差異についてのレヴィ＝ストロース的な存在論とはまったく異なるやり方で、類似性そのものを、実体主義者（この語の二重の意味において）の偏見に基づいて生じさせる。結局、構造主義にとって、「同一性の非‐積みかさね」といった考え方は、撞着的ないい方が許されるなら、第二の原理と同じタイプのものなのである。

ところで、交換によってつくりだされるこの複雑な二重化（そこでは二つの三角形が存在し、おのおのの性は「結びつけるもの」とみなされることに、少し留意しておこう）は、『ソドムとゴモラ』における同性愛と植物的再生産〔生殖〕とのアナロジーについてのある注釈のなかで、ドゥルーズとガタリによって明白にえがかれている。何か「ジェンダーの原子」の秩序のようなものが、ここで垣間みられるのである。

植物のテーマは…われわれをもう一つの他のメッセージ、もう一つの他のコードへと連れていく。だれもが両性的であり、二つの性をもっている。だがそれら二つの性は分割されており、コミュニケートできない。つまり男とは、たんに男性の部分が女性の部分よりも統計学的に際立っているだけ、女とは女性の部分が男性の部分よりも統計学的に際立っているだけなのである。それゆえ要素の組みあわせのレベルにおいては、少なくとも二人の男と二人の女が介在させられなければならず、そのことによって多様体が構成され、横断的コミュニケーションが設定されるのである…ひとりの男における男性の部分は、一人の女における女性の部分とコミュニケートできるのだが、しかしその女がもつ男性の部分とも、他の男がもつ女性の部分ともコミュニケートできる。あるいは再び、［他の］その男がもつ男性の部分とコミュニケートしたりする、等々、というわけである。（D.G., 1972: 82）

「少なくとも、二人の男と二人の女がいる」。それを、「兄弟／姉妹の交換」、つまり、対立する性のきょうだいからなる二つのペア（あるいは二人の両性的な人間の）のあいだでの婚姻のアレンジメントによって結びつけると、構造主義の原理通り、多様体‐ジェンダーの一つの外延的なヴァージョンに辿りつく。しかし当然のことながら、「強度においてこそ、すべては解釈されるべきである」（D.G., 1972: 186）。上にひいた一節の最後の、わずかばかりの「等々［etc.］」が担っているのは、こうした役割であるようにおもわれる。交換から生成へ？

Q4
R11
R8
C1
C20
Q5
R14
C21
R30
R44
C53
C49
D2
U23
U8
U3
U4
R22
R14
R15
R17
R16

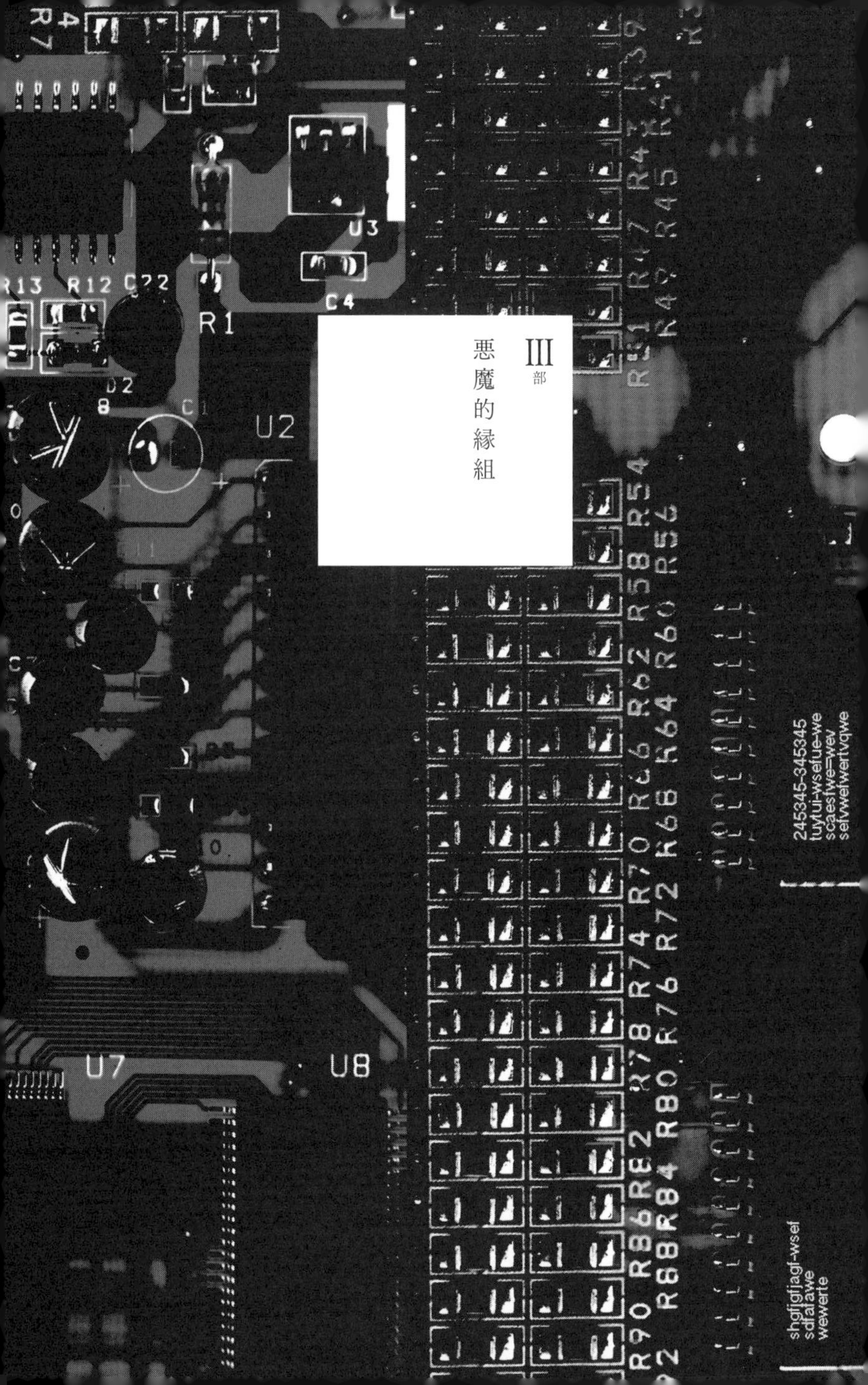

III 部

悪魔的縁組

8章 捕食の形而上学

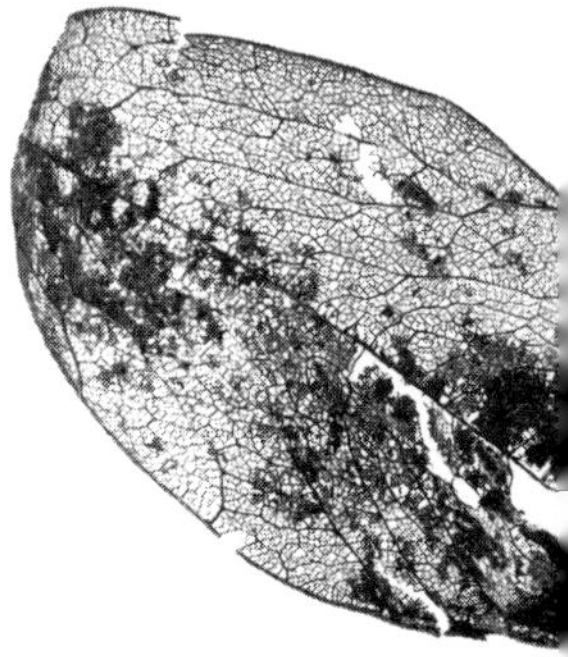

以降のページで、常識に反した構造主義の読解を提示するには、自伝的な物語による若干の回り道が必要になるだろう。そこで読者には、この物語が、アメリカ研究に携わる民族誌学者としての、私の経験に基づいたものであることを念頭においていただきたい。

一九六二年という転換期に出版された二冊の書物、『今日のトーテミズム』と『野生の思考』において、『親族の基本構造』の「前構造主義」は、『神話論理』の「ポスト構造主義」にとって代わられた。[88] レヴィ＝ストロースはそこで、「トーテミズム」と「供儀」の範型的な対比を設定し、まさしく神話的なものとしてえがきうるようなある価値をうけいれたのであるが、私はそのおかげで、構造人類学の限界としておぼろげながらに感じとっていたことを、より明確に表現できるようになった。術語の地理学的な意味における限界――レヴィ＝ストロースの方法論の射程の境界――、それは、数学的‐力学的な意味での限界であり、そこに向かってこの方法論のある潜在性がひき寄せられていく。この対比は、とりわけ、東アマゾンのトゥピ語族に分類されるアラウェテのもとでおこなった私の研究を踏まえて、アマゾンの民族誌を再読するために重要であった。[89] それは私にとって、好戦的なカニバリズムとシャーマニズムの意味、すなわちトゥピやその他のアメリカ先住民の社会の中心（もしくは「脱‐中心」）にあるコスモポリタンな体制を再考しようとするときの起点となったのである。

88――Viveiros de Castro, 2008cを参照のこと。

89――Viveiros de Castro, 1992/1986.

アマゾンの先住民のあいだで「供儀」にかんする儀礼が存在するということは、南アメリカ低地の文化とアンデスや中央アメリカの国家体制とのあいだにある、歴史的、類型的な関係性にかんする問いを提起する。アマゾンの先住民にとって供儀は、きわめて重要な神学政治的な装置なのである。この問題の背後には、未開といわれる社会における**国家**の発生という、よりおおきな問題がある。ひとたびシャーマンが超越的なものを託された原－司祭の姿をひきうけることがわかると、アマゾンにおいて、こうした問いに関心をもつ専門家は、シャーマニズムの現象に注意を集中させるようになる。しかしながら、アメリカ研究者のあいだで共有されているのは、古典的な定義、つまり供儀についてのフランス社会学（Hubert et Mauss, 1950/1899）であり、これはこの分野における一般的な参照文献でありつづけてはいるものの、南アメリカの多様なシャーマニズムについて満足な説明を与えてくれるものではない。

しかし、アラウェテの民族誌と供儀の概念のあいだの結びつきというのは、この民族のシャーマニズムの実践から私が直接うけとった印象ではなく、むしろ彼らの死生観にかかわる言説から理解したことであった。アラウェテの宇宙論では、死後のカニバリズムに儀礼的な意味が付与されている。天の神々（les Maï）は、天国にやってきた死者の魂を食い尽くすのだが、それは、死者が、食い尽くす者と同じように不死の状態へと形態変化《メタモルフォーズ》するための序曲なのである。私が民族誌のなかで議論したように、この神秘的な葬儀のカニバリズムは、トゥピナンバ（一六世紀にブラジルの端に住みつき、トゥピ語族のもっとも重要な種族となり、リオデジャネイロとバヒラに定住している）の好戦的社会学としてのカニバリズムの、一つの構造変容なのである。

おそらく、トゥピナンバのカニバリズムについて一般的な特徴をおもいおこしておく必要があるだろう。敵を捕獲し、仕留め、儀礼的に食することにかんする入念なシステムが問題なのであった。戦争の捕虜は、同じ言語や習慣をもつ民族によって捕えられるのだが、彼らは、村の中心にある広場で厳かに儀礼が執行されるまでは、捕獲者たちのそばで十分に長い期間生きることができる。彼らは、たいてい行き届いた世話をうけ、重厚な執行儀礼のために長くつづく準備期間中、監視をうけながら自由に生活する。これは、集団のなかの女性を妻として与えるときの慣習である――それゆえ、捕虜は義理の兄弟に変容する（かつてトゥピでは、「敵」と

「義理の兄弟」は同じ呼び方をしていた。トヴァジャ（tovajar）は、文字通りには「敵対者」という意味の語である）。ここですでに、レヴィ＝ストロースが指摘したとおり、アメリカ先住民の捕食が類縁関係の問いをどの程度含意しているかがわかる。儀礼的なサイクルは、捕虜を殺すときに最高点にたっする。それは、司祭者にとっては通過儀礼の価値をもった行為であり（彼はこのとき新しい名を獲得し、記念に身体を傷つけ、結婚して子供を持ち、楽園へとつうじる権利をえる、等々）、そののちに、すべての協力者、つまり訪問客や近隣村からの招待客が捕虜の身体を食すのである。例外は殺害に加担した司祭であり、彼は捕虜を食さないばかりか、葬儀のために隔離され、つまり喪に服する。他のいい方をすると、彼は、殺されることになった「敵対者」に同一化するプロセスに関与するのである。

トゥピナンバの人食いは、しばしば「人身御供」の一種の形態として解釈されてきたのだが、それは、初期の［植民地］年代記製作者たちの幾人かがもちいた表現においても、ブラジル社会学の創設者のひとりであるフロレスタン・フェルナンデス（1970/1952）がうみだした精緻な概念（彼は、ユベールとモースの図式を一六世紀のブラジルにかんする資料にあてはめた）においても同様であった。しかしこのときフェルナンデスは、原典には記載されていない情報、すなわち供儀のうけ手、「超自然的な実体」を設定した。彼によれば、供儀とは、グループの死者の魂のためにおこなうものであり、戦争の捕虜を殺したり食したりすることによって、復讐や祝福をするものなのだというのである。

アラウェテにかんする研究のなかで私は、トゥピのカニバリズムには超自然的な実体が関与しており、彼らは儀礼的な理性によって罪を逃れているのだというこの考えに、異論を唱えたのである。アラウェテの場合、「超自然的な実体」が食人関係の能動的な極の役割を果たしているのは確かである。しかし、食人にかんするこうした超自然的な条件はそれほど重要ではないというのが、トゥピナンバの社会学をとおした、この民族の死生観についての私の解釈である。アラウェテの天の神々(les Maï)は、トゥピナンバの儀礼のなかで、主体となる集団がしめる位置におかれる。つまり、殺害するグループとその同盟者が、捕虜を食するのである。しかし、供儀の客体(トゥピナンバの儀礼における捕虜)は、アラウェテの死者がしめる位置におかれる。アラウェテにおける生者は、結局、共‐主体の位置をしめるのであり、それはアラウェテにとっては、敵のグループがしめる位置であり、犠牲者はそこに由来するのである。◀90 ようするに、アラウェテの神聖なカニバリズムからトゥピナンバの食人的カニバリズムへの変容は、こうした実践の象徴的内容やその社会的機能を担うものではなく、一つのプラグマティックな変化、歪み、あるいはパースペクティヴの翻訳なのである。それは、諸価値や、主体‐客体の機能、方法‐目的の機能、自己‐他者の機能に関わっている。

こうして私は、視点によってまとめ上げられた交換の理念は、食人にかんするアラウェテとトゥピナンバのモチーフを記述するという以上のことだという結論にいたった。この交換は、行為者《アクタント》の図式の上では、トゥピのカニバリズムそのものを示している。それゆえ、私はこの交換を、パースペクティヴを変換するプロセスと定義した。そこでは「私」は、他者が憑依することによって「他者」として規定される。そして、今度はその他者が「私」となる。ただし、それはつねに他者のなかの私である。文字通りには、「他者を横断する」ということである。こうした定義は、単純ではあるが繰り返されてきた一つの問いに答えを与えることになる。すなわち、いったい誰が、実際のところ敵を食するのか、という問いである。儀礼的カニバリズムにおいては、質的な意味で犠牲者の肉を消費することが重要なわけではないのだから、そうである以上、問題となるのは物質的な側面や「実体」ではありえない。さらに、われわれが知りうる資料においては、敵の身体には何らかの物質的もしくは形而上学的な効果が宿っているといった証言は、ほとんどないか、もしくはまったく決定的なものではない。食される「事物《ショーズ》」が、たんなる「事物《ショーズ》」ではなく、身体であるということが本質的である。しかしながら、身体は一つの記号であり、それは純粋に他の記号との関係でその価値が決まる。食されるものは、敵と食する者との関係であり、他のいい方をすれば、敵の条件である。犠牲者から吸収するものは、他性の記号であり、そこで理解するものは、**自己**に対する視点としての他性なのである。カニバリズムと先住民の戦争のタイプは互いに結びついており、敵の視点による相互的な自動決定という、逆説的な運動を含意する。

　私が展開したこうした主題は、明らかに、この分野におけるある古典的な教えに反する解釈となっている。西洋の多文化主義的な人類学の目的は、現地人の視点にたって経験された人間の生を説明することにあるのだが、先住民の多自然主義的な人類学は、敵の視点に立って、「記号物理的」な捕獲（殺し、食すること）を、自己記述の決定的な条件とみなす。人類学としての人食い《アントロポファジー》である。[91]

私は、アラウェテの戦いの歌を聴いているときに、こうした着想を抱くようになった。その歌のなかで、戦士は、呼び名とその反唱が複雑に絡みあったある遊びをとおして、死亡した敵の視点から自分自身を語る。その歌の（二つの意味において）主体《シュジェ》＝主題である犠牲者は、彼

90 —— 儀礼的な死が「カロス・タナトス（よき死）」と考えられるかぎり、敵集団のあいだの関係は本質的に肯定される。すなわち、個人の不死がえられるというだけでなく、集合的な報復が許されるのである。それは、トゥピナンバの生の中心的な原理でありモチーフである。ソアレス・デ・ソウザには、その簡潔ないい回しが登場する。「トゥピナンバは非常に好戦的であるため、彼らの動機はすべて、いかにして対立する者たちと戦争をおこなうかを知ることにある」(1971/1587: 320)。個人の死と集団の生の弁証法については、テヴェの以下の文章を参照せよ。「(彼が殺され、すぐに食われたという)この知らせを聞いて、この捕虜が驚いたと考えてはならない。彼の死は名誉あるものであり、彼は、何かの伝染病にかかって家で死ぬよりは、こうした死を望んだであろうというのが、その捕虜の考えなのである。というのも、(彼らがいうには)死に対して復讐することはできず、死は人間を傷つけ、そして殺すものなのだが、実際に戦争で殺害されたり虐殺されたりした者に対しては復讐をすることができるからである」(1953/1575: 196)。

91 —— もしくは、有名な『人食いのマニフェスト』(1928)の著者であるオズワルド・アンドラーデは、残忍なユーモアでこう表現している。存在論としての歯科学…(このマニフェストは、フランス語訳で読むことができる(Andrade, 1972/1928))。

が殺したアラウェテのことを、そして彼を殺した者——「語り部」自身のことであり、ようするに、死亡した敵の言葉《パロール》を歌う者——のことを、食人的《カニバル》な敵として語る（もっとも、アラウェテは言葉しか食さないのであるが）。アラウェテの殺戮者たちは、その敵をつうじて、自らを敵のようにみなしたり、敵のような状態にしたりする。つまり「敵として」現れるのである。彼は、犠牲者の眼差しをとおして自らを理解した瞬間から、あるいはむしろ、犠牲者の声によって自らの特異性を表明した瞬間から、自らを主体として把握する。**パースペクティヴ主義**である。

トゥピの好戦的な記号論的食人《セミオファジー》は、アメリカ先住民のコミューンの外では、まったく発展していない。カニバリズムにかんする先住民の政治哲学が存在するというテーマは、同時に政治についての食人的な哲学でもあるのだが、戦争にかんするクラストルの理論においてその概略がえがかれてはいる（Clastre, 1977 先駆的な論文としてH. Clastres, 1968 と1972を参照）。しかしながら、何人かのアマゾン研究者の努力のおかげで、彼の民族誌の一般性と複雑性は、私がトゥピの研究テーマにとり組んだのとほぼ同じ時期に、ようやく知られるようになってきた。▼92 この仕事において照準を向けたのは、アマゾン社会の基礎的な制度としての捕食者の他性の体制である。こうした考え方によれば、社会体の「内面性」は、外界の象徴的な資源——名前と魂、人格と戦利品、言葉と記憶——を捕えることによってもれなく構成されている。アメリカ先住民の社会は、敵がもたらす特性をとりこむ動きの原理となることで、同様の特性によって「規定」されるように仕向けられている。これは、トゥピナンバの生活における重大な儀礼の瞬間、つまり捕虜を殺すときにみられる作業であり、そのとき儀礼の場は、殺害者とその犠牲になる者の双子の形象にわりあてられる。そしてそうした形象は、無限に向かって反射、反響するのである。結局、ここにレヴィ＝ストロースがのべた「捕食の形而上学」の核心があるのだ。内部なき社会としての未開社会は、その外部においてはじめて「自分自身」になることができる。その内在性は、その超越性と呼応するのである。

　こうして私は、シャーマニズムによってというよりは、戦争やカニバリズムによってはじめて、供儀の問題をあつかうことになった。ところで、もしモースの定義が適切でないとしたら

92――彼らのうちの何人かは、特別な言及に値する。ヤノマミの好戦性と埋葬儀礼の複雑な絡みあいにかんするBruce Albert（1985）のきわめて重要な議論。Patrick Menget（1985a）が編集した巻の『アメリカ研究学会誌 *Journal de la Societe des americaniste*』に掲載された諸研究。とりわけ、人格の潜在性を捕える装置としてのヒヴァロの首狩りにかんするTaylor（1985）の論考。そしてヤグアの戦争にみられる宇宙論的な経済についてのChaumeil（1985）の論考。イクペンにおける敵の女性や子供の「養子縁組」システムにかんするMenget（1985 b: 1988）の仕事。パノ語族の食人的な民族社会学についてのErikson（1986）の論文。ピアロアの宇宙論における食人のイメージにかんするOvering（1986）の論文。数年後には、研究は多様化している（すでに言及した多くの研究者たちの仕事以外に、つぎの名前をあげておこう。Ph・デスコラ、B・カイフェンハイム、I・コンベ、A・ヴィラサ、C・ファウスト、A・スラレ、D・カラディマ、T・ストルツ・リマ）。

――うけとり人も、聖なるものもいない――、レヴィ＝ストロースがトーテミズムの議論において提起した観念は、逆に、トゥピの人食い［人類学としての人食い］に新たな光をもたらすように私にはおもわれる。

トーテミズムと供儀の対比は、最初から、オジブワのトーテムとマニドのシステムのあいだにある直角的な対立のかたちで現れるのだが、それは『今日のトーテミズム』の第一章で明らかにされている (L.-S., 1962a: 32)。『野生の思考』の第七章では、この対立は一般化され、えがきなおされ (L.-S., 1962b: 298)、つぎのようにシステム化されている。

1　トーテミズムは、全体として同形な二つの差異のシステムのあいだに形式的かつ可逆的な相関関係を定めることで、二つの並列的なセリー（自然種と社会集団）のあいだにある相同性が存在することを定立する。

2　供儀は、連続的で方向づけられた、ただ一つのセリーの存在を定立する。そのセリーのなかでは、両極端で非相同的な二つの項（人間と神）のあいだを、一つの実在的で不可逆的な媒介が動く。そこでは、類似性は、同一性、もしくは連続するアナロジー的な近接性によって規定されなければならない。

3　トーテミズムは隠喩的であり、供儀は換喩的である。つまり、トーテミズムは「参照項の解釈体系」であり、供儀は「操作子の技術体系」である。前者はラングの領域であり、後者はパロールの領域である。

この規定から導かれる結論はつぎのようなものである。供儀は、一見すると、トーテミズムと『野生の思考』において分析されたもう一つの「変容の体系」において、比率の均衡について異なるタイプのプロセスを現実化する。トーテミズムの論理変容は、相互的な立場を、置換、転置、交差、あるいはその他の組みあわせ的で外延的な再配分とみなすような、諸項のあいだに設定される。つまり、トーテミズムは非連続性の類型なのである。それとは逆に、供儀的な変容は、自然を自らの術語で改変するような、内在的な関係性をひきおこす。というのも、供儀的な変容は、それらのあいだに何かを「通過させる」からである。ここでは、変容は組みあわせというよりは、ジルベール・シモンドンがいう意味での転導（transduction）である。それは、連続性のエネルギーの助けを借りるのである。トーテミズムの目的が、それぞれの極にある差異の二つのセリーのあいだに類似をつくりだすことにあるのだとしたら、供儀の目的は、自己同一化すると仮定された二つの極のあいだに、一つのゾーン、もしくは識別不可能なある契機をもたらすことにある。それが、まったく他の仕方で差異となるのである（外部をつうじてではなく、内部をつうじて）。数学的なアレゴリーに頼っていえば、トーテミズムにおける構造変容のモデルは、組みあわせの分析なのである。そのとき、供儀の強度的な形態変化《メタモルフォーズ》によってつくりだされる「連続性の王国」（レヴィ＝ストロース）を探求するために必要な手段は、むしろ、微分的な計算のなんらかの領域に差し向けられる。犠牲者の死が、接線つまり神性の曲線に対する最良の近似であるといったことを想像してみよ……。

こうして、レヴィ＝ストロース流の定義では、トーテミズムは形式のシステムとして理解され、一方、供儀については、力のシステムが現存することを示唆するような、形式化に訴えかけることになる。真の流動する機械。レヴィ＝ストロースは、たとえば「貯蔵庫」のあいだの「連続性の解決」、「自動的に」補充される「類似性の欠落」などといった表現をひきあいにだしながら、供儀を説明するために、コミュニケーションする容器というまったくの図式主義を活用した。こうした考えから、供儀の原理として潜勢性の差異という鍵となる理念が必然的にもたらされるのである。

『裸の人間』の「フィナーレ」では、蓄積された象徴エネルギーを軽減させるものとして笑いや美的な感情を分析するに、同様の水－エネルギー的な言語が再び現れる。レヴィ＝ストロースもまた、「熱い」歴史をもった社会に言及するさいに、そうしたものに触れているのである。彼は、集団の不平等性、あるいは他の人びとの搾取に含まれた潜勢性の差異をもちいて、生成やエネルギーをうみだすために、エントロピーに抗しているのである (L.-S. et Charbonnier, 1961: 44-48)。

潜勢性の差異という観念は、ほとんど注目されていないが、『呪術の一般理論の素描』においてマナの概念をつくりだすときに決定的な役割を果たす。ユベールとモースは、マナが、事象《ショーズ》と存在物を差異／微分化する価値の理念であるということ（「呪術においてつねに問題となるのは、社会のなかで認められたそれぞれの価値である」）、そしてそれゆえ、階層的なアレンジメントの理念であることを強調している。そして、そうした価値の階層的な差異（ニーチェと共にあるモース！）は、ヒューイットによって「呪術的な潜勢性」とされたマナやオレンダといった概念の翻訳と整合するものであることを強調している。彼らはつぎのように結論する。「われわれが事象《ショーズ》の相対的な地位や相互的な価値と呼ぶものは、潜勢性の差異と呼ぶこともできる。というのも、事象《ショーズ》が互いに作用しあうのは、こうした差異の結果だからである…マナの観念とは、そうした諸価値の観念のことであり、この潜勢性の差異という観念にほかならない。呪術的な考えや、呪術についての考え方のすべてが、ここにある」(Hubert et Mauss, 1950/1902-1903: 114)。

シニフィアンとシニフィエのあいだのずれとしてのマナというレヴィ＝ストロース流の解釈 (L.-S., 1950: XLIX) は、そういうわけで、シニフィアンのセリーとシニフィエのセリーとのあいだの相関的な差異のモデルをひきだすかぎりでのトーテミズム型の説明と、この二つのセリーのあいだの終わりのない変調（「調整」の欠如）状態に支えられたユベールとモースの「潜勢性の差異」とよく似た、不均衡としての供儀型の説明とのあいだの、一つの妥協なのである。

結局、差異についての二つの異なるイメージ、外延的なイメージと強度的なイメージがある。つまり、形式と力である。著者が「両立不可能」（L.-S., 1962b: 295）というほどに異なった二つのイメージを、私は、レヴィ＝ストロースがしばしば引用したニールス・ボーアがもちいた意味での、相補的なイメージを示すものとして解釈したい[93]。この場合、トーテミズムと供儀は、二つの「システム」というよりは、むしろ、同時に必要とされるけれども、同じ一般的現象に関しては互いに排他的な二つの記述、つまり異質的なセリーの分節化作用であるかぎりでの、意味もしくは記号作用のことを指す。

しかしながら、少なくともレヴィ＝ストロースについていえば、こうした相補性は、明らかに非対称的である。コレージュ・ド・フランスでの幕開けとなる講義のなかで、この著者が強調するのは、構造人類学は、歴史に抗して「流体というよりは変容にかんするある方法」（L.-S., 1973/1960: 28）を活用しなければならないということである。彼はまた同時に、差異／微分化する

93――たとえば（L.-S., 1958/1952: 326; 1958/1954: 398; 2004: 42; L.-S. et Charnonnier, 1961 18, 25）を参照のこと。

力学よりもむしろ、集団の代数学を提案している。「流体の方法論」は、ニュートンが微分法につづいて名づけたものであるということをおもいおこそう。そして実際、まさにこのとおり、人類学における構造の方法論は――おそらくこの方法の慣習的な解釈というべきだろう――、力というよりは形態を、差異よりは組みあわせを、波状のものよりもあつかいやすい粒子状のものを、パロールを押しのけてラングを、行為よりも類型化を、それぞれ説明するためにうけいれられてきたのである。[94] それゆえ、構造の方法論に多かれ少なかれ逆らうようにおもわれる［流体の方法論の］こうした側面は、通常レヴィ＝ストロースによってマイナーな記号論（もしくは存在論）の様態としてあつかわれている。この本が、はじめから、思考可能なものの限界についての証言であるにしろ、意味の欠如の再評価であるにしろ、はたまた錯誤の力の表現であるにしろ、マイナー人類学について語っているのは偶然ではない。周知のとおり、供儀は想像的なものや偽《いつわ》りのもののためにもちだされるのであり、トーテミズムは客観的なものや真を高く評価する（*ibid.*, 301-302）。こうした判断は、『裸の人間』（L.-S., 1971: 596-603）において展開された神話と儀礼のあいだの重大な対立において繰り返され、一般化された。つまり、こういってよければ、こうした判断は、彼が研究した民族の宇宙論についてというよりは、レヴィ＝ストロース［自身］の宇宙論の特定の側面について、多くのことを教えてくれるのである。[95]

トーテミズムは、今日、野生の思考のなかの、一般的な分類行為に解体されてしまった。[96] そして供儀は、つねに［トーテミズムと］よく似た構成的解体を待ち望んでいる。トーテミズムが、いかにレヴィ＝ストロースによって解体されたかは周知のとおりである。それは一つの制度であることをやめ、分類の方法や意味作用のシステムとなり、そこでは自然種のセリーを参照することは副次的となる。同じようにして供儀を考えなおすことができるだろうか。つまり、供儀的な関係性の表現として機能する神性を、トーテミズムにおける自然種と同じくらい副次的なものとみなすことは可能だろうか。典型的な制度的結晶化が特殊事例の一つにすぎないとい

94――ドゥルーズは、すでに一九七二年に構造主義の数学について考察している。「構造主義の起源が公理論にもとめられることがある。たとえば、実際にブルバキは構造という用語をもちいている。しかし、われわれが考えるに、そのもちい方は、構造主義とは意味＝方向がかなり異なっている。[…] 構造主義の数学的起源は、むしろ微分学、正確にいえばヴァイエルシュトラースとラッセルが微分法に与えた静態的で序数的な解釈にもとめられるべきである。そこでは、微分法は無限小への参照から完全に解き放たれ、関係性の純粋論理に統合されている」(D., 2002/1972: 247)。

95――『裸の人間』のなかでなされている神話と儀礼のあいだの対立は、構造主義の継承者にとってはおおきな障害となっており、それを様態変化、再定式化、あるいは完全に否定しようとする多くの試みがなされてきた（ときには、レヴィ＝ストロース的な問題性の全範囲にそれがおよぶ）。とりわけアメリカ研究の民族学は、アマゾンの人びとの儀礼システムにかんするすくなくとも二つの主要な研究において、この対立にとり組まなければならなかった (Hugh-Jones, 1979; Albert, 1985)。

96――すでに示したように、重要な例外として、フィリップ・デスコラの理論がある。そこでは、この用語は特定の存在論を意味しており、オーストラリアのアボリジニにその類型がみられる。

うとき、供儀の一般的図式は何と似ているのだろうか。あるいは、トーテミズムと比べてより供儀的な言語で問題を形式化するために、供儀が特異性の現実化となるような、力動的な潜在性の領域とはいったい何だろうか。供儀は、どんな力をひきおこしているのだろうか。

レヴィ＝ストロースの価値判断から離れると、隠喩的な不連続性と換喩的な連続性、位置的な量と方向をもった質、範型論《パラディグム》の参照と統語論《サンタグム》の操作のあいだにある対比が、私にはまったく明らかなものにみえはじめた。それゆえ私は、トゥピの儀礼的カニバリズムを供儀のなか（範型！）に含めることにしたのである。反－トーテミズムの真の操作として、カニバリズムは、潜在的には相互的な変換として現れる（トゥピナンバの社会においてそれに意味を与えるのは、復讐の命令である）のだが、実在的にいえば、結びつく諸項同士は不可逆的である。その中間にあるのは、高度な類似性と「非類似性」（犠牲者の身体を死に至らしめ、解体し、食すといった乱暴な物理的な接触）であり、それは、殺害者と犠牲者、食べるものと食べられるもののあいだに、無規定的で識別不可能な領域をつくりだす動きがあることを含意している。人が供儀の要素のなかにいるということに気づくために、超自然的な実体の存在を定立する必然性はまったくない。私がアラウェテの民族誌のなかでおこなったトゥピナンバの儀礼の三重の解釈においては、行為者《アクタント》となるのは、食するものの集団、殺されて犠牲になる人物、そして敵の集団である。「死」は、儀礼の三つの軸によって交互に、代わる代わる仮定される代償機能にすぎない。しかし、その過程で循環する力を操るのは、そうした機能に他ならないのである。

まったくこの通りである。しかし、「供儀」の概念を、この新しいレヴィ＝ストロース流の意味において、本当に食人の儀礼において生じていることだと理解してよいのだろうか。トゥピのカニバリズムには、想像的なことなど何もないし、偽も一切ない。同様に、報復は、「不可能」であるかもしれないが、想像的なものではない。つまり、それは社会的なポイエシスの図式なのであり、敵集団との永続的な不均衡をつくりだすことをつうじて、集合的な時間を儀礼的にうみだす機構（際限のない報復の循環）なのである。[97] いずれにせよ、もしつねに敵を想像しなければならないのだとしたら——他者をそのようなものとしてつくり上げるのだとしたら——、その目的は、実際に敵を食べるということであり、それは**自己**を他者としてつくり上げるためなのである。たとえ、トーテミズムの概念よりも多くのことが供儀の概念から生じているのだとしても、供儀の概念からは生じない何かがある。

97——「永続的な不均衡」は、『大山猫の物語』（L.-S., 1991）における鍵概念であり——偶然ではあるが——Thevet ca 1554によって収集された、双子についてのトゥピナンバの神話の分析から練り上げられたものである。

9章 横断するシャーマニズム

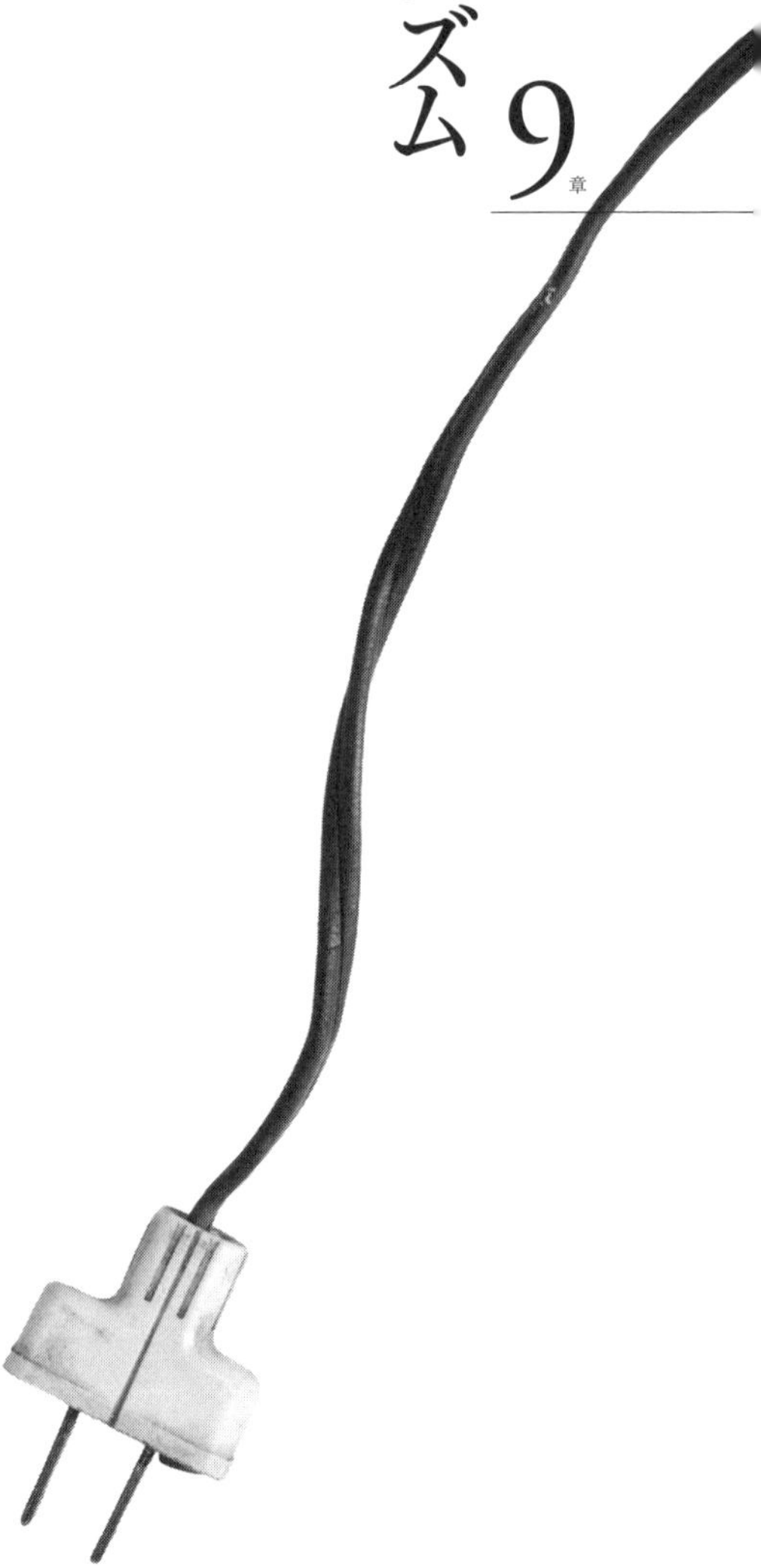

パースペクティヴ主義の理論の素描において言及しておいた、シャーマニズムの問題に再び立ちかえってみよう。他の種を、彼らが自分をおもいえがくのと同じように——人間と同じように——みなすために、アマゾンのシャーマンたちは、自然社会のさまざまな利害が対立するアリーナにおいて、コスモポリタン的な外交官の役割を演じている。その意味で、シャーマンの機能は、戦士の機能と本質的には違わない。両者とも、パースペクティヴの変換機なのであり、操作係なのである。前者は種のあいだで機能し、後者は人間同士のあいだ、もしくは社会のあいだで機能する。[98] そうした領域は、外延的に水平的な隣接関係あるいは垂直的包括関係で

配列されているというよりは、はるかに強度的にかさなりあっている。しばしば指摘されているように、アマゾンのシャーマニズムは、他の手段によってなされた戦争の延長なのである。しかしながら、それは暴力性そのものについていっているのではまったくなく、[99]コミュニケーションの観点からいえることである。それは、コミュニケーションできないもののあいだでの横断的なコミュニケーションであり、人間の地位がたえまなく争われるパースペクティヴのあいだの危険で繊細な比較なのである。ここで人間の地位は何に属するのだろうか。ある個人が、他種族の一連の情動やエージェンシー性に直面したときに、こうしたことがつねに問題となる。つまり、森のなかで出会う動物や未知の生物、長らく不在にしており街に戻ってきた親、夢のなかに現れる死者のイメージといったものが重要なのである。存在者たちの普遍的な人間性——基底的な宇宙論的人間性が、すべての存在種を、反省的に人間種にする——は、相補的な原理にしたがわざるをえない。すなわち、二つの異なる種は、それぞれ自身の眼差しにおいて間違いなく人間的であるのだが、もう一方の眼差しからみると、同時には一つの存在でありえ

98——それぞれの種には、それ自身のシャーマンがいることを忘れてはならない。また、人間のシャーマンとその他の種との関係性は、とりわけ、人間のシャーマンが類縁関係をもつ種のシャーマンと結びついている。

99——シャーマンがしばしば、予言者としてであれ、眼にみえない戦士としてであれ、戦争に不可欠な協力者であったとしてもそうなのである。

ないという事実によって規定されている。

同様に、戦争は他の手段によってなされたシャーマニズムの延長であるということは正しいであろう。アマゾンでは、戦争が超自然的であるのとまったく同様に、シャーマニズムが暴力なのである。これら二つは、危険に対する形而上学 (Rodgers, 2002) の魅力を示し、あらゆる生の活動が捕食者の拡張形式であるという深い確信によって依然として特徴づけられる、超人間的存在についての行動目録《エソグラム》を作成しながら、パースペクティヴ主義の闘争モデルとして、狩猟とのつながりを保っているのである。[100]

レヴィ＝ストロース的な対比の観点からすれば、シャーマニズムは、たしかに供儀の側に位置づけられる。シャーマンの活動が、互いに相対立する視点の差異のあいだの能動的な相同性と等価性を探求することによって、各々の自然種がもつ世界のあいだに相互関係あるいは翻訳を設定するというのは正しい (Carneiro da Cunha, 1998)。しかし、シャーマン自身は、実在的な「関与者」であり、形式的な「相関項」ではない。一つの視点から他の視点へと変化しなければならないし、動物を人間に変えるためには、動物に変容しなければならないし、逆もまた然りである。シャーマンは、宇宙を構成するパースペクティヴの多様性に内在した、潜勢力の差異をもちいる（「物質」と肉体をもちいて、関係性《ラポール》と語り《ラポート》をつくりだす）のである。シャーマンの力というのは、そうした差異に由来する力の限界と同じものである。

ついにこうして、供儀のモース的理論がもつ特定の産出力を手にすることができる。飽和して完全になった媒介の構造をつくり上げるような供儀の図式、供儀をおこなう者（供儀の執行者）と犠牲者の二重の仲介によって、犠牲として捧げられる者（犠牲となることを申しでて、そのことで恩恵をうける者）と、そのうけとり手とを結びつけるような供儀の図式を想像してみよう。アマゾンの「供儀」の二つの形象、つまり儀礼的なカニバリズムとシャーマニズムは、限定交換が一般交換の数学的な意味での退化であるとレヴィ＝ストロースがのべたのと同じ意味で、モースの図式からの後退であると想像してみよう。

アマゾンのシャーマニズムの独特な性格は、シャーマンが同時に、供儀の執行人であり媒介者でもあるということである。シャーマンこそが、「近接性の欠落」――身体と魂の分離によってうみだされた空白であり、シャーマンの人格のいくつかの部分をひきだして外在化すること――を現実化し、人間と非人間のあいだに効果的な記号の流れをつくりだすことができる。鏡の反対側に渡るのは、シャーマン自身である。彼は、犠牲の形式をとった代理人や代表者を送りこむことはしない。彼こそが犠牲者なのである。予期された死者は、アラウェテのシャー

100――アメリカ先住民が「共同性」や「平穏さ」に価値を付与していることが重要だとされるのは、こうした理由による――これらの主題については、数多くの手厳しい指摘も、道徳的で感情的で涙を誘う優しさも、最近のアマゾン研究者の文献のなかにあふれている。私には、この重要性は、普遍的な存在論的地平としての先住民の思考によってひきうけられた、捕食の他性がもつ力についての、滑稽なほどに多義的な解釈の現れのようにおもわれる。

マンとまったく同様であり、天空を旅するあいだ、「われわれの未来の食物」としてこの民族の食人の神性によって呼びとめられる。これは、トゥピナンバが、五世紀も前に、自分たちの戦いの能力をふざけていうためにもちいたのと同じ表現である。◀101 シャーマンが他者の供儀執行人となるとき、われわれは宇宙社会《ソシオコスミック》の他の体制の閾を乗り越えているのである。たとえば、シャーマンは、人間の犠牲を捧げる者となり、さまざまな力によって与えられた供儀の管理者となり、動きの確認だけをしてそれを承認する者となるのである。ここにおいて、シャーマンの形象の背後に、司祭の面影の輪郭がはっきり現れる。

よく知られているように、絶対的な対立が問題なのではない。S・ヒュー=ジョーンズ(1996)が指摘したことであるが、アマゾンの先住民において一般にシャーマニズムが意味するのは、「水平的な」シャーマニズムと「垂直的な」シャーマニズムのあいだの決定的な差異をとり戻すことである。この対比は、中央ブラジルのボロロ、あるいはリオ・ネグロのトゥカノやアラワクのような民族においてとくに際立っている。そこでは、神秘的な媒介者についての明確な二つのカテゴリーがあるのだ。ヒュー=ジョーンズが水平的なものに分類したシャーマンは、霊感やカリスマから力をうみだし、社会体の外部に向けて、攻撃性やモラルの曖昧さを免れない行為をするようなタイプのスペシャリストである。彼らの典型的な対話の相手は、動物の霊、つまり、アマゾンの先住民にとっておそらくもっとも頻繁に病の原因とされるものである(病は、しばしば食べた動物の側から食人的な報復がなされるケースと解釈される)。一方、垂直的なシャーマニズムに分類されるのは、歌い手の指導者であり儀式のスペシャリストであり、集団の内側の関係性を再生産するプロセス――すなわち、出産、通過儀礼、命名、葬儀――を上手に執りおこなうのに欠かすことのできない、神秘的な知識を平和のうちに守る者である。「供儀の執行人‐犠牲者」と私が呼んだシャーマンは、水平的なシャーマンである。このスペシャリストは、ヒュー＝ジョーンズの指摘によれば、平等主義的で好戦的なエートスをもったアマゾン社会における典型的な人物ということになる。それに対して垂直的なシャーマンは、よりヒエラルキー化された平和的な社会においてもっぱらみられ、むしろ司祭の形象に似かよっている。ところが、垂直的なシャーマンだけが儀礼をおこなうアマゾン社会は存在しないことに注意しなければならない。アマゾンには、ただシャーマンとされる唯一の類型があるだけであり、それがボロロやトゥカノによって知られる二つのシャーマンの機能をもつ傾向があ

101――こうしたアラウェテの概略をとおして、カニバリズムが再びみいだされる。それも、供儀的な図式からのさらに劇的な還元である。そこでは、儀礼の司祭‐執行人が犠牲者と一体化する（哀悼、象徴的な死、敵を食することの禁止）だけでなく、供物を捧げる者――つまり食する集団――が、供物のうけ手と一致することになる。同時に、ある特徴的なねじれによってこの図式は二重化され、儀礼的報復に駆り立てられた敵の集団は、一方では、犠牲者を「提供する」ような、共同の執行者となり、他方では、未来のうけ手、つまり食する集団に対して宿命的に関わりを持つような、戦争によって報復をうける者として規定される。

るということなのだ。もっとも、水平的なシャーマニズムの特性や責任の方が明らかに優位ではあるのだが。

ヒュー＝ジョーンズが設定した対比は、明白に観念的な類型という観点から考案されており、極めて単純で図式的である。しかし、私にとっては、これは完全に民族誌的に正当化しうるものであり、シャーマニズムのあいだの差異にかんする分析の妥当性が改めて問題になるということはない。二つのタイプのシャーマンのあいだのコスモポリティックな媒介の分業というのは、レヴィ＝ストロースが「神話の構造」において列挙した媒介の二重性というセリーにあてはめて考えてみると、重要な比較の意味＝方向をもつことになる。つまり、メシア＞ディオスクロイ＞トリックスター＞両性具有＞交叉いとこ＞夫婦＞三つ組み、ということである（L.-S., 1958/1955: 251）。こういうわけで、シャーマンの非対称的な二重性は、アメリカ先住民の宇宙論的な構造の重要な特性を示している。『大山猫の物語』において「永続的な不均衡の状態にある二元論」とされるものである。しかし、その前に、上記の最初の項であるメシアニズムは、実質的には二つのシャーマンを区別することでヒュー＝ジョーンズがつくり上げた問題の中心的な要素なのだということに注意しておこう。一九世紀半ばから北西アマゾンの地域で繰り広げられた多くの千年王国運動は、すべて「水平的」な特徴をもったシャーマン－預言者によって導かれていると著者は強調している。これが意味するのは、区別を設けるべきなのは、スペシャリストの二つの類型――狭義のシャーマン（あるいは「シャーマン－戦士」）とシャーマン－司祭——ではなく、シャーマン的な機能にかんする可能な二つの方向性だということだ。つまり、司祭に変容することと、預言者に変容することの区別である。この場合、予言はシャーマニズムの歴史的な再燃プロセスの結果であるが、司祭の機能の発生は、政治的に再び冷やされること、つまり社会的な権力によって包摂されることに由来するのである。

仮説をつくるもう一つの方法は、司祭に変容すること（基本的なシャーマンの機能に基づく差異化）が、社会の内部を構成するプロセス、すなわち、生者と死者のあいだの弁証法的な連続性を表す祖先という価値や、生者のあいだの共時的な不連続性を設定して是認する政治的ヒエラルキーといった価値の発生と関わっているというものだ。実際、水平的なシャーマンと対面する原型的な**他者**は動物の姿をしているのに対して、垂直的なシャーマニズムの**他者**は、**祖先**の擬人的な姿をひきうける傾向がある。

アメリカ先住民の水平的なシャーマニズムは、宇宙論的な経済のなかに位置づけられるのだが、そこでは、生きた人間と死んだ人間のあいだの差異は、少なくとも死んだ人間と生きた非人間のあいだの類似性と同じくらい重要である。コンクラン（Conklin, 2001）が、西部アマゾンのワリの死生観について指摘したように、死者の世界には動物は存在しない。なぜなら、死者は、それ自身が動物であるからだ——それは獲物としての動物そのものなのである。彼らは、肉の本質であり、それゆえ真の食べ物である野生のブタに変容する。そのほかの死者たち、そのほかの人びとは、猟師あるいはカニバルとしての動物性の他方の極であるジャガーに生成する。▼102

動物であるような存在はすべて、最初から人間なのであり、人間は、最後には動物になるのである。(脱)個体化という死生観は、(前)種化の神話と再び一緒になる。動物が系統発生の領域に属するように、死者の亡霊は個体発生の領域に属している。「初めには、あらゆる動物は人間であった……」。死者は、人間の身体からの離接によって規定されたイメージとして、動物の身体にひき寄せられることになるというのは、驚くべきことではない。それゆえ、アマゾンでは、死ぬことは動物に変容することなのである。もし動物の魂が、原初的な人間の身体の形式をもつと考えられるならば、人間の魂が死後の動物の身体を持つと解釈されたり、あるいは生者によって偶然殺され食された動物の身体にはいりこむと解釈されたりするのは、当然である。

垂直的なシャーマニズムの出現は、他性の二つの位置——死者と動物——のあいだの境界と結びついている。ある特定の瞬間から——そこでは確定するということがまったくできなっているといわねばならない——人間の死者は、死者というよりは人間としてみられはじめるのである。その結果、非人間の完全な「客体化」という対称的な可能性がもたらされる。つまり、人間と非人間に境界を設けること、動物全般の形象を人間性の**他者**として考えることは、死者と動物のあいだに事前に境界線をひくということであり、祖先のかたちをとって客体化された人間性の全般的な形象が突然発生するということと関係がある。死者は動物に生成するという基本的な死生観の事実というのは、一挙に動物を人間化して死者を変質させるような何かなのである。つまり、死者と動物が離婚すると、死者は人間にとどまるかもしくは超人となり、動物は存在者であることをやめ、人間以下もしくは人間に反する方向へと変化していく。

ヒュー＝ジョーンズが検討した区別のいくつかの側面をまとめると、水平的なシャーマニズムは外的《エクゾプラティック》な実践であり、一方垂直的なシャーマニズムは内的《エンドプラティック》な実践であるということができるだろう。アマゾンの先住民において、外的な実践というのは、（論理的に、時系列的に、宇宙論的に）内的な実践に先立つ。そして、外的な実践は、完全な形而上学的内面性をそなえた首長制や**国家**をつくることを阻止する残余としてつねに操作的な状態にあり、北西アマゾンの集団のようなより階層的な形式にもあてはまる。死者は、部分的に動物であるということを決してやめない。というのも、すべての死者は、身体を所有するかぎり、亡霊をうみだすからである。そしてその意味において、貴族に生まれることができたとしても、誰一人として祖先を消し去ることなどできない。もしそれが内側の時空間、つまり神話の前宇宙論的で前身体的な平面にあるというのでなければ、純粋な祖先など存在しない。しかし、そこでは、人間と動物が

102――『生のものと火にかけたもの』の「カエテッのロンド」をおもいおこそう。そこでは、豚とジャガーが、姻戚関係（アフィニテ）（お互いに間違ったそして正しい結婚）の二つの極となる原型的な動物として登場する。姻戚関係というのは、つまり、他性によって構造化されたものとしての人間性ということである。カルネイロ・ダ・クンニャ（1978）と共に、死者と親族はまったく同じものなのだということをおもいおこしておこう。

互いに直接コミュニケーションをしているのである。他の場所では、動物、植物、そして存在についてのその他のアマゾンのカテゴリーは、絶えず完全な人間的状態でありつづける。彼らがポスト神話的に動物等に変容するということは、原初の人間性、すなわち彼らの現働的な表象を享受するシャーマン的な言語実践に近づくための基礎を、反‐実現するということである。あらゆる死者は、ある種の動物的な存在でありつづける。そしてすべての動物は、ある種の人間的存在でありつづける。アマゾンの社会体という、密集し、多様で豊かな、広々とした森のなかをたえずうごめく、超越性の発生源にどっぷりと浸ることで、人間性は依然として強度的でありつづけるのだ。

アマゾンの水平的なシャーマンは、この地域に遍在しており、政治的権力と宇宙的《コスミック》な力が同時発生できないことを示しており、古典的なタイプの供儀のシステムをつくり上げることを非常に困難にしている。アンデスや中央アメリカのいわゆる「ハイカルチャー」による供儀の制度は、まるで**国家**がシャーマニズムを捕獲していることを示している。シャーマンの宇宙論的なブリコラージュの終わり、そして司祭の神学的エンジニアリングのはじまりである。[◀103]

垂直的シャーマニズムと水平的シャーマニズムの対立は、何度か超越性と内在性のあいだの対比と関係づけられたことがある (Pederson, 2001; Holbraad et Willerslev, 2007)。アマゾンのシャーマニズムは、その背景となっているパースペクティヴ主義とまったく同様に、実質的には内在的な実践である。これは、シャーマニズムによって結びつけられた人間と超人間とのあいだの地位が平等であることをまったく含意しないと、私は端的に指摘したい。むしろ、まったく逆である（内在性と平等性を混同することは、アマゾンの民族誌においてしばしばみられる）。しかし、諸存在のあいだの視点には、固定化された階層構造はまったく存在していない。アマゾンのパースペクティヴ主義は、存在論的な尊厳の連鎖[104]に沿って、漸進的に包摂するようなパースペクティヴの尺度として解釈することはできないし、まして何かしら「あらゆるものの視点」を投影するようなものとして解釈することなどできない。存在者のあいだで変容する潜勢力の差異は、シャーマニズムの存在理由なのであり、一方向的でない仕方で他者の視点を含まない視点など

103——私がブリコルール（シャーマン）とエンジニア（司祭）というレヴィ＝ストロースの用語で説明している対立は、『千のプラトー』において設定された、前シニフィアン的で未開の記号論——分節的、多次元的、人食い的——と、シニフィアン的で専制的な記号論——解釈、無限の負債、顔貌性——との対立に対応している（D.G., 1980: 140 et s.）。デスコラ（2005）の用語では、アニミズムとアナロジズムの対比が重要なようである。

104——アヴィラ・ルナの事例におけるコーン（2002, 2005）の対立する考察は、森のケチュアの宇宙論に特有の「垂直化」に対するある傾向性の表明——おそらく昔からある——と解釈されるべきであると、ここで指摘しておく。この点については、ヒヴァロ・アチュアにかんするTaylor（2009）も参照せよ。「精霊の分類も、人間がそれらと共に展開する相互行為の形式も、いずれも尊厳や力の尺度によって秩序立てられてはいない。そして、非‐人間との関係性にはいる能力について、「男女の」どちらかの性が独占的にその能力に恵まれているということもない」。

ないのである。あらゆる視点は「全体的」であり、いかなる視点も平等でなければ類似してもいない。つまり、水平的シャーマニズムは、水平的なのではなく、横断的なのである。視点のあいだの関係性（多様体としての視点という関係性）は、離接的総合もしくは内在的な排他性の領域であり、超越的な包摂の領域ではない。結局、パースペクティヴ主義者のシステムは、レヴィ＝ストロースがアメリカ先住民の宇宙論についてのべた表現をもう一度もちいるならば、永続的な不均衡の状態にあるのである。

　しかしながら、もしそうであるなら、モース的な図式の構造的還元であるこうしたアマゾンの（水平的）シャーマニズムの解釈は、結局のところ、不適切だということになる。シャーマニズムは、トーテミックな論理と供儀的な実践のあいだに歴然と存在しているようにおもわれる対立を逃れている。シャーマンは、未熟で未発達な司祭なのではない。シャーマニズムは、準－聖職者の宗教というよりは、むしろ小さなインパクトをもった予言である。シャーマニックな操作は、もしそれがトーテミックな分類の象徴的なゲームに還元されてしまうのでないとしたら、供儀の想像的な相互－系列性がひきつづくような、融合した連続体をうみだすこともない。第三の関係性の典型として、それは、前－個人的、強度的、もしくはリゾーム的な多様体によって構成される異質的な項のあいだのコミュニケーションを演じるのである。われわれのケースに再び立ち戻ると、血／ビールは、ジャガーになることを含意するのである。

　ここで――生成を論じることに向かうと――われわれは、ドゥルーズとガタリの仕事に再び立ち戻ることになる。『千のプラトー』へ、つまり、彼らがトーテミズムと供儀の対立を語りなおそうとするまさにその場所に立ち戻るのである。それは決して偶然ではない。

10章

生産がすべてではない
——生成

先に指摘したように、『アンチ・オイディプス』の二人の著者は、原始的なエネルギーが出自のエネルギーであるという事実は、「問題を何一つとして」変化させないと強調している。他のいい方をすれば、それは偶然の事実なのである。それゆえわれわれは、一次エネルギーが「縁組のエネルギー」であるような、他の内在的な領域を理解することが正当かどうかを自問することになる。結論としていえば、縁組の概念を離接的総合として構成するような条件を決

めることが問題なのである。

縁組の強度的な解釈の可能性は、『千のプラトー』の生成にかんする長い章において、はじめて明らかになった。生成の概念は、ベルクソンとニーチェにかんする研究以来ずっとドゥルーズの中心的関心であり、『意味の論理学』の関心の多くをしめている。しかしながら、カフカについての共著 (D.G., 1975) 以降、生成の概念は、特異な概念的屈折と強度をもちはじめ、一九八〇年の本（『千のプラトー』）にある「一七三〇年：強度になること、動物になること、知覚しえぬものになること」のプラトーにおいて、逃走の速度にたっする。生成という概念は、文字通り、ミメーシス——模倣であれ再生産であれ——を逃れ（「ミメーシス主義は、大変悪い概念である…」）[105]、「メメーシス」——記憶であれ、歴史であれ——をも逃れながら、逃走し、疾走する。生成は、健忘症的であり、前歴史的であり、反イコン的であり、不毛である。それは、実践における差異なのである。

105 —— D. G., 1980: 18.

『千のプラトー』の第一〇章は、レヴィ＝ストロースによって確立された、セリー的‐供儀的な論理とトーテム的‐構造的な論理との対立の説明からはじまる。つまり、一方には、人間と動物との想像的同一化、そして他方には、社会的差異と自然的差異との象徴的相関関係という対立がある。セリーと構造というこれら二つのアナロジー的なモデルのあいだで、ドゥルーズとガタリは、生成というベルクソン的なモチーフを、すなわち、セリー的類似にも構造的相似にも還元不可能なある種の関係を導入する。生成という概念は、一見すると構造主義の分析枠組では理解が困難な、ある関係を指し示している。というのも、構造主義の分析枠組においては、関係はモル的で論理的な対象として機能し、本質的に外延化されたもの（対立、矛盾、媒介）として理解されるからである。生成は一つの実在的な関係であり、分子的で強度的であり、それは構造主義の形態学的にすぎる関係性とは他の境域で作動する。生成の離接的総合は、形式的な構造の組みあわせの規則からは生起しえない。それは、平衡状態からは程遠い、実在的な多様体において作用する（DeLanda, 2002: 75）。「生成と多様体は、唯一のものであり、同じものである」[106]。

セリー的類似は想像的なものであり、構造的相関は象徴的なものであるが、生成は実在的なものである。隠喩でも形態変化でもなく、生成は、自らがつくりだす二つの関係項を脱領土化する運動なのであり、新たな「部分的つながり」の手段によってそれらを関連づけようと規定する関係性から、それら〔二つの関係項〕をひきはがす。生成するという動詞は、この意味において、述語的操作や他動詞的な働きを示さない。ジャガーへ生成する（devenir-jaguar）ということの含意は、あるジャガーになること（devenir un jaguar）と同じではない。「トーテム的」なジャガーは、人間が「供儀的」に変容するものであり想像的であるが、その変容は実在的である。猫科の動物が生成そのものなのである。つまり、ジャガーになることにおいて、「ジャガー」とは行為の強度的側面なのであり、その超越論的な対象ではない。なぜなら、生成するというのは、自動詞だからである[107]。一人の人間が一頭のジャガーになるやいなや、そこにはもうジャガーはい

---

106 —— D.G., 1980: 305.

ない（それゆえ、われわれは先に、生成の離接的な多様体を指し示すために「人間―ジャガー」という形式をもちいたのである）。著者たちは、アメリカ先住民の神話を示唆的に引用しながら、つぎのようにのべている。

> 神話の研究においてレヴィ＝ストロースは、人間が動物に生成すると同時にその動物が…に生成するという、すばやい振る舞いにたえず出逢っている（しかし何に生成するのか。人間になのか、それとも、他の何かになのか）。（D.G., 1980: 290）

生成するとは、それ自身の一貫性をもった動詞である、と著者たちはつづける。すなわち、それは、模倣することでも、外観を装うことでも、存在することでも、一致することでもない。そして――驚くべきことに――生成は「生産することでもない」（*op.cit.*, 292）。生産でも、出自でもない。出自を生産することでも、出自をつうじて生産することでもない。生産でも出自でもない。ドロシーがトトにいうであろうように、われわれはもはや『アンチ・オイディプス』のなかにはいない「という印象を抱く」。

「強度的な思考とは、概して、生産にかんする思考である」とデランダはいう（2003: 15）。おそらく、事態はこれほど一般的ではない。生成の概念は、『千のプラトー』において、『アンチ・オイディプス』において生産の概念が担ったのと同じく、中軸的で宇宙論的な役割を担っている。それは、「すべては生成である」からではなく――それでは概念的に破綻している――、生成以外の重要な考えがこの書物にないからでもない。そうではなく、『千のプラトー』におけるもっとも優れた反‐表象的な装置は、表象作用を無効にする装置であるという意味で、生成という概念だからである。それはちょうど、生産が『アンチ・オイディプス』において反‐表象的な装置であったのと同様である。生産と生成、この二つは異なった運動である。両者とも自然を含んでおり、両者ともに強度的で、前表象的である。ある意味では、それらは一つの運動に対する二つの名である。生成は欲望のプロセスであり、欲望は実在的なものの生産であり、生成と多様体は唯一かつ同じものであり、生成はリゾームであり、リゾームは無意識の生産のプロセスである。しかし他の意味＝方向では、それらが同じ運動であるなどということは決してない。生産と生成は、「二つの意味＝方向において、同じ軌道をえがかない」。生産とは一つのプロセスであり、そこで人間と自然の同一性が実現され、自然が生産のプロセスとして現れる（「自然の人間的本質と、人間の自然的本質は、それが本性上、生産あるいは産業であるという意味で、同一のものである」(D.G., 1972: 10)）。反対に、生成は、人間と自然の「自然に反する」融即である。つまり、捕獲の瞬間であり、共生であり、異質性のあいだの横断的な結び

107――そして、過度の欠如動詞であり、不定形の形しかとらない以上、超‐歴史的な瞬間を指す仕方である。

つきである（D.G., 1980: 294, 296）。「自然はこのようにしか作動しない。自らに抗するのである。われわれは、出自の生産や遺伝的な再生産からはかけ離れている…」（*ibid.*, 296）。生成は生産という鏡の反対側にあるものなのだ。トゥピナンバが敵に対してもちいる語をおもいおこしておけば、これは「逆向きの」同一性である。

「**宇宙**は出自によって機能するのではない」（*ibid.*）。これが言外にほのめかしているのは、宇宙は、外延的－現実的であると同時に、そのあらゆる状態において、強度的－潜在的であるということだ。そして、もし宇宙が出自によって作動していないのなら――他の何かによっているのでもないなら――、われわれは、宇宙が縁組によって作動するはずだと考えてみたい。事実、この書物の第一プラトーで、われわれはすでに「樹木は出自であるが、リゾームは縁組であり、ほかでもなくただ縁組なのである」（*ibid.*, 36）ということを知った。そして、いまやわれわれはつぎのことを知ることになる。

> 生成は進化ではない、少なくとも血縁や出自による進化ではない。生成は出自からは何も生産しないし、あらゆる出自は想像的なものである。生成はつねに出自とは異なる領域に属している。それは縁組に関わっている。
> （*ibid.*, 291）

よろしい。『アンチ・オイディプス』にみられるドゴン神話の強度的で、曖昧で、夜行性の出自を主張する分析から、『千のプラトー』においてこうした関係の様式に何らかの重要な役割を与えることを否認するというまでのあいだに、何が変化したのだろうか。強度的な縁組は、いかにして想像的なものに生成できたのか。

この変化は、ドゥルーズとガタリの眼差しが、同一種内の地平から、種間の地平へとおおきく方向転換したことを反映しているようにおもわれる。つまり、欲望の人間的なエコノミーから——それは、おそらく歴史‐世界的、人種的、社会政治的な欲望であり、家族的、人格主義的、オイディプス的な欲望ではない。しかしそれでもなお、人間的な欲望である——、種を横断する情動のエコノミーへの転換であり、それは、種という自然な領域、そしてその限定的な総合を無視し、われわれを内在平面において包含的な離接によって結びつけるのである。『アンチ・オイディプス』の欲望のエコノミーという観点では、外延的な縁組は、強度的で分子的な出自を制限するように働き、それを出自集団というモル的な形態のもとに現実化する。しかし、情動の宇宙的なエコノミー——非人間的な力としての欲望——という観点からは、いまや出自こそが、その想像的同一化の方法によって、異質的な存在のあいだにある、反‐自然的であるだけになおさら実在的である縁組を、制限するようになるのである。「もし進化が真の生成を含んでいるなら、それは、まったく異なる等級や界に属する存在を活用する共生の領野においてであり、そこでは出自はありえない」(D.G., 1980: 291)。

つづけて、ドゥルーズのお気にいりである蜜蜂と蘭の例をあげれば、「いかなる蜜蜂‐蘭もそこから生まれることは決してありえない」一つのアレンジメント——そして、こうつけ加えられるかもしれないが、われわれが知っているいかなる蜜蜂もいかなる蘭もそれなしでは子孫を残すことが決してできないような、そんな一つのアレンジメントである。というのも、それぞれの種の自然な出自は、二つの種のあいだの反－自然的な縁組に依存しているからである。『アンチ・オイディプス』において開始されたセクシュアリティの脱領土化が、ここで実現する。性についての二項論理的な組織化は、バイセクシュアリティも含め（「ジェンダーの原子」を参照（*supra*, p.106））、「n個の種」と分子的なレベルで結びついた「n個の性」へと道を譲ることになる。「セクシュアリティは、男が女に生成すること、人間が動物に生成することを経由して進行する。つまり、粒子の放出である」（D.G., 1980: 341）。もし動物への生成に内含しているあらゆる動物が一つの多様体であるなら（「あらゆる動物は何よりまず一つの集団であり、一つの群れである」（*ibid.*, 293））、それは、人間の社会性をある普遍的な悪魔的換喩へとひきずりこんでいくような、一つの多様で、付随的で、異質的で、出自の外にある、非再生産的な社会性を、その多様体が規定しているからである。

> われわれは疫病を出自に、感染症を遺伝に、伝染による群生を性的再生産や性的生産に、対立させる…自然に反する融即ないし婚姻は、自然界を横断する真の**自然**なのである。
>
> （*ibid.*, 295）

そこで、縁組である。しかし、どんな縁組でもよいというわけではない。われわれがみてきたように、『資本主義と分裂症』の第一巻は、二つの出自を提唱していた。一つは強度的で胚種的なものである。もう一つは外延的で体細胞的〔ソーマ的〕なものであり、それは、胚種的な流入である欲望を代理する「抑圧的な表象」の役割を演じる外延的な原理であり、縁組によって反‐定立される。いまや『千のプラトー』において、われわれは二つの縁組が現れてくるのを確認することができる。〔一つは〕『アンチ・オイディプス』において論じられ、社会体に、そして男性というジェンダーにとってさえ内的な縁組（最初の集団的なホモセクシュアリティ）である。もう一つは、生成に内在する縁組であり、それは想像的な形態変化（神話的系譜、動物を出自とすること）には還元できないし、同様に、交換や象徴的分類（外婚、トーテミズム）にも還元できない。

あらゆる生成は一つの縁組なのである。このことは、繰り返していうが、あらゆる縁組が一つの生成であるということを意味しない。文化的で社会政治的な外延的な縁組があり、そして、反‐自然的でコスモポリティックで強度的な縁組がある。外延的縁組が出自を区別するのに対して、強度的縁組は種を攪乱《かくらん》する、あるいはむしろ、非連続的な種別化という制限的な総合によって別の方向＝意味に（同じ軌道をえがかない…）現実化された連続的な差異を、内含的な総合によって反‐実現する。シャーマンがジャガーに生成するとき、彼はジャガーを「生産する」のでもなければ、ジャガーの子孫に「加わる」のでもない。彼はジャガーをうけいれるのであり、ジャガーになることを認めるのである。つまり、彼はジャガーとの縁組を結ぶのである。

むしろつぎのようにいうことができる。無差別性、識別不可能性、曖昧性といった一つの区域が、二つの項のあいだに設定される。それはまるで、その二つの項が、それぞれの分化に先行する点を直接実現したかのようである。相似ではなく、滑りこみであり、極端な近接、絶対的な接近である。自然な出自ではなく、反－自然的な縁組である」。

(D., 1993: 100)

生成についてのこの定義が(なぜなら、問題となっているのはまさにこのことなのだから)、範型的《パラディグマティック》な二元論を横断する方法となっていることに注意すべきだろう。つまり、〔出自、換喩的連続性、セリー的類似〕に対する〔縁組、隠喩的不連続性、対立的差異〕である。自然に反する縁組によって定立される接線的－微分的な「絶対的な接近」は、象徴的－文化的縁組(外婚)によって定立される出自のリネージのあいだの絶対的な「非接近」とは完全に異なっている。しかし、いうまでもないことだが(D.G., 1972: 131)、そのような接近は、「二つの項」のあいだのいかなる同一化や想像的未分化にも還元しえない。古典的な構造主義のように、自然的出自と文化的縁組が対立するというのではない。強度的出自が自然に反するということは、それが文化にも社会にも反するということである。[108] われわれは、包含された第三項、他の関係性、すなわち「新たな縁組」について語っているのである。

「縁組」は、よい言葉でもあるし、悪い言葉でもある。人格と事物のあいだの境界を横断するのにもちいることができるのであれば、そうした言葉はすべてよい言葉である。だから、もしそれを微生物に対してもちいるのなら、縁組はよい言葉なのだ。力(Force)は、人間に対してもちいるならばよい言葉なのだ。

(Latour, 1993)

108――人間の社会性は、こういってよければ、必然的に反-強度的なのであり、「強度的領域の一次的エネルギー」の外延化としてそれがうみだされるかぎり、反-社会的である。

こうした境域を超える縁組、つまり人間と非人間のあいだの類縁関係《アフィニテ》(affinté とは ad-finis と関連する）の基本的な例を発見するために、アフリカ研究の文脈から離れる必要はない。第一〇プラトーの「ある魔術師の想い出、その二」と題された節において、著者たちが喚起するのは、ピエール・ゴルドンによって研究された「聖なる破瓜型」とされる人間‐動物、あるいはG・カラム＝グリオールによって記述されたスーダンのいくつかの伝承における人間‐ハイエナである。後者には、われわれにとって決定的ともおもえる注釈がつけられている。

ハイエナ‐人間は、村の外れ、もしくは二つの村のあいだに生息し、両方向への見晴らしを保つことができる。ひとりの英雄が、もしくはお互い別の方の村のフィアンセを伴った二人の英雄が、人間－動物に勝利をおさめる。それはあたかも、縁組のまったく異なる二つの状態を区別する必要があるかのようである。すなわち、一つは悪魔的縁組であり、それは外から強制された縁組、その法をすべての出自に強制する縁組（怪物、人間－動物との強制された縁組）である。そしてもう一つは、承諾済みの縁組であり、それは反対に出自の法と一致する縁組、村の人間が怪物を打ち負かし、彼ら自身の関係を組織化した後に定められた縁組である。このことは、インセストの問題に変容される。というのも、インセストの禁止が縁組一般の積極的な要求の結果として生まれるというだけでは十分ではないからである。むしろ、出自に対してまったく異質的、まったく敵対的な、ある種の縁組というものがあって、それは必然的にインセストの位置をしめることになる（人間－動物はつねにインセストに対して一つの関係をもつ）ということである。第二種の縁組がインセストを禁止するのは、二つの異なる出自のあいだにまさにとどまることによってのみ、出自の諸権利のもとに従属するからである。インセストは二度現れる。まずは、縁組が出自を覆すときに、縁組の怪物的な力として現れ、つぎに、出自が縁組を下位に従属させ、それを異なるリネージのあいだに分配するときに、出自の禁止された力として現れる。

(D.G., 1980: 303, n.15)

「インセストの問いは変容されることになるだろう」…。著者たちはここで、『親族の基本構造』の理論をほのめかしているようだ。しかし、この考察は『アンチ・オイディプス』における［インセストの］問題にも同様にあてはまる。というのも、いまや縁組こそが、二重の波及効果をもつからだ。それは「出自のプロセスとしてのセクシュアリティ」を制御するだけでなく、「是認されざる性交や忌まわしい情愛を鼓舞する縁組の力」にもなる。その目的は、管理することだけでなく、「出産を妨害すること」(*ibid.*, 301)である。つまり、反-出自的な縁組、出自に抗する縁組である。『アンチ・オイディプス』にみられる交換論的で、抑圧的で、出自を生産する縁組もまた、ここで何らかの野生的で隠された力を示しはじめる――あたかも、他なる縁組、「悪魔的」縁組に汚染されてしまったかのように[109]。「縁組と出自が結婚の法によって規制されるようになるのは真実であるが、しかし、それでもなお、縁組は危険な感染力を保持する。リーチは［それを］証明することができた[110]…」(*loc. cit.*)。『千のプラトー』の鍵となるこの章で、「力」という言葉が、一般的な意味での縁組をどれだけ根強く規定してきたかに注目してみよう。縁組という概念は、一つの制度――一つの構造――を指し示すことをやめ、一つの力、一つの潜勢力――一つの生成――として機能しはじめる。形式としての縁組から、実体としての出自を飛び越え、力としての縁組になるということだろうか。われわれはもはや供犠の神秘的-セリー的な要素のなかにも、トーテミズムの神話的-構造的な要素のなかにもいない。われわれは生成の魔術的-実在的な要素のなかにいるのである。

われわれは社会契約の要素のなかにいるのでもない。「欲望は交換を知らない。それが知っているのはただ盗みと贈与だけである」(D.G., 1972: 219)。しかし、縁組の場合と同様に、交換と〔また別の〕交換がある。この語の資本家－商人の意味において「交換論的」とはいえない一つの交換があり、それは盗みと贈与のカテゴリーに属している。正確には、「贈与交換」によって確立する縁組であり、二重の捕獲をたえず交互におこなう運動である。そこで人びとは、可視的な事物の流れを横断して、不可視のパースペクティヴをいれ替える(反－譲渡する)。与え、うけとり、返礼するという「三つの契機」の直接的な離接的総合を現実化するのは「盗み」である。[111] 贈与は相互的なものかもしれない。しかし、だからといって、それはより暴力的でない交換だというわけではない。贈与行為の目的は、相手に行為させることであり、他者から行為をひきだすことであり、反応〔返礼〕をひきおこすことである。つまり、相手から魂を盗むという

109 ―― 「社会生活のなかでは、この力としての猛獣は、たいていあなたから姉妹を奪う義兄のことである…」(L.-S., 1971: 436)。著者自身が注意を喚起するように、この「神話的」同等性を文字通りにうけとらなければならない。すなわち、「実在と想像の区別を超えた意味のことである。記号化された言語からうみだされる舞台において、亡霊をおもいおこすことがほとんどないような十全な意味においてである」(L.-S., 1962b: 351)。

110 ―― これはもちろん、婚姻関係のあいだで作用する「形而上学的効果」にかんする一般的事実を考察した、リーチの『人類学再考』(1961: 20) への言及である。これについての最近の注釈としては (Viveiros de Castro, 2008a) を参照のこと。

ことである（魂の相互的な盗みとしての縁組）。そしてこの意味において、「贈与の交換」でないような社会的行為など存在しない。というのも、あらゆる行為は、ある行為に働きかける行為、ある反応に対する反応であるかぎりで、そのときにのみ、社会的なものとなるからである。相互性は、このとき、ただ回帰性であるというだけであって、社会性とはまったく関係がない。利他主義についてはなおさらである。生とは強奪なのである。[112]

111 —— 交換とパースペクティヴについては（Strathern 1988: 230, 271, 327, 1991: *passim*, 1992a: 96-100, 1999: 249-256; Munn, 1992/1986: 16; Gregory, 1982: 19）を参照のこと。二重の捕獲という観念については（Deleuze et Parnet, 1996/1977: 7-9; Strathern, 2003/1996(1): 42, n.11）を参照のこと。

112 —— 「言語は、それをもちいる者に抗して働く［…］社会性という観念は社交性を含意するものとして、相互性は利他性として、関係性は連帯として、しばしば理解されている」（Strathern, 1999: 18）。「行為に働きかける行為」はフーコーが権力について説明するさいにもちいた定義である（力に働きかける力があるだけなのだと、ドゥルーズがニーチェについて書いているとおりである）。そして、「反応に対する反応」はベイトソン（1958/1936）が分裂生成を説明した仕方である。それは、ドゥルーズ－ガタリのスキゾ分析にとって重要であるのと同様、レヴィ＝ストロースの構造主義的な分析にとってもきわめて重要である。強奪こそが生であるということについては、A・N・ホワイトヘッドを参照のこと。「生は強奪である。そして盗人は正当性を要求する」（*apud* Stengers, 2002: 349）。この正当化を「贈与」と呼べるだろうか。

アフリカの呪術師に触れているのは、決して偶然ではない。ドゥルーズとガタリは、一方で、神話とトーテミズムの制度の明晰で判明な世界と、他方で、司祭と供儀の技術といった曖昧で混乱した世界とを対比させながら、生成を、実践や言説（呪術の小話）として呪術師に結びつけている。観察がもっとも重要である（Goldman, 2005）、というのも、アマゾンの横断的なシャーマニズムは、呪術、妖術、生成のこの「判明にして曖昧な」世界に属しているからである。

ここには、これから熟慮しなければならない主題があるのだが、私にできることは、ゴールドマンの論文に着想をえて、いくつかの手がかりを示すことだけである。モースの仕事のなかでいえば、シャーマニズムについて考えるために立ち戻らなければならないのは、明らかに、供儀についての文章ではなく、呪術の研究である。H・ユベールとの共著である、この古めかしく、また軽視されてきた素描には、有名な『贈与論』のすべてが潜在的に含まれている。なぜなら、『贈与論』におけるハウ［物のなかに潜んで贈与を引きおこす霊的な力］は、『親族の基本構造』における「互酬制の原理」の起源なのだが、それは『呪術の一般理論の素描』におけるマナ［これを所有することによって強大な力を得ることができるような、超自然的な力。オセアニア起源の呪術的観念であり、アニミズムの議論に大きな影響を与えた］の交換論的なヴァージョンであるにすぎないからだ。それは、「浮遊するシニフィアン」▲[113]（L.-S., 1950）の前段階の概念なのである。レヴィ＝ストロースの仕事のなかでとり上げる必要があるのは、「呪術師とその呪術」ではなく、『神話論理』の第三巻（L.-S., 1967: 94-99）においてみられる、非常に神秘的なコメントの方である。そこで、M60神話「シミデュエの不運」の要約のすぐ後に、それにひきつづいてレヴィ＝ストロースが触れているのは、大衆小説のジャンルのセリーの形式を採用した神話語りの存在であり、この物語が特有の夢想的な雰囲気をその特徴としているということであり——そこでは、偽りの精神との出会いが豊富に登場し、それが概念的な歪みや知覚の不明瞭さをひきおこす——、呪術師の実践への秘密の暗示である。それは、動物との「一体化」のプロセスを誘導するような、幻覚剤を摂取する儀礼と結びついている。

　こうしたコメントからかいまみることができるのは、簡潔にいえば、アメリカ先住民のまったく他の神話実践《ミソプラクシス》である。それは、レヴィ＝ストロースが特別視した起源神話とともに流れているのだが、流れに反してさえいる（まるで、この二つの意味＝方向をもった流れが同じ書物のなかでおもいおこされているようである）。変容の物語や「呪術師の小話」のジャンル――ドゥルーズとガタリがそう呼んでいる――では、人格に関わるパースペクティヴの変異《ヴァリアシオン》――「その振る舞いはすばやい」――が、語りについての強い言語的操作の目的となる。パースペクティヴ主義は、再び、アメリカ先住民の神話にみられる、呪術師への生成へと直接送り返される。

レヴィ＝ストロースが『食卓作法の起源』のこの章で考案したような、小説における神話の単調な歴史的退行ではなく、ここで問題となっているのは、神話に内的な側方的な生成である。それは生成を、準－出来事の上に散乱した断片と同様に果てしない断片へと分裂させながら、生成を多様体の体制のなかにいれ込む。[114] 逸話、うわさ、陰口、家族と村の民俗学――レッドフィールドの「小さな伝統」――、滑稽な歴史、狩猟の挿入節、精霊の訪れ、悪夢、突然の不安、前兆…こうしたものは、マイナー神話の要素である。つまり、シミュラークル、幻覚、嘘についての記録と道具としての神話である。「おおきな伝統」についての神話、つまり世界中

113――関係論的な潜在化の条件は、インセストの禁止によって与えられるのだが、それは、すでにのべたように、レヴィ＝ストロースによる『贈与論』の読解に由来しており、シニフィアンとシニフィエのあいだの永続的な不均衡に根本的に関わっている。モースはそれを『素描』のなかで探しあてたのである。

114――「準－出来事」という観念については（Rodgers, 2004）、そして（Viveiros de Castro, 2008b）を参照のこと。

の哲学や宗教がおもにもちいている神話（［ポール・］リクール流の中近東の神話）が、不条理ゆえにわれ信ずといった教義や信念をもたらすのだとしたら、レヴィ＝ストロースのマイナー神話（呪術師になるといったアメリカ先住民の神話）は、アンリ・ミショーの格言を二重に裏返したような説明となる。「もし正しいのだとすれば、間違っている」[115]。今日でも**サイエンス・ウォーズ**において相変わらずみられるように、宗教と呪術のあいだに存在する隔たりは、宗教と科学のあいだの隔たりよりもはるかにおおきいのである。

　ようするに、供儀でもなく、トーテミズムでもない。「二つの事《ショーズ》を一度にいうこと。それは、つねに第三の事である…」(L.-S. et Éribon., 1988: 176)。実際、『野生の思考』の供儀の概念は、二つの操作を一つにあわせてしまうことで、二つの「偽の友」すなわち、間セリー的な類似性と、外セリー的な生成を混同しているのだと結論せざるをえない。さらに、野生のセリー上の他の操作、つまりトーテミズムは、結局のところ差異についての最善のモデルではないと結論すべきなのである。むしろ、その操作は、正確にいえば一つのモデルであり、われわれに差異のすべてのプロセスを提示するものではない。クラインの集合と順列のタブローといった均衡のアナロジーに魅了されていてはいけないのである。相関する相同性から変容するずれへと移行することを知らなければならない (Maniglier, 2000: n.26)。

　一九六二年の本のなかで論じられたトーテミズムは、分類に関わる関係のシステムであり、相関するセリーのあいだでは何も生じない。つまりそのモデルは、完全に均衡したモデルのようである。トーテミズムの「潜勢力の差異」は、それぞれのセリーに内的であり、他なるセリーに対して何か影響を与えることはできない。それとは反対に、生成が明示しているのは、純粋な外在性としての関係性、諸項をそれらが属するセリーから抽出するものとしての関係性、すなわち、リゾームになるということなのである。生成が求めるのは、諸項に閉じた関係性の理論ではなく、関係性に対して開かれた諸項の理論である。それゆえ、ともかくも、生成は関係性の第三のタイプをうみだすのではなく、先にのべたとおり、むしろ関係性についての第三の概念なのである。このことを介して、供儀と同時にトーテミズムを読まなければならない。関係論的な差異の一次性に対して、再領土化の二次性。普遍的な強度の多様体としての、生成

115――『神話論理』は、その道のりのなかで、神秘主義的な教義、学者の教団、神学的な洗練と関連するような物語が含まれていないことを、何度もわれわれに告げている（つまり、神話論理からは大陸高地の神話が除外されており、それは北西アマゾンや南西アマゾン、そして北アメリカの一部についてもまったく同様である）。まるでアメリカ先住民の神話――構造主義的な起源神話――は、その軌道が分岐することをいつも予期しているかのようである。マイナー神話における呪術師への生成が、変容の物語のなかでこの神話を変容させ――リゾーム的な多様体としての神話――、そして樹木状の脱線を、宇宙論や神学から専制的なロゴス――国家の神話――へと変容させるのである。ここでアマゾンのシャーマニズムにおける二重の軌道、つまり予言と司祭とのアナロジーが可能になるだろうか。というのも、例えばリクールの観点からすれば、レヴィ＝ストロースが分析したすべてのアメリカ先住民の神話がマイナー神話に属するというのは、本当だからである。

の他なる現実化。生成は、トーテミズムの分離と供儀のまぜあわせ（純化と媒介――ラトゥール）のなかで同時に現実化し、供儀の装置の余白とトーテミズムの分類の合間に、また「宗教」の周辺と「科学」の境界において、たえず反-実現される。

同様に、つぎのような結論をひきださなければならない。トーテミズムのアナロジー的な図式は、自然的な差異と社会的な差異のあいだの対称性に加えて、その存在理由として、非対称性を基礎としている。正確にいえば、トーテミックな種は内的な実践《エンドプラティック》――クマはクマと結婚し、大山猫は大山猫と結婚する――であり、それらの実践をつうじて、トーテミックな種は、外的な実践をする社会的な種を意味するようになる――クマのクランに属する人間は、大山猫のクランに属する人間と結婚する――ということである。外的な差異は、内的な差異となり、区別は関係性となり、諸項は諸機能になる。トーテミズムの背後には、基本定式が待ち構えている。『野生の思考』の第四章にみられるように、それは、トーテミズムの装置をカーストの装置に変容させるのである。われわれにとって重要だとおもわれるのは、まさにこのときレヴィ＝ストロースが、内婚機能の特殊性と外婚クランの機能的な等質性のあいだにある対称性の限界（L.-S., 1962b: 167）を示すことで、トーテミズムに「想像的」、「幻想」、「空虚な形式」、「偽りの横領」といった語をあてはめているということである。同じ本のもう少し後では、トーテミズムは、偽の純粋な力である供儀とは対照的に、根本的な真実だとされるのだが、ここでカーストをとりあげることでわかるのは、幻想と真実はそれほど単純には分類できないということである。

「カーストは、本当の文化を誤って自然化する。トーテミズムの集団は、誤った自然を本当の文化とする」(*op.cit.*, 169)。つまり、自然と文化が永続的な不均衡の状態にあるというのは、こういうことである。かくして、両者のあいだには同等なものは存在しえない。あるセリーにおいて「真実」であるものが、他のセリーにおける「幻想」に対応するのである。このモチーフ――「意味の相補性の原理」といえるだろう――は、「マルセル・モースの業績への序論」から『大山猫の物語』に至るまで、レヴィ=ストロースのあらゆる思考にみられる。

ようするに、控えめにいっても、人類学の主要な観念――関係性の観念――の未来は、人類学が差異と多様体、生成と離接的総合の概念に対してどれだけ関心を向けるかにかかっているとおもわれる。関係性についてのポスト構造主義の理論は、構造主義と関係論的な存在論との、「基礎づけのない」歩み寄りを尊重する理論なのである。この理論において、ジル・ドゥルーズの哲学がつくり上げたセリー――つまり、ライプニッツやスピノザ、ヒューム、ニーチェ、バトラー、ホワイトヘッド、ベルクソン、そしてタルドといった人物たち、そしてパースペクティヴ、力、情動、習慣、出来事、過程、把握、横断性、生成、差異といった理念で満たされた風景――を無視することはできない。これがマイナー構造主義の系譜なのであるが、そこから本質的な分節化や媒介物がひきだされてきた。それは、レヴィ=ストロースが自分自身のカント主義者から斥けたあの記念すべき超越的主体よりも、はるかに戦略的な役回りである。小さきものと共にある構造主義。慎重にいわなければならないのだが、それは、カントに拘泥するような構造主義ではない。

慎重かつはっきりとした方向性をもたなければならない。というのも、二元論（いわゆる「二元論」）であろうがあるまいが、再度後ろ向きに歩みを進めて、「デカルト主義的人類学」の両腕にもたれるためにカント主義の人類学を放棄するといったことが問題なのではない。超越論的主体なきカント主義を、（柔軟性があろうがなかろうが、認知的生得説に依拠する）経験的主体をもった「カント主義」におき換えることが問題なのでもない。同様に重要なのは、ドゥルーズの投影的接線をうけいれながら、他の前構造主義に抵抗することである。ときに人類学の未来のようにして登場するこの前構造主義は、同一性と実体、本質と超越性、エージェンシーと意識を再びうみだすことを称揚するような、関係性への奇妙な反動である。身体と記号の「物質性」もまた、具現化という謎を再具現化したり、エージェンシーの奇跡を称えたりするような、まったく役に立ちそうにもない作業のために、あちこちで動員されつつある。こうしたやり方は、親族にかんするフランスの人類学がおこなってきたことと同じで、「実体」へと一直線に向かっているわけではないものの、この二〇年ものあいだ、構造主義的な――他のいい方をすれば、関係論的な――交換論の基礎を掘り崩すことに意気込んできた。身体の流れに触れるような生得的な理念を確立しようという歴史。それは、実体についての実体にほかならないのである。

11章

システムの強度的条件

この本のなかで何回も引用してきたレヴィ=ストロースの文章に再度立ち返ってみよう。このアメリカ研究の重鎮は、ブラジルの民族誌家たち◀116が類縁関係の観念に関しておこなった「批判的分析」を、明確に先住民の哲学的問題と結びつけている。それはすべて、最終的にレヴィ=ストロース自身がもたらしたものなのだが、私がおもうに、彼はこうした一連の問題系を完全に理解していた。南アメリカの先住民の類縁関係は、実際、社会学的なカテゴリーではなく、哲学的な理念なのである。レヴィ=ストロースは、その最初の仕事のなかで、予言的な仕方でそれを示していた。それは、『親族の基本構造』において、こうした宇宙論的な理性という理

念を、社会学的な理解のカテゴリー、親族の原‐図式――そこには、理念の脱領土化する力といったものがプロセスのなかに保持されている――に帰着させる数年前のことである。『アメリカン・アンソロポロジスト』誌の論文において、彼はかつてのトゥピナンバを、その数年前には知っていたナンビクワラと比較し、つぎのようにいうのである。

親族の特定のつながり、義理の兄弟のあいだの関係性は、南アメリカの多くの部族にとって重要な意味をもつ。それは、親族(関係性)の単純な表現をはるかに超越する。(1943: 398)

ここにすべてが書かれている。はっきりさせておかなければならないのは、こうした言葉の選択によって示されているのは、アメリカ先住民のコスモポリティックな類縁関係のもつ意味が、超越性ではなく、真の超越論的自然だということである。それが親族の条件なのであり、その内的な外在性の次元なのである。

116――他の国の同僚たち、とりわけピーター・リヴィエール、ジョアナ・オヴァリング、ブルース・アルベール、アンヌ＝クリスティーヌ・テイラー、そしてピーター・ガウから、決定的という以上の助けをえている。

西アフリカ（研究）の風景から目を移して、アメリカ先住民の風景のなかで考えてみると、『千のプラトー』で提起された二つの縁組の差異は、民族誌的な観点から、典型的な特徴をもっていることがわかる。この差異は、アメリカ先住民に関して民族誌学者がおこなった対比と正確に合致している。すなわち、一方では、人びとが間違いなく「曖昧、離接的、夜行性、悪魔的」というであろう強度的もしくは「潜勢的」、宇宙論的、神話-儀礼的な類縁関係と、他方で、血縁関係に従属した外延的で現実的な類縁関係との区別にぴったり一致する。この主題については、私はすでに、アマゾンの親族にかんする多くの仕事においてあつかってきたのだが、ここではそれに触れるにとどめておく。▼[117]

アマゾンの社会では、一般的な規則として、婚姻による姻戚関係は、その形容詞のあらゆる意味において、とりわけ繊細な関係であると理解されている。すなわち、同時に危険で、壊れやすく、煩わしく、面倒で、大切でもある。また、道徳的な両義性をもち、感情的には緊迫しており、政治的な戦略であり、経済的な基礎になるものなのである。結果的に、姻戚関係のつながりは、脱備給の集合的な努力の対象となり、血縁関係（類縁性と出自）によって覆い隠されている。術語としての姻戚関係（『親族の基本構造』を規定するようなア・プリオリな姻戚関係）は、姻戚関係そのものというよりはむしろ、血族の類型（この場合、交叉する甥と叔父）として理解されている。実際の姻戚関係は、指示と参照をつうじて血縁化される（「私の義理の父」が「私の母方の叔父」となる等）。姻戚関係の特定の用語は、同じ血族関係の婉曲語法もしくは血族関係の推移（「義理の兄弟」よりも「私の息子の母方の叔父」と呼ぶ等）を表現するテクノニミー［「…の父」「…の母」のように、子の名を軸として親を呼ぶ呼称法］を優先するために敬遠される。配偶者は、性交や食事を共にする日々の親交をつうじてウナ・カロ（una caro）、つまり唯一の肉体となる。ピーター・リヴィエールは　村のなかでの内婚制や血族間の相続といった環境が広く行き渡ったグヤネのまったく典型的な事例について、つぎのように指摘している（1984: 70）。「理念的な集落には類縁関係は存在しない」。

　しかし、理念的な村落に類縁関係が存在しないのならば、どこか別のところにそれが存在しなければならない。まずは実在する村落の内部においてなのであるが、とりわけ理念的な集落の外部、つまり、現実の集落の理念的な外部では、理念的な類縁関係として――他のいい方をすれば、強度的、潜在的な類縁関係として――存在しなければならない。というのも、実在的であろうが理念的であろうが、村落を離れるとすぐに偽装は反転し、類縁関係は――総称的であればあるほど強力に、現実的でなければないほど明白に――指標をもたない社会関係の形式となるからである。完全な義理の兄弟は、私が結婚しなかった姉妹ときょうだい関係にあるもののことであり、あるいは私の姉妹と結婚しなかったもののことである。[118] 類縁者は敵であり、それゆえ、敵とは類縁者のことである。類縁者が敵でない場合、つまり、両親や同居人である場合――「理念的」な場合――、それは類縁者としてあつかってはならないのである。敵が類

117――たとえば(Viveiros de Castro, 1992/1986, 2001b, 2002b, 2008a)。私が「潜勢的な類縁関係」としばしば呼んできたものは、「潜在的な類縁関係」という新たな名をえた。(Taylor, 2000: 321, n.6)がそのきっかけとなったのだが、そのことで、潜在性というドゥルーズの理論との結びつきがよりはっきりした。この主題については(Viveiros de Castero, 2002b: 412-13; Taylor, 2009)を参照のこと。潜勢的な類縁関係という観念についての直接的な文献は以下のものである。(Overing, 1983 and 1984; Albert 1985; Taylor, 1993)や、さらにトゥピにかんする私自身の仕事も参照のこと(Viveiros de Castro, 1992/1986)。

118――たとえば、トゥピナンバの捕虜のことだ。[村の]中央にある広場で、死すべくさだめられた敵/いとこ(前掲参照)には、捕えられているあいだずっと、その集団の女性があてがわれる。この類縁関係のシミュラークルは非常に実在的なものであり、この女性は、理念的には、将来的に彼を殺すことになる男の妹なのである。

縁者でないのは、彼らが敵だからである。つまり、彼らは類縁者として、あつかわれなければならないのである。

アマゾンのきわめてローカルな関係性は、かくして、類縁関係による強い共時的意味をもつ傾向にある。縁組は、ローカルには外婚制であり稀にしかみられないが、政治的にはむしろ戦略である。すなわち、友情や商業上のパートナーといった、いくつもの儀礼化されたつながりとなるのであり、物理的あるいは精神的な戦争状態、もしくは隠れたあるいは明らかな戦争状態がローカルな集団のあいだで永続するその裏側でなされるような、共同体の間の曖昧な儀礼となるのである。そして根本的には、こうした強度的な類縁関係は、種の境界にまたがっている。たとえば、動物、植物、精霊、そしてその他の人間性の疑わしい群生は、すべて人間との総合的－離接的な関係を含意する。[119] 他者とは、最初から最後まで類縁者のことなのであり、強奪と贈与――もしくは、強奪や贈与の特殊なケースとして理解されるべき「交換」――の宇宙論的なゲームを義務づけられたパートナーなのである。そこでは、パートナーのあいだの潜勢力の差異はゼロに向かう。「だが、決して完全に無効にはならない」。グヤネの理念的な村落においても同様であり、姉妹はつねに結婚できないままなので、ある一定の割合で、母系集団のパートナーのあいだでの他者性が必要とされる。姉妹に娘がいるという男の集団は、こうしたインセストの理念にもっとも近い存在である（母系の姪の集団は、アマゾンの多くの部族において優先的な結婚の対象になる）。つまり、この分析を、理念的な村落においても同じように徹底的におし進めると、こうした類縁関係は「実在しない」ということになる。いずれにせよ、周知のとおり、インセストというのは不可能である。▼120 あらゆる現実的な内婚制は、潜在的な外婚制の下限なのである。レヴィ＝ストロースが指摘したように、類似性は、差異の特殊なケースなのであり、社会性は捕食の下限なのである。

純粋で潜在的な類縁関係、あるいはメタ類縁関係は、アマゾンにおける他者性の総称となる図式なのだが、それは明らかに『千のプラトー』における「第二種の縁組」に属している。それが出自に敵対するのは、婚姻が一つの選択肢とならない場合にそれが現れるからであり、婚姻

119——他者のアプリオリな類縁化は、大部分のアマゾンの体制において、実質的な婚姻による姻戚関係がローカルな集団の内側で実現するという事実にかかわりなく起こるということを強調しておこう。「ローカル」な次元——村、内婚のつながり、もしくは複数の共同体の全体——を規定するのはまさにこの集中なのだが、実際には、姻戚関係がローカルな集団において集中するということはない。同様に、村や縁組集団の外婚を勧めたり規定したりするアマゾンの体制について考えるさいにも、状況がおおきく変わることはない。潜勢的な類縁関係やその宇宙論的な調和は、白人、敵、動物、精霊といったつながりのない集団との包括的な関係性に対して範を示しつづけているのである。

120——インセストの禁止という観念のトーテゴリックな特徴については（Wagner, 1972）を参照のこと——姉妹は、姉妹だからという理由で禁止されているのではなく、姉妹であると同時に禁忌の対象でもあるから禁止されるのである。同様に（D.G., 1972: 190）の「人格と名前を同時に享受する」ことの不可能性にかんするよく似た主張を参照のこと。

が現実のものとなるような場所では姿を消して、出産に関わるような生産性をもたないからである。むしろそれは、内的な産出力をすべて、外部との悪魔的縁組に依存しているのである。生産のモード（等質的な出自）ではなく、捕食のモード（異質発生的な取りこみ）である。それは、共生関係のあいだの捕獲、存在論的な「再捕食」による「再生産」である。**自己**を外在化する条件としての、食人による他者の内在化であり、敵——敵として振る舞うもの——によって「自己規定される」ようにみえる、ある種の**自己**である（上記p.113を参照）。これが、アマゾンの宇宙論的実践に固有な、他者への生成である。潜在的な類縁関係は、親族よりも戦争と強く結びついている。文字通りそれは、親族に先行しその外部において、戦争機械の一部をなしている。出自に抗する縁組である。それは、この縁組が、先行する強度的な出自を抑圧する表象だからではなく、出自が超越性（神話的起源、祖先、同一の出自集団）の原因として機能するのを防ぐからである。『千のプラトー』の著者たちは、あらゆる出自は想像的なものだとのべている。われわれはこうつけ加えてもいいだろう。あらゆる出自は**国家**を企図している。それは**国家**の出自なのである。アマゾンの強度的縁組は、**国家**に抗する縁組である（ピエール・クラストルへのオマージュ…）。

　強度的あるいは第一義的な類縁関係というのは、アマゾン社会、そしておそらくはアメリカ大陸全体を弁別する特徴である。われわれはここで、アメリカ大陸における神話の「基底」（L.-S. 1991: 295）に触れている。『神話論理』において分析された、アメリカ大陸全域にわたる神話の複合体について考えてみよう。アメリカ先住民の神話群を、われわれの文化における固有の神話と比較してみると、そこには、前者において母系的な縁組関係が優位であり、後者において親であることが優位になるという差異があることがわかる。アメリカ先住民の神話の中心的な登場人物は、［変容の］公式上は、類縁者として関連づけられている。これらの神話に登場する有名な人物を一つの例としてあげると、それは食人的な義理の父、あらゆる文化的財の非－人間的な**所有者**である。彼は、義理の息子を殺そうとして一連の試練を与えるのだが、その息子はそのすべてを乗り越える（たいていの場合それは、彼に同情する他の非－人間たちのおかげである）。そして、修練の貴重な成果を持って仲間の人間たちのもとへ戻ってくる。この原神話の内容 (L.-S., 1971: 503 et s.) は、プロメテウス神話のシナリオとたいして違わない。天と地があり、そのあいだを右往左往する英雄がいる。そして、文明の火、女性の「贈与」、人間の死の起源がある。しかし、アメリカ先住民の神話における対抗的な英雄は、義理の父や義理の兄弟であり、ギリシア的、近東的、西アフリカ的、あるいはフロイト的とでもいえるような、**旧世界**の神話につきまとう父や子の役割を果たさない。率直にいえば、**旧世界**では、人間は神から「火」を盗まねばならなかったのに対して、**アメリカ先住民**は、義理の父からそれを盗まなければならず、義理の兄弟からそれを贈り物としてうけとらなければならず、彼らはいずれも動物なのである。

われわれが「神話論理」と呼んでいるのは、**原所与**についての一つの言説――一般的な規範としての、他者についての言説——なのである（Wagner, 1978）。それは、神話のなかで一回かぎり与えられ、それ以降は所与となる。つまりは、人間がそこから、またそれに抗して、自らを定義し構築するような原初的な条件である。この言説は、存在論的な負債の期限や限界（人間はそこに存在する）を定立する。もしそうであるなら、アメリカ先住民の負債は、出自や親からもたらされるのではなく——「基礎となる系譜学的所与」——、婚姻や縁組からもたらされる。われわれがみたように、**他者**とは、まず何よりもひとりの類縁者である。われわれが言及しているのは、先住民の神話は類縁関係をつねにそこにあるものとしてあつかうといった些細な事実についてではなく——神話は血縁関係と同様であるとか、神話が想像する世界では、前‐人間は婚姻の禁止を無視するなど——、類縁関係が神話の「枠組」（『神話論理』における意味で）を構成するという事実であることに留意してほしい。そうした枠組ないし条件設定には、多様な存在者が含まれている。正確にいえば、それは、動物の類縁者に満ちているのである。類縁者は、動物、もしくは一般的にいえば、非‐人間でなければならない。つまり、植物、星、気象、人工物…（未来の非‐人間である——本当は、神話においては、現在の人間たちを含め、あらゆるものが部分的には人間である。しかし、道のりは二つの場合で［非‐人間へと向かう場合と人間へと向かう場合で］同じではない）ということである。というのも、まさにこの非‐人間との縁組こそが、アマゾンにおける「システムの強度的条件」を規定するからである。

たしかに、アメリカ先住民の神話には、父と息子の諍《いさか》いといった、おもいつくかぎりすべてのオイディプス的なインセストが含まれている。『やきもち焼きの土器つくり』は、よく知られた意図があって、「ヒバロのトーテムとタブー」にこだわる（L.-S., 1985: chap. XVI）。しかし、レヴィ＝ストロースにとって、アメリカ大陸の神話、とりわけ文化の起源をあつかう神話は、類縁関係と交換をめぐるものであり、親子関係や出産をめぐるものでないことは明らかである。それは、アメリカ先住民に特徴的なインセストについてもまったく同じことで、レヴィ＝ストロースは『親族の基本構造』の基礎に同じものを位置づけている。つまり、「出自のインセスト」や親と子のあいだのフロイト的なインセストというよりはむしろ、兄弟と姉妹、あるいは「縁組のインセスト」が問題なのである。**新世界**に広くみられる神話（L.-S., 1967: 32, 73-79; 1971: 192）では、兄弟と姉妹のあいだのインセストの結果として、**太陽**と**月**の起源が説明されるということをおもいおこしておこう。著者が「アメリカのウルガタ聖書」（L.-S., 1979: 197, 217）と呼び、M1の基礎となっているのはこの物語である。このボロロの基準神話においては、母と息子のあいだの原オイディプス的なインセストや父がひきおこす死闘が、レヴィ＝ストロースによって書きなおされ――構造人類学のユーモアである――、「いとこ」同士のインセストや「類縁者」のあいだでの諍いとなっている。ボロロの社会は、外婚制の母系クランによって組織されており、そこではすべての個人は母方のクランに属している。それに対して、父はひとりの類縁者であり、婚姻によって結びつけられたクランの構成員なのである。父の視点からすれば、息子は、妻の兄弟となる。インセストの問題性を移動させるこうしたレヴィ＝ストロースのやり方は、『アンチ・オイディプス』におけるドゴン神話へのコメントのなかで有効に活用されている。すなわち「姉妹とのインセストは、母とのインセストによっておき換えることはできないのだが、逆に、生殖による血族関係を示すものとしてインセストの強度的なモデルとなる」(D.G., 1972: 187)。

しかし厳密には、この内在平面には縁組と出自との対立的な区別——必然的に外延的な区別——は存在しない。あるいは、もし二つの縁組があるのなら、同様に二つの出自がある。もしすべての生産が出自的であったとしても、すべての出自が必然的に（再）生産的であるということはない。もし再生産的で行政的な（表象的で**国家**的な）出自が存在するとしても、同様に伝染性の怪物的な出自があり、それらは自然に反する縁組や生成、インセスト的もしくは種を超えた結びつきから帰結する。◀121

内婚と外出自。それが、反–親族関係の基本構造である。グヤネの理念的な村落において外婚の姻戚者が存在しないのだとすれば、他のアメリカ先住民の理念的な村落において存在しないのは、内-出自による血縁関係である。なぜなら、この集団の子どもの多くは、『悲しき熱帯』でえがかれたカドゥベオの理念的なケースのように、もともと敵であったからである。

> こうした社会は、われわれが自然と考える感覚とまったく逆の姿をみせる。つまりそれは、出産に対して強い嫌悪感を抱いている。堕胎と嬰児殺しは、たいていは普通の実践であり、それゆえ集団の保存は、生殖よりも養子縁組によってなされる。戦争すべく遠征をする主要な目的は、子どもを手にいれることなのである。(L.-S., 1955: 205-208)

その他の、構造主義の教義を転倒させるような逸脱的な例は、トゥピナンバである。彼らは、姉妹の娘との結婚を好み、同時に、なんとしても外部に義理の兄弟を作ろうとする。彼らは、儀礼的に殺されたり食べられたりしてしまう前に、敵に対して一時的な配偶者として自分自身の姉妹を差しだす。ほとんどインセストまがいの行きすぎた内婚は、食人的な行きすぎた外婚でもある。神話の誇張された図式のなかでは、それは姉妹との交わり、小さな動物を家族としてうけいれること…となる。しかし同時に、先の図式の二重のねじれのなかでは、それは、ある星との結婚、胃に特定の姉妹をとりこむこと…となる。◀122

ようするに、インセストがどこから来たのかを決めるということに比べれば、一つか二つの縁組があり一つか二つの出自があるのか、神話は原初的な出自を表しているのか、といったことは、さほど知る必要のない問いである。結局、問いは、外部が内部から生じるのかどうか――縁組は出自の下位にありそれに依存するのかどうか――、あるいは逆に、内部は外部の反復なのかどうか――出自や血縁関係は縁組や類縁関係の特殊な場合なのかどうか――を知ることにある。そのとき、強度的な離接としての差異は、もちろん、ゼロに向かう[123]…

この、類縁関係と血縁関係[124]のあいだの「区別のない、識別不可能な、曖昧な領域」――それらが未分化なのではなく、結局そこに無限の反響、内的な展開、フラクタルな内含がひきおこされるということ――こそが、アメリカ先住民の神話論理において双子の人物が重要だということによって強調されていることなのである。それは、「神話の構造」において手短に言及され、『神話論理』の展開をつうじて（とくに**太陽**と**月**の神話を介して）具体化し、『大山猫の物

121――ドゥルーズとガタリがドゴンの神話のなかにみいだした強度的出自の状況と非常によく似た、前宇宙論的な背景を映しだすアマゾンの神話学が存在する。北西アマゾンに住むトゥカノやアラウェテの人びとがここでとくに言及されるべきなのだろうが、実際はG・アンドゥレロ(2006)が記すように、彼らは、アマゾンの前宇宙論の基礎――内在平面――を構成する強度的類縁関係と同じ図式に立ち戻るのである。

122――コヨーテが腹のなかに姉妹を住まわせており、彼女たちから助言をもとめるためにコヨーテが規則正しく排泄しているという姉妹［の逸話］については(L.-S., 1971: 233-35, 276-78)を参照のこと。

123――知っての通り「強度的質量は［…］ゼロに向かう関係をもち、またそれと不可分である」(D., 1983)。

124――さらにこの後者の内部には、出自と類縁性のあいだの関係がある。M1の母－妹を参照のこと。

語』では「あらゆるシステムの鍵」に変容している (L.-S., 1991: 295)。というのも、アメリカ先住民の双子性は――一時的で、未完成で、準‐媒介的で、分散しており、不均衡で、敵対的なインセストによって特徴づけられる――、類似性の原型や血縁の同一性を表象するのではなく、潜勢的な類縁関係を内的に反復するものなのである。不均衡な双子は、「避けがたい非対称性」(*ibid.*, 1967: 406) の神話的人格化であり、それが世界の条件をかたちづくっている。類縁者の換喩としての血縁関係であり、差異の隠喩としての双子性である。この皮肉を味わうには、今少しライプニッツ主義に身をおかなければならないだろう。

差異としての双子性というのは、自らの人格を分割し、そこから強度的なカテゴリーが現れることではじまる。『大山猫の物語』の「宿命的な判断」の章で非常に明確に説明されているように(「私が育てる娘／息子であれ、私が殺す息子」、母親のおなかのなかにいる一人の子どもが、「彼自身の双子」なのである (L.-S., 1991: 87 et s.)。というのも、彼は対立する性の二重の潜在性をそなえているのだが、それは単一の性をもった新しい個人が産まれるときに最終的に失われる(「シュレーディンガーの猫」のパラドックスは、おそらくこの神話的な主題の一つの変容として考えることができる。これは、『大山猫の物語』の一〇頁で言及されているのだが、レヴィ＝ストロースにとっては、おそらく量子の猫そのものの形式の方が可視的になるということである)。この本が、アメリカの神話における一般的な男性の双子のペアだけを考えていることに注意しておきたい(ディオスクロイ［ゼウスとレダのあいだに生まれた双生神］との対比を考えておくのがよいだろう)。しかし、『裸の人間』においては、著者は、同性の双子は、対立的な性の双子(インセスト)がつくりだす枠組の「派生的」で「補足的」な変容的な状態であるという主張を展開する(L.-S., 1971: 1971: 190-192)。つまり、アメリカ先住民の同性の双子の違いは、とりわけ対立的な性の双子のペアという「起源」に由来する。ここで提起されているのは、かつてフランソワーズ・エリティエ(1981: 39)が主張したように、あらゆる差異が性的な差異に由来するということではなくて、まったく逆、つまりあらゆる性は差異的だということである——あらゆるシステムが記号的だということでもある(Maniglier, 2000; Viveiros de Castro, 1990)。なぜなら、再度レヴィ＝ストロース(cf. L.-S., 1971: 539)をとり上げておくと、親族の本質的な経験というのは、性の対立という経験ではなく、対立として理解された他の性の経験なのである。この構造主義の根源的な直観に対してストラザーンがなした解釈については、98頁でとりあげたとおりである。

アマゾンの先住民の底流にある宇宙論的なカテゴリーとしての潜勢的な類縁者という観念は、参考にした理論や民族誌の枠組という観点からは、社会体の「交換論」のイメージとの断絶をうみだすのだということを再確認して、ここでの簡潔な議論の結論としておきたい。つまり、捕食や捕捉という観念——強奪と贈与、カニバリズムと敵になること——が、それをつねに結びつけてきたということが重要なのである。それらは、縁組の力の動きを、先住民の形而上学にみられる根源的な状態としてとらえようとする。それは、構造機能主義であれ、構造主義であれ、マルクス主義であれ、親族の古典的な理論（「家の領域」、「公の領域」）にみられる家－公の類縁者に還元できないような、宇宙論的な力なのである。強奪、贈与、感染、消費そして生成。問題は、この交換である。潜勢的な縁組は、他者への生成であり、それがアマゾンの親族関係をとりまき、そして位置づけるものなのである。こうした親族関係をとおして、彼らについての民族学――『親族の基本構造』に忠実である以前に（忠実でありうるために）『神話論理』に忠実である――は、哲学者パトリス・マニグリエの考察を先どりしているのである。

親族関係は、本質的に社会的な現象ではない。人間存在の互いの関係の調整や規定は、親族をつうじて排他的になされるのでもなければ、親族を介して原初的に生じるのでもない。そうではなく、宇宙の政治経済学とでも呼びうるもの、われわれがその一部をなしている世界の事象の循環に留意することが重要なのである。

(Maniglier, 2005b: 768)

Ⅳ部 食人的《カニバル》なコギト

哲学は、非-哲学が哲学の大地や民衆（民族）になるために、非-哲学にならなければならない…… 民衆は「民衆になること」であるがゆえに、民衆は思考する者のなかにいる。 同様に思考する者も民衆のなかにいる。

『哲学とは何か』

12章 概念のなかの敵

『アンチ・ナルシス』、それが、私がえがきたいとおもっていた書物である。ここではいくつかの章で、そのプランを提示しただけである。だがそれは、思考の経験であり、人類学的フィクションの習練なのである。「思考の経験」という表現は、普通の意味での、思考による経験への（想像的な）侵入なのではなく、（実在的な）経験による思考への侵入である。ある経験を想像することが重要なのではない。ある想像を経験すること、もしくは「思考そのものを経験すること」[125]が重要なのである。ここでのケースでは、経験とは、アマゾンの先住民にかんする民族誌家の同世代の経験のことであり、試みられた実験というのは、そうした経験によって調

整されたフィクションのことである。だからフィクションは人類学的であるのだろうが、そうした人類学はフィクションではない。

　フィクションとは、先住民の理念を概念としてあつかい、そうした決定からその帰結をえるものである。すなわち、これからの概念が前提とする前概念的な土壌もしくは内在平面を、概念を存在すべく呼びだすような概念的人物を、概念が設定する実在的な物質を規定することなのである。これらの理念を概念としてあつかうことは、概念が他のものとして、現実的対象の他のタイプとして、対象的に規定されることを意味するのではない。というのも、それらを個人的な認知や、集合表象や、命題的態度や、宇宙論的信念や、無意識のシェーマや、テクストの複合や、具体化された性向や、そういったさまざまなものとしてあつかうことは、そこから理論的なフィクションを導くことになってしまうからである。

　だから『アンチ・ナルシス』とは、先住民の「原始心性」の研究でも、「認知過程」の分析でもない。その対象は、先住民の思考の仕方というよりも、そうした思考の対象なのであり、その概念が投影する可能世界なのである。そこでは、ある種の世界観についての民族-社会学的な試みが問題になっているのでさえない。というのも、まずもって、みえるように準備された世

125——思考実験という観念についてのこうした読解は、T・マルシェーズによって、中国にかんするフランソワ・ジュリアンの著作に適用されている(Jullien et Marchaisse, 2000:71)。

界、視覚に先立つ世界などないのであって、思考の地平が設定する「みえるもの」と「みえないもの」とのあいだの分割に先立つ世界などないからである。さらには、理念を概念ととらえることは、それらの説明を、コンテクストの（生態学的、経済学的、政治学的等の）超越的観念の言葉に頼ることであり、問題の内在的観念を特権化することである。最後にそれは、アメリカ先住民の思考の解釈を提示しようとするものではなく、その思考を実験する試みなのであり、それゆえ、われわれの思考を実験する試みなのである。「あらゆる他の文化の理解は、自分自身の文化の実験である」（ワグナー）。

もう少し説明しよう。私は、**アメリカ先住民**の精神は、（必然的に）他のいかなる人間たちの精神とも異なった「認知プロセス」の舞台であると考えてはいない。先住民を、多様なものを異なった仕方であつかう特別な神経生理をそなえたものとして想像することが重要なのではない。私についていえば、私は、彼らが正確に「われわれのように」思考していると考えている。しかし私はまた、彼らが思考していること、つまり、彼らに与えられている概念は、われわれのそれとは非常に異なっていると考えている。それゆえ、そうした概念によってえがかれる世界とは、われわれの世界とは非常に異なっていると考えているのである。◀126 先住民についていえば、彼らは、すべての人間や人間を越えた存在、人間でない多くの主体が、まったく「彼らと同じように」思考しているとおもっているのだと、私は考えている。しかし、それは普遍的な参照の収斂点を表明するものではなく、まさにパースペクティヴの分散化という意味での理性なのではないか。

かくして、われわれが規定しようと試みている野生の思考のイマージュは、実在についての先住民の知や、多かれ少なかれ異なったその表象、つまりは、今日、表象のグローバル市場が不当にのぞんでいる「伝統的な知」を目的とするものではないし、また、その心的カテゴリーを目標とするものでもない。その表象性については、種の能力という観点から、精神の科学はとどまることなく御託《ごたく》を並べることができる。個人的であれ集合的であれ、理性的であれいささか理性を欠くものであれ、それ自身に先立った外在的事物の状態を部分的に表現するものは表象ではない。普遍的であれ個別的であれ、生得的であれ獲得的であれ、世界の事物——精神であれ社会性であれ——の特性を表示するものは、カテゴリーでも認知プロセスでもない。ここでその存在が主張されている対象とは、先住民の概念の対象なのであり、それらが構成する世界なのであり(世界はかくして精神を表現する)、それが出現してきた潜在的な基底なのである。

先住民の理念を概念として把握することは、それらを哲学的な意味がそなわったものとして、もしくは潜勢的に哲学的な使用が可能なものとして考察することを意味している。先住民は、

126——異なった「思考における方向定位の仕方」の実在を主張することと、「他のロジック」の操作を可能にすることとの差異については、フランソワ・ジュリアンを参照のこと(Jullien et Marchaisse, 2000: 205-207)。

この物語のなかで哲学者ではない唯一の者というわけではない以上、それは無責任な決定であるといわれるかもしれない。しかし、あえて強調するが、筆者もまた哲学者ではない。概念という観念をどのようにして、たとえば一見すると思考それ自身にかかわる必然性などないと考えられる思考に、もしくは、概念的理性の厳密な建築学というよりも、象徴の、形象の、集合的表象の、流暢でまだら模様の図式に属すると考えられる思考に適用することができるのだろうか。そこでは、よく知られた歴史的で心理学的な深淵が存在するのではないか。すなわち、ブリコラージュをなすものとその記号や、エンジニアとその概念とのあいだ (L-S., 1962b)、創設的な人間の神話詩学と西洋的合理性の特定の世界とのあいだ (Vernant, 1966:229)、形象の範型論的《パラディグマティック》な超越性と概念の統辞論的《サンタグマティック》な内在とのあいだ (D.G., 1991)、これらにおける「決定的な亀裂」があるのではないだろうか。

　しかしながら私は、多かれ少なかれ直接的にはヘーゲルに端を発するであろうこうした対比に、疑いをもっている。そして他方で私には、概念について語るための(非哲学的で)内的な理由がいくつかある。第一の理由は、先住民の理念を、人類学者の理念と同じ平面の上に位置づけてとらえるという決定に求められる。

　われわれは本書の冒頭で、人類学的な理念は、それが対象とする集合体の知性的な実践論と厳密に連続したものとして位置づけられるとのべた。だから、提示された実践論は、人類学者の言説と先住民の言説とのあいだの権利上の等価性を主張する。すべてはあたかもそれらの言説の「相互的な前提」という状況としてはじまったのである。それがそれ自身として存在するのは、知識との関係においてでしかない。人類学的な概念は、この関係を現実化するのであり、それゆえ両者は、当の表現においても内容においても完全に連関している。それらは先住民の文化の真性な反射(実証主義者な夢)ではないし、人類学者の文化の幻影的な投影(構築主義者の悪夢)でもない。これらの概念が「反射」するものは、二つの文化のあいだの理解可能な関係であり、それらが投影するものは、それら自身の前提としての二つの文化なのである。かくしてそれらは、二つの根拠を喪失している。それらはつねに逆側を指し示すベクトルなのであり、トランステクスト的なインターフェイスなのであるが、その機能とは、原典通りの意味で、**同**のなかの**他**であり、そことしてのここを表象することにある。

人類学的な概念の関係的な機能と起源は、普通にはエキゾティックな言葉で際立たせられている。すなわち、マナ、トーテム、クラ、ポトラッチ、タブー、グムサ/グムラオなどである。もうすこし重要性の低い他の概念は、この学問の起源の伝統と、それらの対象である伝統とのあいだのアナロジーがひきだした語源学的な記号性をそなえている。それらは、贈与、供儀、親族、人格などである。他方、最後に、探求の対象となった民族たちの概念的な装置を一般化しようとしてつくられた新造語がある。アニミズム、分割的な対立、限定交換、分裂生成……また、逆に、あるいはより問題的な方法で、われわれの伝統から分散し、特殊な理論的構造の内部に逸脱していく言葉がある。インセストの禁止、ジェンダー、シンボル、文化、といった

ものである。そして最後にそれらが普遍化されるのである。◀127

結局、人類学のオリジナリティとは、「主体」と「対象」の世界から出来《しゅったい》する概念と実践とのあいだの関係的な共振にこそ宿っているのではないか。これを認めることはとりわけ、「強固な」科学に対する、われわれの劣等コンプレックスを粉砕させてくれる。ラトゥールはつぎのように主張している。

> クラの記述はブラックホールの記述と等価である。縁組の複合システムは想像的であるが、それは利己的な遺伝子が提示する退行的なシナリオと同じく想像的である。オーストラリアの先住民の神学を理解することは、海中の巨大な亀裂を地図化することと同様に重要である。トロブリアンド島の財の所有のシステムは、極地の氷冠の探索と同じく、科学的探求にとって興味深い。もし、科学を規定するために重要なことは何かということが問題なのだとしたら、――すなわち、われわれの世界に住み着いているエージェンシーにかかわるかぎりでの発明の能力が問題なのだとしたら――、そのとき人類学は、学問的ヒエラルキーの頂点近くに位置するだろう。(1996a: 5)

この文章では、アナロジーは、先住民の概念と自然科学の対象とのあいだに設定されている。それは可能なパースペクティヴであり、必要なものでさえある。世界の対象に関わるかのように、より的確にいえば、世界の事象のために、ひとは理念や先住民の実践についての科学的記述を産出しなければならない（ラトゥールによれば、科学的な客体は、無関係な実体を除けば、記述されることを辛抱強くまっているものである）。他のありうる戦略は、ホートンがなしたように、先住民の概念を科学的な理論と、彼の「類似性のテーゼ」にしたがって比較するというものである（1993: 348-354）。さらに他の戦略こそが、われわれがここで提示しているものである。私は、人類学はつねに「科学」にとらわれすぎてきたと考えている。それは、科学それ自身との関係において――つまり人類学が科学であるかないか、科学でありうるかないか、科学であるべきかないか――だけではなく、とりわけ、そしてこれこそが本当の問題なのだが、人類学が探求している人びとの概念との関係においていえることだ。つまり、先住民の概念を、誤り、夢、幻影として低い価値のものとして示すためであれ、ついで、どのように、そしてなぜ、「他者」が科学的に説明する（される）ために現れなかったのかを科学的に説明するためであれ、あるいはそれらを多かれ少なかれ科学に、つまり人類にとって同じ実質をもつ知への意志の成果に類似したものとして活性化させるのであれ、いずれにせよ科学にとらわれすぎている。だからわれわれは、ホートンの類似性を、あるいはレヴィ＝ストロースの具体の科学を、手にするかもしれない（Latour, 1991:133-134）。科学のイマージュ。しかしながら、この種の思考の金の延べ

127――哲学的あるいは科学的観念の記号性や概念の命名については（D.G., 1991: 13, 28-29）を参照のこと。

棒は、西洋的な伝統とは異なる人びととの知的活動と連関をもつことをできるようにする唯一の地盤というわけではない。

ラトゥールのアナロジーとは他のアナロジーを、ホートンの類似性とは他の類似性を想像してみよう。つまり、先住民の概念を、ブラックホールやプレートテクトニクスに類似した実体として考察するのではなく、コギトやモナドと同じ領域にあるものとしてとらえるアナロジーを想像してみよう。そこでわれわれは、先の引用をパラフレーズしながら、「分割」としての人格というメラネシア的概念 (Strathern, 1988) は、ロックの所有的個人主義と同様に想像的であるとのべたいのである。「先住民の支配領域の哲学」(Clastre, 1974/1962) を、**国家**のヘーゲル的な学説と同様に重要なものとして理解したいのである。マオリの宇宙進化論を、エレア派のパラドックスやカント的なアンチノミーと比較可能にしたいのである (Schrempp, 1992)。アマゾン的なパースペクティヴ主義を、ライプニッツのシステムと同様に、興味深い哲学的対象として理解したいのである…そしてもし問題が、哲学的な価値にとって重要かどうかを知ることにあるならば、つまり、新しい概念を創造するという能力にあるならば、そのとき人類学は、哲学にとって代わると主張することなく強力な哲学的道具として現れるのであり、「われわれの」哲学の、なお過剰に自民族中心主義的な地平が、少しだけ拡大されうるのであり、そのついでに、われわれを「哲学的」といわれる人類学から解放してくれるのである。ティム・インゴルドの意味深い定義をおもいかえしてみよう (1992: 696)。それは原語で引用するのが適切である。「人類学は、そこの人びとと共にある哲学であるAnthropology is the philosophy with people in.」。そこでインゴルドは「人びとpeople」とは「普通の人びとordinary people」であると、死せるものの共同体であるとのべている(*loc. cit.*)。しかし彼はまた、「人びと」という意味としてのthe peopleと、「民族」としてのそれとの言葉遊びをしているのである。それは内側の他のひと、他の人びととの哲学なのであり、すなわちわれわれと関係を結ぶ以上に、この惑星の他の民族の「非哲学」——生——との関係をきり結ぶ哲学的活動なのである。つまり、「共通《コミューン》でない」民族というのは、われわれのコミュニケーション領域の外部にいる人びとのことである。もし実在する哲学が、想像的な野生に満ちあふれているならば、人類学によって目指されている哲学地理学は、実在的な野生と共にある想像的な哲学をつくりだす。実在するヒキガエルがなかにいる想像的な庭(マリアン・ムーア)。そしてヒキガエルたちは、よく知られているように、しばしば王子として現れる。しかしそれらにキスができなければならないのである。

　上記のパラフレーズにおいて、重要な位置変更があることに注意しなければならない。もはや、(社会のメラネシア的な形式としての)クラの人類学的な記述だけが問題なのではない。(人類学的形式としての「社会性」の)メラネシア的な記述であるクラが問題なのである。もしくは、「オーストラリア人の神学」を理解することが必要である。しかもここでは、それ自身で理解の装置を構成するものとして理解すべきである。かくして、縁組や土地所有のシステムの複合は、先住民の社会学的想像力から生じた発明とみなされるべきだろう。クラをつねに一つの記述として記述することが必要なのであり、先住民の宗教をつねに一つの理解として理解することが必要なのであり、先住民の想像力を想像することが必要なのである。概念性を概念に変容させなければならない。後者を前者からひきだし、前者に戻さなければならない。概念とは概念性のあいだの複合関係や、前概念的な直観とのアレンジメントなのである。人類学の場合、関係のなかにある概念性は、何よりもまず、人類学者の概念性と先住民の概念性を——関係の関係を——含むものである。先住民の概念は、人類学者の概念である。それはもちろん、構築による概念なのである。

思考のイマージュとしてのカニバリズム。概念的人物としての敵。それらを問うのであれば、ドゥルーズ＝ガタリの哲学地理学に、一章まるごとをさかなければならないだろう。西洋的な伝統における他者のプロトタイプ的な表現とは、友という形象である。**友**こそが他者であるが、しかしそれは**自己**の「契機」としての他者である。もし私とは友の友であると自己規定するならば、それはもっぱら、アリストテレスのよく知られた定義において、友とは他なる**自己自身**だからである。**私**はそこにはじめから存在している。友とは、**主体**の条件づけられた形式に回顧的に投影された**他者**の条件なのである。F・ウォルフがのべるように（2000: 169）、この定義は、以下の理論を含んでいる。すなわち、「他者へのあらゆる関係は、それゆえあらゆる友性の形式は、その根拠を、人間の自己自身との関係にみいだす」。社会的関連は、自己への関係を、起源あるいはモデルとして前提としている。

しかし**友**は、ただ「人類学」を根拠づけるのではない。もし、ギリシア哲学の構成の歴史政治学的な条件を考察するならば、友とは真理とのある種の関係のなかで不可欠なものとして現れる。それは「思考に内在する現前、思考そのものの可能性の条件、生けるカテゴリー、超越的な生きられたもの」(D.G.,1991: 9)である。**友**とは、結局は、この著者たちが概念的人物と呼ぶものであり、概念にふさわしい**他者**の図式化である。哲学は**友**を要求する。愛は、知の要素なのである。

ところで、アメリカ先住民と「われわれ」の哲学との価値の同一視という冒頭の問題は、超越論的な規定としての敵によって構成された世界を思考することである。ギリシア哲学におけるライバルとしての友ではなく、アメリカ先住民における宇宙実践的な敵の内在である。そこで敵意とは、友情の欠如的な補完物なのではなく、否定的な事実でもない。それは思考の権利の構造であり、それが知との他の関係や、他の真理の領域との関係を――すなわちカニバリズム、パースペクティヴ主義、多自然主義との関係を――規定する。もし、ドゥルーズ的な他者が、視点の概念そのものであるならば、超越論的な規定としての敵という視点から構成された世界とは何であろうか。ただ先住民だけが知っている、究極的な帰結にまでおしすすめられたアニミズムは、パースペクティヴ主義的であるだけではなく、また敵対主義《エネミズム》的でもある。

これらすべては「不可能な」問いを定式化することへと帰着する。先住民の思考を真にうけると、何が起こるのだろうか。人類学者の目的は、こうした思考を説明し、解釈し、コンテクスト化し、合理化することではなくなり、それらがわれわれの思考にあたえる効果を利用し、そこから帰結を引きだし、検証することになるのだろうか。先住民の思考を思考するとはどういうことなのだろうか。私はそれをつぎのようにのべてみたい。すなわち、われわれが思考しているもの（他の思考）が「一見すると非合理」であるかどうか、さらに悪い場合には、当然理性的であるかどうかを思考することなく思考すること、しかしそれは、この他なる思考を、こうした二者択一のなかで思考されることのない何かとして、こうした働きとはまったく他なる何かとして思考することなのであると。

真にうけるとは、まずもって中性化しないことにある。つまり、以下のような、他者にかんする思考の中性化という、あれこれの形態にかかわる問いを括弧にいれることにある。たとえば、こうした思考が人類の認知的普遍を明らかにするかどうか、それはどのようにしてか、それは社会的に規定された知識のある種の伝達様式によって説明されるのか、それは文化的に特殊な世界のヴィジョンを表現するのか、それは機能的に政治的な権力の分配を有効化するのかなど、これらの問いを宙づりにすること、もしくは少なくともそこに人類学を閉じこめないことが必要である。たとえば、他なる思考を（こうのべてみたいのだが）シンプルに、思考の疑いえない潜在性の現実化として思考するよう決断するべきである。◀128

それでは、真にうけることとは、先住民がのべていることを「信じる」こと、彼らの思考を、世界の真理を表現するものとみなすことを意味するのだろうか。ここには、典型的にまずい仕方で設定された問題がみいだされる。ある思考を信じたり、あるいは信じなかったりするためには、まずはそれを信念の体系として思考しなければならない。しかし真に人類学的な問題とは、信念の心理学的な用語でも、真理値という論理学的な用語でもけっして提起されない。というのもここでは、なじみのない思考を、信念もしくは不信仰の可能な唯一の対象として臆見としてのみとらえること、また真理判断の可能な唯一の対象としての命題の集合としてとらえることが重要なのではないからである。人類学者が彼らの思考を、信念にかんする彼らの言説と連関づけて規定するときにひきおこされる悪しき問題はよく知られている。そうすると文化は、一種のドグマ的な神学になってしまう。もしくは、人類学がこうした言説を臆見もしくは命題の集合ととらえるときに、文化は認識論的な奇形学となる。錯誤、狂気、幻影、イデオロギー。ラトゥールがのべるように、「信念とは心的状態のことではない。モンテーニュ以来知られているように、それは人びとのあいだの関係の結果である」(1996b: 15)。

もしアメリカ先住民の思考を、信念において記述することが問題でないならば、信念という様態のもとで[彼らの思考と]関係をもつべきではない。そのアレゴリー的な(デュルケムにとっては社会的なアレゴリーであり、「文化唯物論」のアメリカ学派にとっては自然的なアレゴリーである)「真理の基底」を注意深く示唆するのであれ、なお悪いことに、彼らの思考が物事の内的で究極的な本質に接近させると想像するのであれ、いずれにせよそうするべきではない。なぜなら、それでは彼らが生まれつき神秘的な知を保持しているということになるからだ。「意味を信念に、ドグマに、確実性に還元する人類学は、必ず信念の義務という罠にはま

128——ゴッドフリー・リンハートは、先住民の「思考の習慣」とわれわれ自身の社会のそれとのあいだを媒介するという、人類学に課せられた義務について書いている。「媒介しながら、結局のところみいだすものは、われわれが探索する謎めいた「プリミティヴな哲学」といったものではなく、われわれの思考や言語を補完する潜勢力なのである」(*in* Asad, 1986: 158-159)。

る。先住民の意味であろうが、彼ら自身の意味であろうが」(Wagner, 1981: 30)。意味の平面は、意味、意味作用、意味生成は、心理学的な信念や、論理的な命題に満ちたものではないし、その「基底」は、真理とは別のものを含んでいる。先住民の思考は、もしそれを真にうけようと思うなら、ドクサの形式でも論理の形象でも（臆見でも命題でも）なく、意味の実践としてとらえられなければならない。つまり、概念産出の自己参照的な装置として、「それ自身を表象する象徴として」とらえられなければならないのである。

信念によって問いを設定しないということは、人類学的な決定にとって、重大な岐路であると私にはおもわれる。それを際立たせるため、再びドゥルーズ的な**他者**をとりあげよう(D., 1969a: D.G., 1991)。**他者**とは、可能世界の表出である。しかしこの世界はつねに、社会的な相互作用の習慣的な流れのなかで、**私**によって現実化される。他者のなかに含まれる可能的なものは、私によって展開される。可能性は検証のプロセスを経るということであり、それがエントロピー的な仕方でその構造を吹き飛ばしてしまうということである。私が他者によって表現された世界を展開するとき、そのことは、他者の可能世界を実在的なものとして検証するということなのであり、そこに進入するということであり、もしくは、それを非実在的なものとして否認するということである。「展開」はこうして信念の要素を導入する。こうしたプロセスを記述しながら、ドゥルーズは**他者**の概念規定の限界条件を指示している。

展開のこうした関係性は、われわれと他者との共同性も対立をも形成し、その構造を解消してしまう。そしてある場合には、他者を対象の状態に還元し、別の場合には主体の状態へと帰着させてしまう。それゆえ、他者そのものをとらえるためには、どれほど人工的なものであれ、われわれには特定の経験の条件を要求する権利がある。それは、表現されたものがまだわれわれにとって、それを表現するものの外に存在しないという契機である。ひとつの可能的世界の表現としての他者。(D., 1968: 335)

そして、結論として、こうした考察の根源的な格言が提示される。

われわれが以前に引用した規定は、あまりに展開しすぎるなということなのだが、それは何よりも、他者と共に自己を展開しすぎるなということであり、他者を展開しすぎるなということであり、その不明瞭な諸価値を維持し、おのれの表現の外では現実存在しない表現されたもののすべてでわれわれの世界を満たし、われわれの世界を多数化することである。(*loc.cit.*)

人類学者は、こうした教訓がそなえている利点をひきだしうる者である。他者の価値を不明瞭なままにすることは、それが閉じこめている何らかの超越論的秘密を称揚することを意味しない。それが意味するのは、先住民の思考によって表現された可能性を現実化しないことであり、それを無限に可能的なままにとどめる決定をなすことなのである。それを他者の空想として脱現実化するのでも、われわれにとって現実的なものとして空想化するのでもない。人類学的な経験は、ここで、ドゥルーズが語るような「特殊で人工的な条件」の形式的な内化に依存している。他者の世界がその表現の外には存在しないという契機こそが、永遠の条件に自己変容するのである。すなわち、人類学的な関係に内的で、潜在的なものとしてこの可能的なものを実在化する永遠の条件に自己変容するのである。もし、権利上、人類学に何かが戻ってくるならば、それは他者の世界を展開＝説明することではなく、われわれの世界を多様化することであり、「他者の表現の外では現実存在しない表現されたものすべてで満たす」ことである。というのも、われわれは**先住民**のように思考することはできないのだから。だがそれ以上に、われわれは、彼らと共に思考することはできる。そして、この点において――まさに瞬間的に「彼らのように」思考しようと試みるために――、もしアメリカ先住民のパースペクティヴ主義のなかにある明晰なメッセージがあるとすれば、それはまさしく、世界を他者の眼差しのもとで表現されるのと同様に現実化することなど、けっして試みないというメッセージなのである。

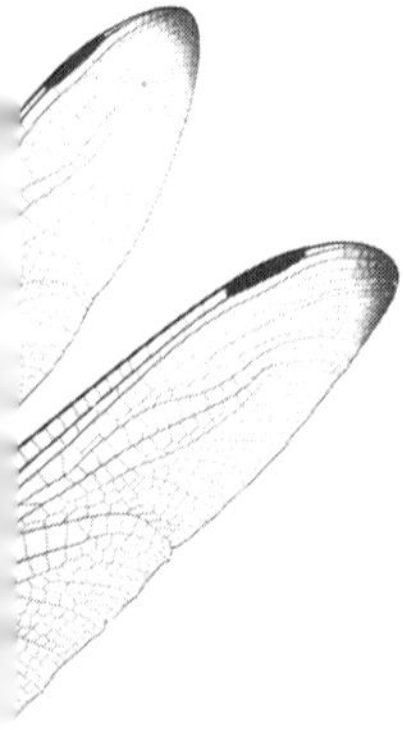

13章　構造主義の生成

この本では、構造主義についての多くの問いがなされた。それは当然のことである。レヴィ＝ストロースの構造主義は、アメリカ先住民の思考の、一つの構造変容として理解されなければならないのだから。すなわち、レヴィ＝ストロースの構造主義とは、アメリカ先住民の思考によって——それが西洋的なロゴス的ポイエシスに特徴的な問題や概念（同と他、連続と離散、感性的なものと知性的なもの、自然と文化……）によって浸透されながらも、制御された多義的な運動をそなえ、不安定な均衡を保ち、いつも歪曲や改ざんを含んでいるかぎりで——変化を被った結果なのである。この本の冒頭（17頁〜）で提起した以下の主張を再び繰り返しておこ

う。人類学とは、翻訳をその内的な条件とするものであり、自らが論じる言説によって規定される言説である。レヴィ=ストロースの人類学が、ソシュールの言語学、あるいはダーシー・トンプソンの形態学と接触することで形成されたことを考慮しないわけにはいかないのと同様に、それが、アメリカ先住民のすぐ近くにいることから——フィールドにおいても図書館においても——獲得された、生き生きとした創造的な経験の産物であることを無視するわけにはいかない。A・C・テイラーのいい方を繰り返しておけば、「構造主義のアメリカ先住民的な基盤」とは、レヴィ=ストロースの仕事を総体として理解するための決定的な側面であり、それを看過することなどできない。とはいえレヴィ=ストロースが提起した問題や概念の有効性が、「文化現象」——どれほど広範なものであったにせよ——に限定されるとのべたいのではけっしてない。むしろまったく逆である。レヴィ=ストロースの仕事とは、アメリカ先住民の思考が、その賽《さい》の一振りを放つ「思考そのものが働きだす」瞬間なのである。つまりレヴィ=ストロースの仕事は、偉大な概念的媒介のおかげで、それ自身の「コンテクスト」からはみだし、ペルシア人にであれフランス人にであれ、何かを思考しようとする者すべてに、他者を思考させることを可能にするものとなったのである。他者を思考させるとは、何かを越えて、その向こう側を思考することではない。

　レヴィ=ストロースの知的遺産についての再評価が進むなかで、今日関心がもたれている大きな問いとは、構造主義が一つなのか多様なものなのか、あるいは、レヴィ=ストロースが二つの対極的な方法を利用しているということは、連続的にとらえられるべきか切断としてとらえられるべきかを決定することである。私は、レヴィ＝ストロース本人と同様に、彼の仕事が、発想や方法のある根本的な統一によって特徴づけられていると考える解釈者たちにまったく賛成なのだが、構造主義が要請する理論的な人格性と彼自身とが分裂している——しかし対立しているわけではない——ことに気がついてもいる。この二者は、永遠に等価にはなりえない二人の双生児であり、文化的英雄と裏切り者、仲裁する人物（慎《つつし》み深さと秩序をうみだす人物でもある）と分断させる反人格（連続色彩主義や無秩序の達人でもある）なのである。ここではまったく二つの構造主義がみいだされるのだが、レヴィ＝ストロース自身が示したように、その二つはつねに二つ以上のものである。

実際、レヴィ＝ストロースの仕事が、その初期においてすでに、のちに自らひっくり返してしまう内容も、ともに積極的に含んでいたことからみていこう。たとえば構造人類学が「ある方法…流体法ではなく変容」（L.-S., 1973/1960: 28）を利用するとのべていることを考えてみよう。変容という重要な概念は、それ自体が漸進的に変換していく当のものであるのだから、それはおかまかにいえば、レヴィ＝ストロースの仕事全体をつうじて重要な概念であることは確かである。彼の仕事は、まずは構造の概念を乗り越えることからはじめられた。ついでアナロジー的な仕方で、代数的な置換というよりは、力学的な流体法に接近していった。こうした概念の変遷は、それ自体が連続色彩的であり、いささか転位的であり、若干の退行をみせるとしても、その向かうべき道筋ははっきりしている。おおきな変化がおとずれるのは、『神話論理』の第一巻と第二巻のあいだであるとおもわれる。『蜜《みつ》から灰へ』における、以下の興味深い脚注は、おそらくこうした変化の、一番明示的な徴候だといえるだろう。

リーチが非難したのは……二項図式しか使わないということである。私は、変容という観念を、ダーシー・ウェントワース・トンプソンから借用し、ずっと利用しつづけているが、この観念自体がまったくアナロジーにもとづくものではないとでもいいたいのだろうか…… (L.-S., 1966: 4, n.1)

レヴィ=ストロースはこうした考えを、二〇年後に再び強調することになる。彼にとって変容の観念は、論理学にも言語学にも由来するものではなく、偉大な博物学者ダーシー・W・トンプソン、あるいはその背後に控えているゲーテやデューラーにこそ由来するのである (L.-S. et Éribon, 1988: 158-159)。そこでは変容とは、論理学や代数学に属するのではなく、感性論的あるいは力学的な操作を指している。こうして、構造主義の古典的な局面にみうけられた中心的な対立する概念パラダイム──{トーテミズム、神話、非連続性} vs {供儀、儀礼、連続性}──は、レヴィ=ストロースがもう少し後年にえがくように──たとえば、『裸の人』の「フィナーレ」にみられる有名な神話と儀礼の対立にみられるように──ひきつづき強調されてはいるのだが、はるかに流動的で不安定なものである。明確な分水嶺は、親族関係をえがくのに適当な有限の代数と、神話の強度の形式とのあいだに存在する。

『親族の基本構造』では、問題は代数と置換群の理論に直接関係することであった。ところが神話の問題は、それらを客観化する感性的形式の問題と切り離すことはできそうになかった。一方、この感性的形式は、連続的なものと非連続的なものに同時に属している…
(L.-S. et Éribon, 1988: 192)

ここから導きだしうる結論とは、変容についての構造主義の観念には、構造的でも歴史的でもある二重の変容をみいだすことができるのだが、実際にはこれはただ一つの複合的な変容なのであり、そこでの二重のねじれは、同時に「歴史的」でも「構造的」でもある操作によって変容をなすということである。こうした変化は、レヴィ=ストロースがあらたな数学的思考をもちいることができたことの結果であるともいえるだろう (Thom, Petitot)。だが私は、この変化は、何よりも彼の人類学にとっての特権的な対象のタイプが変わったから生じたのだと考えている。変容とは、初期にはおもに代数-組みあわせ的な図式に基づくものであったが、次第にそれは姿を変え、別の位相に移行していった。そしてついに、はじめの姿に比べれば、はるかにトポロジー的で力学な特徴をそなえた図式になった。統語論的な入れ換えと意味論的な創出、論理的な置き換えと形態発生学的な圧縮とのあいだの境界線は、より歪んだ、異論の多い、複雑なもの、すなわちフラクタル的なものになった。形式と力（変換と流れ）という対立は、その輪郭を失い、ある意味では消滅していった。

とはいえレヴィ＝ストロースが、構造主義の方法論がとりあつかう、すでに引用したさまざまな問題についての考察とは関係なく、こうした変化をとくに強調しているとか、そこに拘泥《こうでい》しているとかのべたいわけではない。それとは逆に、レヴィ＝ストロースは、「私が『親族の基本構造』以来辿《たど》っている計画は、方法論的に連続している」（1964: 17）とつねに強調していた。連続性——構造主義の語彙のなかに両義的なものがあるとすれば、連続性こそがそれにほかならない。

レヴィ＝ストロースが正しいことは自明である。レヴィ＝ストロース自身の思考を解釈者が修正しようなどと考えるのは少々おかしなことでもある。だが、このフランスの大家が自らの仕事について、その発想の統一を強調しているからといって、よき構造主義者たるわれわれは、彼の仕事を読解する鍵は非連続性にあるのではないかと提起しないわけにはいかない。もっともそれは、明確な切断や断絶を主張するというよりは、構造的な言説の「状態」とは、複雑な共存や強度的なかさなりのことだと強調するということである。

構造主義的な企ての非連続性は、二つの古典的な次元に分けることが可能である。一つは継起性の軸においてであり、これは、レヴィ＝ストロースの仕事のさまざまな局面にみうけられる。もう一つは、共存の軸であり、これは、作品が二つの言説をそなえていたり、二つの運動を記述していたりするというものである。この二つの非連続性は、作品の契機が、この二つの運動——作品全体のなかで対位法によって対立する運動——それぞれが与える重要性によって区別されるかぎりで共存する。

通時性からはじめよう。その観点からすれば、構造主義は、トーテミズムのようなものである。すなわち、それはけっして存在することはなかった。もしくは、より正確にいえば、まさにトーテミズムのように、その存在様式とは、実体的なものではなく、差異的なものなのである。この場合の、『親族の基本構造』（一九六七／一九四九）に代表される、前－構造主義的と呼びうる初期の位相と、『神話論理』（一九六四－一九七一）あるいはそれに続く『仮面の道』（一九七九）、『やきもち焼きの土器つくり』（一九八五）、『大山猫の物語』（一九九一）という三つの作品に連関したポスト構造主義的な第二の位相とのあいだに差異線がひかれることは、解釈者によってしばしば指摘されている。

私は、第二の位相はポスト構造主義的といってもよいとおもうが、それはこの位相の直前に、はっきりと「構造主義的」な仕事がなされた短い時期があるからである。それは、トーテミズムの問題についての二つの研究からなるものであり、著者自身が、それを『親族の基本構造』と『神話論理』の間の小休止(非連続性)であると記してもいる。実際のところ、一九六二年のこの作品においてこそ、レヴィ゠ストロースは野生の思考を、他のいい方をすれば、人間的記号過程の具体的条件を規定し、世界を秩序づけるという膨大で体系的な企てをなしているのである。そしてトーテミズムを原始的な非理性の象徴にまで高め、あらゆる理性的な活動の典型とみなしたのである。彼の仕事のこの瞬間にこそ、ドゥルーズとガタリによる悪意ある評価(1980: 289)が的確にあてはまることになる。すなわち、「構造主義は偉大な革命であり、そこで世界全体はより理性的なものになる」。

ドゥルーズが［カント的な］批判哲学に向けたものと同じ異論を『野生の思考』にさし向けることとは、実際に可能であるだろう。ドゥルーズは、カント的な超越論的領野とは、表象の経験的形式の「転写」なのであり、条件そのものに、条件づけられたものが回顧的に投射されることによって構成されるにすぎないとのべていた。レヴィ゠ストロースの場合では、野生の思考は、二つの飼い馴らされた思考のもっとも理性化された形式、すなわち科学(「科学的思考には、二つの異なった様態がある」(L.-S., 1962b: 24))に転写されるとのべうるのである。だが逆に、飼い馴らされた思考とはまったく類似していない、本来的な野生の思考についての概念をうみだす必要があったのではないか（「ある収穫高を確保する」ために飼い慣らすということを想起しよう▲129（*ibid.*, 289））。
しかし、同時に、もっと和解的な精神によって、つぎのように考えて、釣りあいをとることもできるのではないか。すなわち構造主義において、世界がより理性的なものになるときには必ず、理性は他の何か…おそらくより世界内的で、もっと通俗的にいえば、より世俗的な何かになるのである。とはいえそうした理性とは、より芸術的なものであり、功利主義的でも採算主義的でもない。

『親族の基本構造』が前構造主義的な書物であることは、もちろん、レヴィ＝ストロース自身の後期の仕事との対比において理解されるべきであるが、それには細心の注意を払わなければならない。いずれにせよ、デイヴィッド・シュナイダーやルイ・デュモンから影響をうけた人類学者たちが、一九四九年のこの著作をも、人間科学を構成する二項を軸に形成されたものと分類するのは正当であるとおもわれる。つまり、一方には、**個人**と**社会**――社会的な同化と統合という問題――があり、他方には、**自然**と**文化**――本能と制度という問題――がある。それは、**啓蒙主義**と**ロマン主義**、ホッブズとヘルダー、あるいは、より最近の名前をあげれば、デュルケムとボアズの二項であるともいえるだろう。▲130　レヴィ＝ストロースがこの最初の大著で論じたのは、とりわけ「人類学的」な問題、つまり人間化の問題である。ようするにそれは、自然を超越するものとしての文化的な総合の出現のことである。そこでは「集団」、すなわち**社会**が、超越論的な主体や、分析されるあらゆる現象の最終原因として維持されている。もっとも、パトリス・マニグリエ (Maniglier, 2005a) が強調するように、著作の最終章になると、突然すべてが偶然のなかに解消されてしまうかのようにもおもえる。

> 特定のタイプの配偶者を禁止したり規定したりする多様な規制、それらすべてを集約するインセストの禁止は、社会性が存在しなければならないと仮定した瞬間から理解可能になる。しかし、社会性は、存在しないこともありえただろう。(L.-S., 1967/1949: 561)

そしてそれにつづき、きわめて眼をひく結論が展開されていく。そこで社会性は象徴的な思考と共通の外延をもつが、それに先立ちもしないしその存在理由でもないということ、親族の社会学とは記号論（あらゆる交換は、記号の交換であり、つまりはパースペクティヴの交換で

129 ―― ドゥルーズ (D., 1974) がわれわれに想起させるのは、スピノザにとって、「競走馬と労働馬のあいだにある差異は、……おそらく労働馬と牛のあいだの差異よりもおおきいと考えられる」ということである。

130 ―― この両極性を媒介するものとして、ルソーを評価するのは自然なことであろう。レヴィ＝ストロースが、この哲学的なトリックスターを聖なる守護神と考えなかったのは、たまたまのことでしかない。

ある）の下位区分の一つであるということ、そして人間的な秩序は、すべてそのうちに反秩序の永続的な衝動を含んでいるということ、これらが同時にのべたてられる。この最後の主張の和音は、なおも控えめなものであるが、レヴィ＝ストロースの人類学的記述の第二声と呼びうるものの開始であるとのべることができるだろう。ここで親族の社会学は、「反－社会学」[131]、つまり、世界的な経済学に場を譲りはじめる――いいかえれば『神話論理』でえがかれるアメリカ先住民の内在平面にとってかわるのである。

というのも、『神話論理』においてこそ、声の秩序の逆転が完了する――あるいはほぼ完了する――からである。モーゼと約束の大地といったように、これ以上先に進む必要はないだろう。社会という概念は、間社会的な物語の変換にシステマティックに注意を払えば無用のものとなる。**自然**／**文化**という対立は、普遍的な人類学の条件（客観的であれ主観的であれ）ではなく、先住民の思考に内在する神話の主題となる、さらにその思考における両義性は、〔『神話論理』の〕シリーズの各巻で高まるばかりである。そして、「構造」と呼ばれた代数的な形式の対象は、ますます流動的な輪郭をもつようになり、すでにのべたように、変容のアナロジー的な思考へと変化していく[132]。アメリカ先住民の物語を構成する関係性は、社会民族誌的な現実性をそなえた表象的な傾向、共起的なヴァリエーション、差異の分配からなる組みあわせの全体というよりもむしろ、「接続と異質性」、「多種多様性」、「非シニフィアンの切断」、「地図作製法」といった原理をより模範的に提示するものになる。ドゥルーズとガタリは、これらを、「リゾーム」という概念の名のもとに、構造のモデルに対置させた――「リゾーム」の概念は、反-構造の固有名として提起され、ポスト構造主義のスローガンとなったのである。

『神話論理』が示す方向性とは、実際のところ、一般化された異質的な横断性である。そこで、ある民族の神話は、二番目の民族の儀礼を変容させ、さらに三番目の民族の技術を変容させる。そこでは、ある民族にとっての社会組織は、他の民族にとっての身体装飾（政治的でありつつ、宇宙論《コスモロジー》と化粧《コスメトロジー》のあいだを往復する仕方）なのである。そこでは、神話の大地が幾何学的に丸いという事実は、地質学的な多孔性によってつねにショートカットされる。そのおかげで、変換は、海底のマグマが噴きだすようにあちこちで噴出し、アメリカ大陸の両端を飛び交うようになる。▼133

ピエール・クラストルは、構造主義とは「社会なき社会学」であるとのべた。もしこれが正

131――「『親族の基本構造』を社会学の偉大な書物であると考えるのは断念して、これがむしろ社会学を解体する書物であることを認め［なければならない］」(Maniglier, 2005b: 768)。

132――「構造」という語は、それ自体、連続的な変化の領域のもとにあり、「図式」、「システム」、「枠組」といった類の語彙と意味論的にほとんど違いはない（たとえば、『神話論理』を飾りたてる創意工夫に満ちた図表の説明を参照のこと）。

確であるならば――クラストルは構造主義を批判するためにこうのべたのだが――、『神話論理』とともにわれわれは、構造なき構造主義を手にいれたことになる。そして、私はそれを〔クラストルとは逆に〕称賛したいのである。『生のものと火を通したもの』と『大山猫の物語』のあいだを巡ってみれば、連続するセリーとして形成されたアメリカ先住民の神話学は、樹木をつくりあげるのではなく、リゾームを作成するということがみいだされる。つまりそれは、中心も起源もないおおきなカンパスなのであり、「ハイパースペース」(L.-S., 1967: 84) のうえに配置された言説の、集合的で太古に遡る巨大なアレンジメントなのである。それは、たえず「記号の流れ、物質の流れ、社会的なものの流れ」(D.G., 1980: 33-34) によって横断されている。リゾーム状のネットワークには、さまざまな構造化の力線が走っているが、しかしそれは、際限のない多様性と根源的な歴史的偶然性ゆえに、一つの法へと還元することはできないものであるし、樹木状の構造によって表象することもできない。無数の構造は、アメリカ先住民の神話のなかに存在するのであって、アメリカ先住民の神話の構造といったものは存在しない――つまり神話の基本構造など存在しないのである。

　アメリカ先住民の神話は、結局のところ、開かれた多様体、n-1の多様体なのである。あるいは、基準神話M1に敬意を表して、むしろ〈m-1〉というべきであろうか。このボロロの神話は、『生のものと火を通したもの』においてすぐに確認できることであるが、あとで（M7－12）として登場するジェの神話の反転的・消失的ヴァージョンにすぎない。したがって基準神話とは、任意の神話なのであり、すべての神話と同様に「基準のない」神話、すなわちm-1の神話なのである。というのも、すべての神話は他の神話の一つのヴァージョンであり、他の神話はすべて、第三、第四の神話に開かれているからである。アメリカ先住民のn-1の神話は、起源を表現しないし、運命を指し示しもしない。それらは基準をもたないのである。起源についての言説である神話は、まさに、一つの起源から免れている。基準「神話」は、神話の意味に、つまり意味の機械としての神話に席を譲る。すなわちそれは、一つのコードを別のコードに変換し、ある問題を類似した問題に投影させ、（ラトゥールがのべるような）「参照＝基準の循環」となって、アナグラム的な仕方で意味を反‐実現させるのである。

この書物では、翻訳についても多くのことが語られている。レヴィ＝ストロースが神話の概念に最初にとり組んだときには、その総体的な翻訳可能性が重視されていた。すなわち「神話を、こうした言説のモードとして定義することができるだろう。そこでは、翻訳者とは裏切り者であるという定式［イタリア語のことわざ］は実際上ゼロに近づく」(L.-S., 1958/1955: 232)。『裸の人』ではこの定義は拡張され、意味論的な平面から実践論的《プラグマティック》な平面にまでおよんでいる。われわれはたんに翻

133――汎アメリカ的な神話システムのもっとも興味深いパラドックスの一つは、変容主義的なネットワークが周密な換喩的結びつきをもっていることと、中央ブラジルの人びとの物語が、オレゴンやワシントンの種族のあいだにもあるといった「離れた場所からの行為の効果」がみられることとの組みあわせにある。

訳可能であるもの以上を［神話から］学ぶのであるが、神話は、何よりまず翻訳なのである。

あらゆる神話は、本質的に翻訳である［…］神話は、一言語のなかに、または一個の文化や下位文化のなかにではなく、自言語と他言語、自文化と他文化との結節点にこそ位置づけられる存在である。それゆえ神話は、けっして自身の言語に属しているのではなく、他なる言語への一つのパースペクティヴなのである……（Id., 1971: 576-577）

これはレヴィ＝ストロースにバフチンをみいだすということだろうか。『千のプラトー』の二人の著者［ドゥルーズとガタリ］は、この議論を非常に特徴的な仕方で一般化させている。「もし言語というものがあるなら、それは同じ言語を話さない二人のあいだにこそ存在する。言語とはそうしてつくられているのであり、つまり翻訳であって、コミュニケーションではない」（D.G., 1980: 536）

『裸の人』で示されたこの神話のパースペクティヴ的な定義は、人類学それ自体に、つまりレヴィ＝ストロースがすでに一九五四年に「観察されるものの社会科学」として提示したものに密接にかかわっている。われわれはまた、『神話論理』が「神話論の神話」だということを知っている。この二つの定義は収束していくものである。構造主義的な神話の言説とは、あらゆる人類学の条件すべてを設定するのである。あらゆる人類学は、人類学の変容であり、それが対象《オブジェ》である。それらはすべて、つねに「ある文化と他の文化の分節点」に位置づけられる。一つの神話から他の神話へ、一つの文化から他の文化へ移動しうるということは、神話から神話の科学へ、文化から文化の科学へと移動しうるということと、本質的に同じである（私はここで、マニグリエ（Maniglier, 2000）の根底にある主張を一般化している）。横断性と対称性が問題なのである。こうして『神話論理』の構想と、ブリュノ・ラトゥールやイザベル・スタンジェールの一般化された対称性原理とのあいだに、おもいがけない関連をみいだすことができる。

もし神話が翻訳であるのなら、それは何よりも、神話が表象ではないからである。なぜならば、翻訳は、表象ではなくまさに変容だからである。「仮面は、まずもって表象するものではなく、変容するものである。つまり、表象しないことを選んだのである」（L.-S., 1979: 144）。『神話論理』がメタ対象に、まさしくホログラフ的な特徴を与えたのである。それはまさに、神話的なリゾームであり、それとともにリゾーム的なものが形成され、それぞれの神話のなかに汎アメリカ的な神話システムの縮図（「ただ一つの」神話）を含むネットワークが形成されることになる。「これはまさに、構造が変容のシステムとして、さらに厳密に定義されるからである。それは、自己の表象を自己の一部とすることなしには表象されえないのである」（Maniglier, 2000: 238）。[134]

134――したがって、『神話論理』を特徴づける神話と音楽の近似は、この記号論の二つの様式が、根本的に表象的でないことを特徴づける最終的な根拠となるだろう。

こうしてわれわれは構造を「変容主義」として、あるいは変容主義者的に再概念化することができる。それは［構造主義の代表であるような］、プロップ的な形式主義でも、チョムスキー的な変形主義とも異なったものである。

それゆえある構造は、つねに二つのあいだにある。すなわち、二つの変異のあいだ、同一の神話の二つのシークエンスのあいだ、あるいは同一のテクストの内部にある二つの水準のあいだにある…。したがって統一性というのは、さまざまな変異のなかで自己同一的な繰り返しをなす形式のことはなく、どの点において、一つのものが他のものの本当の変容であるのかを示すことが可能になるような母型＝マトリックスのことである…そして、構造は厳密にその現実化と外延を同じくするものである。だからレヴィ＝ストロースは、執拗に無視される傾向にある構造主義と形式主義との差異を強調する。[135]（Maniglier, *op.cit.*, 234-235）

構造なき構造主義であろうか。すくなくとも、構造とは他の観念によって働くような構造主義。それは構造というよりも、構造への対立概念である『千のプラトー』におけるリゾームにより近い概念であるだろう。こうした、構造とは他なる概念は、レヴィ＝ストロースの著作のなかにいつもみてとれる。もしくはおそらく、レヴィ＝ストロースの著作には、構造という概念についての二つの異なる使用法があるとのべなければならない。その一つは、統一的な超越論的原理であり、不変的で形式的な法則であり、もう一つは、発散の操作子、連続的な変異の変調器（変異の変異）である。それらは閉じた文法的な組みあわせとしての構造と、開かれた微分的多様性としての構造である。

『神話論理』シリーズのどこにでもみうけられるモチーフを借りて、そこでの「開かれたものと閉じたものとの分析的な弁証法」といえるものを細かく検討することが、ここでは役に立つだろう。もしレヴィ゠ストロースが、アメリカ先住民の神話論において、**自然**と**文化**にかんする人類学的問題の一つのヴァージョンをみいだしていると信じているならば、彼が神話において作用していると考える開かれたものと閉ざされたものとの弁証法は、人類学のメタ神話学の平面の上でも機能しているのではないかと、逆に反論することもできる。というのも、もし

135――それゆえ、「神話の構造」を閉じた統語論的対象として探究することもまた、まったくの誤読である。こうしたマニグリエの見解や、あるいはAlmeida (2008) の議論がよりはっきり示すように、構造変容、とりわけ神話の基本定式を、神話の「内的構造」と定義することはできない――というのも、そうしたものは実在しないからである（「……原理は同じでありつづける」（L.-S., 1964: 313-316）にみられる決定的な一節を参照のこと）。ある神話は、その別のヴァージョンと区別されず、物語の「内的」な構成は、「外的」な変容と本質的に同じである。「同じ神話」という考えは、純粋に操作的で、暫定的なものである。神話の内部で生じていることが、一つの神話から他の神話への移行を可能にする。すべての神話は、「クラインの壺」なのである（L.-S., 1985: 209 et s.）。

『神話論理』が「神話論の神話」であるなら、それはそれ自身がその構造変容であるような神話のなかで展開するテーマを含んでいなければならないからである。その変容とは、いいかえれば、内容から形式へ、またその逆へと移行することを可能にするものである。

かくして、レヴィ＝ストロースは自分が分析している当の神話が「閉じたグループ」を形成することにしばしば注意をうながしていたことがわかる。閉じているという理念は、しばしば構造分析と不可分のものであるとおもわれる。つまりレヴィ＝ストロースにとって、つねに「グループは閉じる」ことを示すこと、すなわち神話の連鎖の最後の変容をあつかっていけば、最初の状態に戻ってしまうことを示さなければならなかったのである。実際に「グループ」は、さまざまな軸をめぐって閉じるものである。こうした強調は、神話の言語は必ず冗長であるというテーマ、つまり神話の「文法」を設定するという条件に結びついている。レヴィ＝ストロースはしばしば、そうした企てを楽しんで構想しているようである。彼が、「開かれた作品」という観念に、非常に反発を覚えていたことはよく知られている。

とはいえ、閉じることを示す多くの事例は、結局、閉じた構造には理論的に無限な数が、すなわち開かれた状態がはいりこんでいるという、一見すると逆説的な印象を与えることにもなっている。構造は閉じる。しかし、構造の数、そして構造が閉じられる道は開かれている。つまり構造的な全体化の最後のレベルという意味においても、また構造において移動する意味論的軸《コード》のアプリオリな規定という意味でも、構造の構造は存在しない。▼136 すべての神話「グループ」は、結局のところ、他のグループのきわめて数多くの交差点で再びみいだされることになる。そして、それぞれのグループにおいて、それぞれの「神話」はまた相互連関的なものでもある。そして、さらにそれぞれの神話では…。グループは自ら閉じうるものでなければならない。しかし、分析はそこで閉じたままではいられないのである。

> いかなる神話であれ、ただ閉じていることを禁じる特性がそなわっている。何か問題の生ずる瞬間が分析の最中に必ず生じ、それを解決するためには、分析のなかで跡づけていた領域の外部に踏みでることを余儀なくされる。▼137
>
> (L.-S., 1971: 538)

さらに、とりわけ閉じさせる命法に付与された重要性は、著作のさまざまな部分ではっきりと相対化されている。それらのフレーズは、逆の意味で、分析の無際限さ、変容のらせん状の

136―――メタ構造が実在しないということは、「マルセル・モースの業績への序論」や「民族学における構造の概念」においてすでに示されている。神話システムの意味論的な軸の原理的な非決定性については、『野生の思考』の以下の格言を参照のこと。「分類の原理は、けっして仮定されない」。

137―――上記註7と同じ意味で、レヴィ=ストロースが「神話」と「神話群」を区別なくもちいていることに注意せよ。

進行、動的な不均衡、非対称性、構造の側面的な相互のとりこみ、物語が展開される水準の複数性、補足的な諸領域、神話を秩序づけるのに必要な軸の複数性と多様性、これらを強調するのである。ここでのキーワードは不均衡にほかならない。

不均衡はつねに与えられる。(L.-S., 1966: 222)

それぞれの構造は、他の構造から分離されることで、その不均衡を覆い隠す。だがそれは、隣りあう構造から借用した項をもちいることなく埋めあわせることはできない。(Id., 1967: 294)

不均衡を乗り越えるために構造が変化もしくは強化されるときでさえ、他の平面の上で現れるときには、新たな不均衡をひきうけないわけにはけっしていかない……[…]構造は、避けがたい非対称性に、神話をうみだす能力を負っている。神話をうみだすことは、神話を構成する不均衡をたてなおし隠ぺいする努力そのものである。(*ibid.*, 406)

南アメリカ[cf. 1966: 222 *supra*]におけるように、動的な不均衡は、それゆえ一群の変容のさなかにあらわれる。(Id., 1971: 89)

ところでこうした不均衡は、神話の変容可能性や翻訳可能性に即応する、神話論の形式的な特性であるだけではない。すぐあとでみるように、それはその内容の根本的な要素をなしてもいる。神話は、自らのあいだで思考するのだが、それはこうした不均衡を横断して思考するのである。そして、思考することとは、不均衡そのものであり、「世界の存在」(Id., 1971: 539) の不一致性そのものである。神話は、それ自身の神話論、あるいは「内在的」な理論 (Id., 1964: 20) を含んでいる。その理論はつぎのようなものである。

> ……原初的な非対称性は、それを把握する視点によって、高と低、天と地、陸と水、近さと遠さ、左と右、雄と雌など、さまざまなかたちで現れる。実在的なものに固有なこの不均衡によって神話的な思弁＝投機は開始される。とはいえ、それもこれも、人間のあらゆる思考対象の存在とは、そうした思考の手前で、この不均衡に条件づけられているからである。 (Id., 1971: 539)

永続的な不均衡が神話を横断している。そして、すべての構造主義に反響するような神話論の神話が現れてくる。われわれは、閉じた文法の組みあわせとしての構造の観念と、開かれた微分的多様体としての構造の観念とのあいだのこの二元性が、晩年の著作においても同様に出現することをすでに検討した。実際この二元性は、レヴィ=ストロースの著作のすべてを横断している。それは変化していく概念——そのはじめのものは『親族の基本構造』において重要なもので、第二のものは『神話論理』において際立っている——それぞれの相対的な支えとなっている。

少し前にたち戻ろう。あるいは、この通時的な歩みを、すでに論じた共時的な非連続性と結びつけてみよう。きわめて初期から、レヴィ＝ストロースの仕事には、ポスト構造主義的ともいえる、下位のテクストあるいは反‐テクストが隠れており、それこそが重要なのである（もしレヴィ＝ストロースが、最後の前構造主義者でなかったら——そんなことはないのだが——彼は最初のポスト構造主義者であり損ねただろう）。（古典的なトーテミズムの図式のように）対称的な対立、同等性、二元性、非連続と可逆性を、構造主義がとりわけ偏愛しているという想定は、まずは、今日でも驚くべき内容をもった一九五六年の論文でなされた双分組織の概念への批判によって裏切られる。そこでは、二項対立、対称性、非連続の以前の状態として、三つ組み、非対称性、そして連続性が仮定されているのだから。ついで「神話の基本定式」によっても——それは古典的でもあり混乱を導くものでもある——裏切られることになる。対称性や可逆性をのぞくならば、探したいものはすべてみいだされるのである。さらに、レヴィ＝ストロースは、『神話論理』の二つの局面（『裸の人』の「フィナーレ」と『大山猫の物語』）の最後で、神話のなかで生じる変容を説明する外延的論理の語彙の限定に、留保をつけている点にも着目しなければならない (L.-S., 1971: 567-568; 1991: 249)。

とりわけ『神話論理』の最後の二冊が、まさに安定しない二元論を想起させる二つの形象の展開であることは、偶然ではない。『やきもち焼きの土器つくり』（一九八五年）は、神話の基本定式を充分に例示しているが、『大山猫の物語』では、アメリカ先住民の宇宙‐社会学的な二元性の動的不均衡がその中心をしめている。そこでの「永続的な不均衡」という表現は、トゥピの叔父と姪の結婚を記述するために、『親族の基本構造』ではじめてもちいられた表現である。それゆえわれわれは、レヴィ＝ストロースの最初の直感と同じもの（あえていえば同様の潜在的構造）に向きあっていると考えられる。そこでは、A:B::C:Dというタイプのトーテム的なアナロジーをあらかじめ壊してしまう基本定式と、二項対立の静的な均衡を不安定にさせる動的な二元論とは、二つの特権的な表現（あるいは現実化）にすぎない。おそらく、その一方は他方を含んでいる。そこで構造の支えとなるのは「薄闇の、青白い、あるいはみえない月」なのであり、また他の支えは、さほど堅固ではなく、より流動的で、波状的で振動し、多層構造的であり、構造主義にいわば下位量子を必要とするものである。いずれにせよ、人類学者は、つねに紐帯の理論——関係性といってもよい——を実践しているのである。

まず基本定式があるが、それは数学的な倒錯のゆがんだモニュメントである。基本定式をもちいると、われわれはトーテム的な隠喩と供犠的な換喩との単純な対立に向きあうのではなく、むしろはじめから一気に、隠喩の関係と換喩の関係が等価だという立場におかれてしまう。そこには、隠喩から換喩へ、あるいはその逆へといったねじれが生じる（L.-S., 1966: 211）。「二重のねじれ」、「定員外の数のねじれ」は、実際には、純然たる（むしろハイブリッドで複雑な）構造変容とまったく同じものである。「不均衡な関係……［それは］神話の変換に固有の特性である」（L.-S., 1984: 13）。字義的な意味と比喩的な意味、語彙と機能、外観と内容、連続性と非連続性、システムとその外部、これらの非対称的な変換——ここには、レヴィ＝ストロース的な神話分析のすべてを貫き、またそれを乗り越える主題がみられる（L.-S., 2001）。先の箇所（本書10章）では、ドゥルーズの生成の概念について、もしそれが古典的な構造主義の観念の装置に反して（つまり横断的な仕方で）作動するのであれば、それがわれわれをどこに導くのかよくわからないいま、議論に時間を費やしてしまった。われわれはいまや、「神話の基本定式」が近似的な翻訳であるということ――それは、外国語で、奇妙なアクセントや歪みをあたえながら、レヴィ＝ストロースの理論的な言説のほとんどすべての次元に浸透している――をみてとりはじめている。もしくはむしろ、ドゥルーズが生成と呼ぶことになるこの瞬間的な運動一般を、先どりし予感させるものであることをみてとりはじめている。生成とは、二重のねじれなのである。

ついで、『大山猫の物語』の中心をなしている「動的な不均衡の状態にある二元論」あるいは「永続的な不均衡［のなかにある二元論］」をつうじて、アメリカ先住民の神話がまさに思弁＝投機的な契機と呼べるものに接近していく概念的な運動をみていこう。レヴィ＝ストロースは、実際、形式としての不均衡が、どのようにして神話的言説の内容となるのかを示している。いいかえれば、条件であった不均衡が、どのようにして主題としての不均衡になるのか、無意識の図式はどのようにして「深い着想」となるのかを示しているのである。

実際、この神話の深い着想は何だろうか［…］これらの神話は、二項的なセリーの形式をとって、世界の前進的な組織化を表象している。しかし、それぞれの段階をうみだす部分のあいだ［の対立］がなければ、真の等価性が出現することはない［…］システムの優れた機能は、動的な不均衡に依拠するのであり、それがなければ、システムはつねに動きのない状態に陥るおそれがある。この神話が暗黙のうちに主張しているのは、自然現象と社会生活とが配置される二つの極についてではない。すなわち、空と大地、火と水、上と下、近さと遠さ、先住民と非先住民、同郷人と異邦人などは、双生児ではないのである。精神は、それらを結びつけようとするのだが、それらのあいだに均衡をうちたてることはできない。なぜならば、神話的な思考が構想するように、連続的で微分的な隔たりこそが、世界の機械を揺り動かすのだから。

(1991: 90-91)

神話は、神話どうしのあいだで思考されながらも、それ自身として思考される［自らを思考する］。それは、ある運動であるが、もし正確に「反省＝屈折」するものであるならば、つまり自らを変容させるものであるならば、それは自らが不均衡に向かって反省＝屈折することから逃れることはできない。レヴィ＝ストロースの神話論理の最後の偉大な分析がとりあげるこの不完全な二元性は、「あらゆるシステムの鍵」となる双子なのであり、自己発動的な非対称性の、完成された表現なのである。最後にわれわれは、『大山猫の物語』における動的な不均衡から、構造主義に関連する真の二元性とは、**自然**と**文化**の弁証法的な闘争ではなく、不揃い双子のあいだでの、強度的で終わりなき差異であることが理解される。『大山猫の物語』の双子とは、鍵であり、暗号＝数字であり、神話とアメリカ先住民の社会学の合言葉なのである。暗号＝数字、それは二つの原理の根本的な不一致性、差異の内的限界としての対立、多数性のなかにある個別なケースとしての二であることである。

パトリス・マニグリエは、構造主義的な企ての二つの主要な局面のあいだの差異について、つぎのように指摘する。

> レヴィ＝ストロースの仕事の第一の契機は、自然から文化への移行という問題と、その二つの秩序の非連続性とを深く探ることによって特徴づけられるとおもわれる。レヴィ＝ストロースにとって、そうした探究こそが、唯一、自然人類学に対する社会人類学の特異性を保証するとおもわれたのである。第二の契機は、人間が別の領域で構成されることを、執拗に告発することによって特徴づけられている。[138]（Maniglier, 2000: 7）

実際、『親族の基本構造』の最後のパラグラフを考察すれば、本書ですでに言及したように、そこで著者は、絶対的な幸福は「社会的な人間には永久に拒絶されて」おり、それは「自らのあいだに生きること」にあると指摘していた。このきわめてフロイト的な言明を、すでに引用

138――同じ意味で、Schrempp (1992) の先駆的な書物を参照のこと。

したレヴィ=ストロースの別の文章(L.-S. et Éribon, 1988: 193)と比較してみよう。そこでは著者は、神話を「人間と動物とがいまだ別の存在でなかった時代の物語=歴史」と定義している。レヴィ=ストロースは、人間が、この地球上での他の種とのコミュニケーションが欠如していることに、けっして諦めることなく向きあったとつけ加えている。ところで、あらゆる種とのあいだの原初的なコミュニケーション(間種的な連続性)というこのノスタルジーは、死後のインセストというファンタジーに応じた「自己のあいだ」の生(間種的な非連続性)というノスタルジーと同じものではけっしてない。むしろ、まったく反対のものなのだと私はのべてみたい。すなわち、レヴィ=ストロースが、人間的な反-言説と考えていた事柄の強調点や意味が変化してしまったのである。もしくは、他のいい方をすれば、構造主義的人類学の、第二の言説の水準が出現してきたのである。

レヴィ=ストロースの仕事のなかに含まれる不協和音、あるいは「二つの構造主義」のあいだの創造的な緊張は、『神話論理』のなかに、とりわけ複雑な仕方ではいりこんでいる。われわれはかなり前の部分で、レヴィ=ストロースが、連続性と非連続のあいだの神話の弁証法によって、『親族の基本構造』における親族の代数学——それは離散的な側にあるのだが——に異議を唱えていたことをみた。この差異は、たんに形式的なものなのではない。というのも、これはたんに、連続性と非連続性が混ざりあって現れるアメリカ先住民の神話の感性論的な形式というだけではなく、その哲学的な内容でもあるからだ。そのうえ、どうやって真の構造主義者が、形式と内容を分離することなどできるのだろうか。

こういうわけで、われわれは以下のように結論せざるをえない。すなわち、『神話論理』は、著者が『パロール・ドネ』(L.-S., 1984) のなかで控えめに記述するような「自然から文化への移行についての神話的表象の研究」の中心的な企てではなく、それ以上のものである。なぜなら、マニグリエが指摘するように、まさに『神話論理』が執筆されていくにしたがって、この著者は**自然**と**文化**の根源的な対比の妥当性に異議を唱えはじめるからである。それゆえレヴィ＝ストロースが**西洋**の宿命的な欠陥と診断したのと同じ精神的錯乱を、先住民に転移させていると考えるのは、少々おかしなことである。実際、『神話論理』は、**自然**と**文化**のあいだの純粋で一義的な移行をえがくことからは程遠い。レヴィ＝ストロースがそこで自らに課したのは、横断的な回路、狭い道、暗い行き止まり、二つの方向に同時に流れる河といった、曲がりくねった迷路の地図を作製することであるのだから。この四部作の最初の一巻の前半部よりあとでは、ある意味で、**自然**から**文化**へと向かう一方通行がえがかれることはないのである。これ以降、一揃いのシリーズとなった七冊の書物でえがかれるのは以下のものである。すなわち、「曖昧さの神話学」(『蜜から灰へ』)、「流れの神話学」(『食卓作法の起源』)、**文化**から**自然**へと退行する道や逆行する歩み、この二つの秩序のあいだで相互浸透する領域、小休止、短い周期性、ラプソディーの繰り返し、アナロジーに基づくモデル、連続する歪み、永続的な不均衡、準－三つ組みになって二重化する二元論、そして変換を横断する多数の軸によって想定外の仕方で分岐する二元性…。蜜と性的な魅力、連続色彩主義と毒物、月と両性具有、喧騒と悪臭、日食とクラインの壺、接近してみると無数に複雑なフラクタルであるコッホ曲線に変形する料理の三角形…。神話学が能動的に思考し、ノスタルジー的に観察していることを考慮するならば、アメリカ先住民の神話学の内容は、神話それ自身がうみだす推進力を否定するものによって構成されているとのべることができるだろう。レヴィ＝ストロースの考えでは、ある連続体においては、否定することが思考の根源的な条件となるのである。レヴィ＝ストロースが繰り返し強調するように、もしアメリカ先住民の神話が、ある側面とその裏側、前進したり退行したりする方向性をもつならば、それはそうしたものこそが、構造主義的な言説の二つの方向にほかならないからである（逆もまた真である）。『裸の人』の「フィナーレ」にみられる、神話と儀礼のあいだの論争的な区別は、結局のところ、神話それ自身のメッセージを内面化する再帰的な運動として示されることになる。すなわち『大山猫の物語』にみられるトゥピの偉大な神話は、あらゆる儀礼の本質（もちろん儀礼であって、神話ではない）と、同一の軌道をえがくのだが、それにそって定義されるのは、減退する傾向にある対立の相次ぐ連鎖であり、現実の最終的な非対称性をとらえるための「絶望的な」努力による徴候なき収斂である。あたかも、レヴィ＝ストロースの神話として異論なく機能する神話だけが、「神話論の神話」、つまり『神話論理』であるかのようだ。そうではないのだろうか。これは、たしかにもう一度とりあげなければならない問題である。

ここで、『裸の人』の終わりでえがかれているある文章に注意を向けておきたい。それは、天の火を獲得する北アメリカの神話に連関したもので、(火を獲得するために)矢の梯子《はしご》を利用するのだが、それが壊れ、天と地のコミュニケーションを断ち切るというものである。

レヴィ=ストロースは、『生のものと火を通したもの』をはじめるときは、原初的な連続性を減少させ、離散させる論理を強調していたことを想起しよう。しかし、繰り返しておくが、いまやレヴィ=ストロースはつぎのように指摘し、結論づけるのである。

だから、この不可逆的な媒介行為がつぎのようなおおきな代償をもたらすことを忘れてはならないだろう。つまり、自然の領域における量的な貧困化——時間的には、人間の生にわりふられた〔有限な〕期限、空間的には、天における悲惨な冒険のあとで動物種の数が減ったことが、その代償である。そしてまた、質的な貧困化という代償もある。キツツキが火を獲得するためにその赤い羽毛の美しい装いの大部分を失いながら(M729)、逆にツグミが赤い胸先を獲得するとしても、それはやはり火を獲得するときに、自らの失敗に起因した解剖学的な傷害をうけたからである。だから、人類の文化への移行とは、原初の調和の破壊によっても、あるいはそこに変質をもたらす微分的隔たりの導入によっても、自然の平面において自然を連続的なものから非連続なものへと移行させる一種の劣化をともなうのである。

(L.-S., 1971: 448)

『神話論理』のジャングルのなかで、方向をみうしないがちであった通路の一つがここでとりだされている。それが突然、きわめて重要なものになってくるのである。このとき、構造主義の二つの言説のあいだの曖昧さ、すなわち『親族の基本構造』の輝かしい人間化という言説と、人間性が自ら分離することを告発する言説とのあいだの曖昧さは、分析的な方法によって「内面化され」、その神話の内在的反省＝屈折のなかにおかれている。二つの物語＝歴史を語るのが神話であり、そこでは退行的な歩みはそれほど否定的ではないのである。少なくとも、ただ否定的だということはない。文化の起源とは、価値低下的なものだろうか。この場合、退行的な歩みとは、再生的なものではないのだろうか。そんなことはありえないのだろうか。それはただの想像にすぎないのだろうか。もっと酷いものだろうか。というのもレヴィ＝ストロースにおいて、連続性へのノスタルジーが、たんなる幻想や気ままな想像などではなく、西洋における非連続性を制御できなくなったために生じることとなった病気の徴候とみえる場面があるからだ。歴史が地球規模で再び熱気を帯びること、冷たい歴史の終わり、それは、自然の終わりのことでもある。

いずれにせよ、レヴィ＝ストロースが何度も強調するように、アメリカ先住民の神話学に、ある側面とその裏側、(トーテミズム的な)前進する方向と(供儀的な)退行する方向——それらは構造主義的言説そのものの二つの方向である――が含まれているとするならば、アマゾンのシャーマニズムやパースペクティヴ主義は、明らかにその裏面、つまり退行する方向の世界に属している。料理の火の起源についての複雑な文明化の過程は、この図式を前提にしていることを想起しておこう。すなわち、天と地の離接的つながり、季節の周期性の創出、自然種の差異化がそれである。しかしながら、パースペクティヴ主義者であるシャーマニズムは、これとは反対で退行的な原理において作動する。天地のたそがれ時の連続色彩性（シャーマニックな旅）という原理、あらゆる存在が普遍的に人間的な基底をもつという原理、「超自然」の領域を定義しながら自然と文化のあいだの区別を根本的に攪乱《かくらん》させるドラッグ（タバコ）のテクノロジーの原理、つまり、文化として思考された自然の原理である――**超自然**。この概念は、『神話論理』にはほとんど登場しない。前進と退行。「前進－退行という二重の方法」として、構造主義的な方法の反サルトル的で皮肉な定義（L.-S., 1962b: 第九章）を想起しておこう。この方法は、まさに神話によってよりよく実践されるのである。[139] それは方法という神話に抗した、神話という方法なのである。

139――『蜜から灰へ』を参照のこと。「蜂蜜の起源にかんするオファイエの神話（M192）には、前進＝退行の歩みがあることを明らかにした。さて、いまからこうした仕方が、これまでに検討したさまざまな神話すべてに現れることをみていこう…」（L.S., 1966: 129）。

この本では、結局身体について多くを語ることになった。実際、レヴィ＝ストロースの仕事の最晩年の位相は、人間精神の統一性と、アメリカ先住民の身体の多様体との、緊密な闘争の舞台なのである。『生のものと火を通したもの』の序章では、まずは精神についてあらかじめ多くのページが費やされている。しかし次第に身体が闘争を支配しはじめ、ついにはいくつかの点において明らかに優位におかれることになる。たとえば『大山猫の物語』のなかで演じられる最終ラウンドにおいて、はっきりと強調される、小さなクリナメン（屈折）によって優位におかれるのである。人間精神の心理学は、先住民の身体の反‐社会学にその場所を譲ったのである。

こうして、レヴィ＝ストロースの構造主義的な神話論の歩みの終盤で、彼が自分の野心をより穏健な範囲にとどめたという印象を与えるまさにその瞬間に、[140]彼の理論的な企てのなかで、もっとも高度な宿命と呼びうるものが実現してしまうのである。それはすなわち、他者の思考をそれ自身の言葉にさし戻し、そうした「**他者**への開かれ」を実践することである。それは人類学が、事象への驚くべき回帰によって発見した態度であって、それこそが自らが研究する他者を特徴づける。人類学は、それ以前には、他者を、自分の殻に閉じこもった自民族中心主義者であると想像することに喜びをみいだしていた。『大山猫の物語』の最後にみられる当惑するようなメッセージとは、他者の他者は、それもまた**他者**であるというものである。「われわれ」にとっての場所は、すでに他者性によって規定されているのである。より一般的な結論をひきだしうるとすれば、人類学が自らとりうる立場とは、まさに野生の思考と、すなわち、自身の対象と共通の内在平面の痕跡と、共在的水準にあるという原理を設定することなのである。『神話論理』を神話論の神話として定義し、人類学的な知を先住民の実践の変換として定義しながら、レヴィ＝ストロースの人類学が投影するものは、来たるべき哲学、すなわちアンチ・ナルシスなのである。

140――『大山猫の物語』は、その最終章で、「アメリカ先住民の二元的なイデオロギー」にいたっている。何らかの「神話の基本構造」は、むしろ無用で空虚なものとしてはっきり拒絶される。

一九六〇年代に優勢をしめた結婚の縁組についての構造主義的な理論は、二〇世紀最後の四半世紀になると、ますます多くの酷い批判にさらされた。『アンチ・オイディプス』は、際立って力強く効果的な文体で、社会体の「交換主義」という概念全般をかたくなに拒否し、こうした［構造主義的理論の］転落を後押しするのにおおきな役割を果たした。こうした態度が『千のプラトー』にひきつがれていることに議論の余地はない。だが、問われている事項はそこで根本的に変化してしまっている。『アンチ・オイディプス』では、行為の一般的なモデルとして生産がもちあげられる一方で、交換は軽視されていた。そして、循環（ドゥルーズとガタリは、これをモース的な意味での一方的な交換になぞらえている）はそこで、刻印よりも下の位相におかれていた。[141]『千のプラトー』では、すでにみたように、生産は別の非表象的な関係、すなわち生成へとその場所を譲っている。もし生産が出自にかかわるものであるとしたら、生成は縁組と親和性がある。それでは、生産から生成に移行するときに、反−交換主義の立場には何がおきたというのか。

たいていの場合、都合よく忘れられているのだが、『アンチ・オイディプス』における生産は、マルクス主義の同じ概念と厳密に同一のものではない。ドゥルーズとガタリによる「欲望する生産」とは、不足と充足といった考え方が優位にあるヘーゲル−マルクス主義的な「必要性の生産」と混同されてはならない (D.G., 1972: 33 et s.)。この違いは何度も強調されてきた。つまり「われわれの問題は、マルクスにたち戻ることではけっしてなかった。問題は忘却であり、そこにはマルクスの忘却も含まれる。しかし、この忘却には、残存する小さな破片が浮上する…」(D., 1973)。『アンチ・オイディプス』における欲望する生産の流れ−切断というシステムが、一般化された循環のプロセスとうまく区別されていない点もつけ加えておこう。これを、リオタールは、おそらく少しばかり意地悪な仕方でほのめかしている (1977: 15)。すなわち「こうした資本の布置、流れの循環は、循環という視点が、生産という視点よりも優位であるということにる社会的な再生産の縮減」というマルクス主義的な決まり文句を繰り返している (D.G., 1972: 222)。

141――『アンチ・オイディプス』は、モース的あるいは構造主義的な民族学を悩ませてきた「循環の領域におけよって必要になっている…」。

生産の有限主義的（あるいは、無限的の対語として有限的ということもできるだろう）そして必要主義的な概念というのが、人類学の領域において現在流通している考えである。「交換主義」の立場が一般に人類学において批判されるのは、この名において、あるいはこの名に付帯する事柄——支配、虚偽意識、イデオロギー——においてなのである。しかし、もし経済学が必要とする生産と機械状の経済における欲望する生産のあいだ、生産－労働と生産－機能のあいだにこうした区別を設けるのが適切で、また必要でもあることが明らかになるならば、それとのアナロジーで、縁組－構造と縁組－生成変化、交換－契約と交換－変化のあいだに区別を設けることも、同様に関心をひくものだとのべうるだろう。（たとえば）アメリカ先住民の社会－宇宙論における強度的な縁組と、構造主義も含んだ親族の古典的な理論の外延的な縁組との、曖昧な同音異義性において、こうした区別を意図的にもうけることで、縁組の契約主義者的な概念を切り離してしまうことも可能になる。当然、この二つのケースにおいて、同音異義的なのは、これだけではない。たとえそれが、再生産というよりは怪物的であったとしても、この互いに絡みあった一対の概念のあいだに、ある出自が与えられるのである。『アンチ・オイディプス』における生産とは、たとえ生産概念を転覆させているとしても、経済学の生産概念に多くを負っている。同様に、アマゾンにおける潜勢的な縁組が、レヴィ＝ストロースの仕事のなかに透けてみえたり、逆光のなかで（いわば潜在的に）現れたりするのである。

その、アンチ・オイディプス的で、それゆえ自己転覆的な潜勢力は、充分に解放されなければならない。

結局のところ問題であるのは、非契約主義的で非弁証法的な交換の概念を構築することである。それは、合理的な利益でも、贈与のアプリオリな総合でも、無意識の目的論でも、シニフィアンの働きでも、包含的な合致でも、他者の欲望の欲望でも、契約でも抗争でもない交換概念であり、むしろ、他者への生成[142]という仕方での交換概念である。縁組とは、親族に固有な、他者への生成なのである。

縁組の機械的でリゾーム的な潜在性とは、結局のところ、出自の有機体的で樹木状の垂直性よりは、ドゥルーズの哲学にはるかに近いものである。したがって、克服すべきことは、縁組を出自の振る舞いから解放し、それとは逆に、出自による縁組のコントロールも無効にすることにある。こうして、縁組の「怪物的」な力、つまり創造的な力が解放されるのである。縁組の双子の概念、つまり交換の概念についていえば、今日一つのことが明らかになっているとおもわれる。すなわち、交換の概念とは、通説に反して、けっして生産と異なるものとして提起

142 もし「「強度の差異」という表現がトートロジーである」(D., 1968: 287) のならば、「他者への生成」というのは、別のあるいはひょっとすると同様のトートロジーである。

されはしないということである。逆に人類学において、交換はつねに生産のもっとも際立った形式としてとりあつかわれてきた。すなわち、社会性の生産である。それゆえ問題は、交換や互酬制という偽善的な覆いのもとに隠された生産の裸の真実を暴くことにではなく、むしろ、それらの概念を（反－）自然的な要素、生成の要素にひき戻しながら、出自的で主体的な生産機械のなかで、その両義的な機能から解放することにある。交換、あるいは、パースペクティヴの無限の循環――交換の交換、変身の変身、視点の視点。これらがすなわち生成なのである。

二重の運動は、したがって、何よりも怪物的な縁組に立脚した、自然に抗する婚姻という二重の遺産に向けられている。すなわち、ドゥルーズと共にいるレヴィ＝ストロースである。その固有名とは強度である。そして強度によってこそみいだされるもの、われわれがそこに強度を残しておいた潜在的な留保のなかでみいだされるものが、アンチ・ナルシスなのである。

X1
C17
R11
Q4
C20
R14
Q5
C21
R30
R44
C53
C49
R42
R22

文献一覧

Albert Bruce (1985), *Temps du sang, temps des cendres : représentation de la maladie, système rituel et espace politique chez les Yanomami du Sud-Est (Amazonie brésilienne)*, Université de Paris X (Nanterre).

Andrade Oswald de (1972/1928), « Manifeste anthropophagique », *in* P. F. de Queiroz-Siqueira, « Un singulier manifeste », *Nouvelle Revue de Psychanalyse*, 6 (Destins du cannibalisme), 277-281.

Almeida Mauro W. B. de (2008), « A fórmula canônica do mito », *in* R. C. de Queiroz et R. F. Nobre (sous dir.), *Lévi-Strauss: leituras brasileiras* (p.147-182), Belo Horizonte, Editora da UFMG.

Andrello Geraldo (2006), *Cidade do indio. Transformaçóes e cotidiano em Iauaretê*,São Paulo, Edunesp/ISA/NuTI.

Arhem Kaj (1993), « Ecosofia makuna », *in* F. Correa (sous la dir.), *La selva humanizada : ecologia alternativa en el trópico húmedo colombiano*, Bogotá, Instituto Colombiano de Antropologia / Fondo FEN Colombia / Fondo Editorial CEREC, p.109-126.

Asad Talal (1986), « The concept of cultural translation in British social anthropology », *in* J. Clifford et G. Marcus (sous la dir.), *Writing Culture : The Poetics and Politics of Ethnography*, Berkeley, University of California Press, p.141-164. (「イギリス社会人類学における文化の翻訳という概念」、春日直樹訳、ジェイムズ・クリフォード、ジョージ・マーカス編『文化を書く』、紀伊國屋書店、一九九六年)

Baer Gerhard (1994), *Cosmologia y shamanismo de los Matsiguenga,* Quito, Abya-Yala.

Bateson Gregory (1958/1936), *Naven : A Survey of the Problems suggested by a Composite Picture of the Culture of a New Guinea Tribe drawn from three Points of View,* 2e éd., Stanford, Stanford University Press.

Carneiro da Cunha Manuela (1978), *Os mortos e os outros: uma análise do sistema funerário e da noçào de pessoa entre os indios Krahó,* São Paulo, Hucitec.

——— (1998), « Pontos de vista sobre a floresta amazônica: xamanismo e tradução », *Mana,* 4 (1), 7-22.

Cartry Michel, Adler Alfred (1971), « La transgression et sa dérision », *L'Homme,* Il (3), 5-63.

Chaumeil Jean-Pierre (1985), « L'échange d'énergie: guerre, identité et reproduction sociale chez les Yagua de l'Amazonie péruvienne », *Journal de la Société des américanistes,* LXXI, 143-157.

Clastres Hélène (1968), « Rites funéraires guayaki », *Journal de la Société des américanistes,* LVII, 62-72.

——— (1972), « Les beaux-frères ennemis: à propos du cannibalisme tupinamba », *Nouvelle Revue de Psychanalyse,* 6 (Destins du cannibalisme), 71-82.

Clastres Pierre (1974/1962), « Échange et pouvoir: philosophie de la chefferie indienne », *La société contre l'État,* Paris, Minuit, p.25-42.（「交換と権力／インディアン首長制の哲学」、『国家に抗する社会——政治人類学研究』、渡辺公三訳、水声社、一九八九年）

——— (1977), « Archéologie de la violence: la guerre dans les sociétes primitives », *Libre.* l, 137-173.（『暴力の考古学——未開社会における戦争』、毬藻 充訳、現代企画室、二〇〇三年）

Clastres Pierre, Sebag Lucien (1963), « Cannibalisme et mort chez les Guayakis », *Revista do Museu Paulista,* XIV, 174-181.

Conklin Beth A. (2001), *Consuming Grief: Compassionate Canibalism in an Amazonian Society,* Austin, University of Texas Press.

DeLanda Manuel (2002), *Intensive Science and Virtual Philosophy,* London, Continuum.

——— (2003),« 1000 years of war : CTheory interview with Manuel DeLanda (with D. Ihde, C. B. Jensen, J. J. Jorgensen, S. Mallavarapu, E. Mendieta, J. Mix, J. Protevi, E. Selinger) », *CTheory, a127.* <http://www.ctheory.net/articles. aspx

?id=383>

———— (2006), *A New Philosophy of Society,* London and New York, Continuum.

Deleuze Gilles (1962), *Nietzsche et la philosophie,* Paris, PUF.（『ニーチェと哲学』、江川隆男訳、河出書房新社、二〇〇八年）

———— (1966), *Le bergsonisme,* Paris, PUF.（『ベルクソンの哲学』、宇波 彰訳、法政大学出版局、一九七四年）

———— (1968), *Différence et répétition,* Paris, PUF.（『差異と反復』（上下巻・文庫版）、財津 理訳、河出書房新社、二〇〇七年）

———— (1969 a), « Michel Tournier et le monde sans autrui », *Logique du sens,* Paris, Minuit, p.350-372.（「ミシェル・トゥルニエと他者なき世界」『意味の論理学』（下巻・文庫版）、小泉義之訳、河出書房新社、二〇〇七年）

———— (1969 b), « Platon et le simulacre », *Logique du sens,* Paris, Minuit, p.292-307.（「プラトンとシミュラクル」、『意味の論理学』（下巻）、小泉義之訳、河出書房新社、二〇〇七年）

———— (1969 c), « Klossowksi ou les corps-langage », *Logique du sens,* Paris, Minuit, p.325-350.（「クロソウスキー、あるいは、身体－言葉」『意味の論理学』（下巻・文庫版）、小泉義之訳、河出書房新社、二〇〇七年）

———— (1969 d), *Logique du sens,* Paris, Minuit.（『意味の論理学』（上下巻・文庫版）、小泉義之訳、河出書房新社、二〇〇七年）

———— (1973), « Anti-Œdipe et Mille plateaux », cours Vincennes, 28 mai 1973, < http://www.webdeleuze.com/php/texte.php?cle=171&groupe=Anti%20Oedipe%20et%20Mille%20Plateaux&langue=1 >.

———— (1974), «Anti-Oedipe et Mille plateaux », cours Vincennes, 14 janvier 1974, < http://www.webdeleuze.com/php/texte.php?cle=175&groupe=Anti%20Oedipe%20et%20Mille%20Plateaux&langue=1 >.

———— (1983), « Image mouvement image temps », cours Vincennes - Saint-Denis, 12 avril 1983, <http://www.webdeleuze.com/php/texte.php?cle=72&groupe=Image%20Mouvement%20Image%20Temps&langue=1 >.

———— (1988), *Le pli. Leibniz et le baroque,* Paris, Minuit.（『襞——ライプニッツとバロック』、宇野邦一訳、河出書房新社、一九九八年）

——— (1993), « Bartleby, ou la formule », *Critique et clinique,* Paris, Minuit, p.89-114.（「バートルビー、または決まり文句」、『批評と臨床』、守中高明、谷 昌親訳、河出書房新社、二〇一〇年）

——— (2002/1972), « À quoi reconnaît-on le structuralisme? », *L'île déserte et autres textes. Textes et entretiens* 1953-1974 (D. Lapoujade, sous la dir.), Paris, Minuit, p.238-269.（「何を構造主義と認めるか」、小泉義之訳、『無人島 1969-1971』、河出書房新社、二〇〇三年）

Deleuze Gilles, Guattari Félix (1972), *L'Anti-Œdipe. Capitalisme et schizophrénie,*Paris, Minuit.（『アンチ・オイディプス』、上下巻・文庫版、宇野邦一訳、河出書房新社、二〇〇六年）

——— (1975), *Kafka. Pour une littérature mineure,* Paris, Minuit.（『カフカ：マイナー文学のために』、宇波彰訳、法政大学出版局、一九七八年）

——— (1980), *Mille plateaux. Capitalisme et schizophrénie,* Paris, Minuit.（『千のプラトー』、宇野邦一、小沢秋広、田中敏彦、豊崎光一、宮林寛、守中高明訳、河出書房新社、二〇一〇年）

——— (1984), « Mai 68 n'a pas eu lieu », *Deux régimes de fous. Textes et entretiens* 1975-1995 (D. Lapoujade, sous la dir.), Paris, Minuit, p.215-217.（「六八年五月「革命」は起こらなかった」、杉村昌昭訳、『狂人の二つの体制 1983-1995』河出書房新社、二〇〇四年）

——— (1991), *Qu'est-ce que la philosophie* ?, Paris, Minuit.（『哲学とは何か』、財津 理訳、河出書房新社、二〇一二年）

——— (2003/1987), «Préface pour l'édition italienne de *Mille plateaux* », *Deux régimes de fous. Textes et entretiens* 1975-1995 (D. Lapoujade, sous la dir.), Paris, Minuit, p.288-290.（「『千のプラトー』イタリア語版への序文」、宮林 寛訳、『狂人の二つの体制 1983-1995』、河出書房新社、二〇〇四年）

Deleuze Gilles, Parnet Claire (1996/1977), *Dialogues,* Paris, Flammarion.（『ディアローグ——ドゥルーズの思想』、江川隆男、増田靖彦訳、河出書房新社、二〇一一年）

Dennett Daniel C. (1978), *Brainstorms : Philosophical Essays on Mind and Psychology,* Harmondsworth, Penguin.

Derrida Jacques (2006), *L'animal que donc je suis,* Paris, Galilée. (『動物を追う、ゆえに私は（動物）である』、鵜飼 哲訳、筑摩書房、二〇一四年）

Descola Philippe (1992), « Societies of nature and the nature of society», *in* A. Kuper (sous la dir.), *Conceptualizing Society,* Londres, Routledge, p.107-126.

——— (1996), «Constructing natures: Symbolic ecology and social practice », *in* P. Descola, G. Pálsson (sous la dir.), *Nature and Society: anthropological Perspectives,* London, Routledge, p.82-102.

——— (2005), *Par-delà nature et culture,* Paris, Gallimard.

Détienne Marcel (1981/1967), *Les maîtres de vérité en Grèce archaïque,* Paris, François Maspero.

Donzelot Jacques (1977), « An anti-sociology », *Sémiotext(e),* II (3), 27-44.

Duffy Simon (sous la dir.) (2006), *Virtual Mathematics: The Logic of Difference,*Bolton, Clinamen Press.

Dumont Louis (1971), *Introduction à deux théories d'anthropologie sociale. Groupes de filiation et alliance de mariage,* Paris, Mouton. (『社会人類学の二つの理論』、渡辺公三訳、弘文堂、一九七七年）

Englund Harri, Leach James (2000), « Ethnography and the meta-narratives of modernity», *Current Anthropology,* 41 (2), 225-248.

Erikson P. (1986), « Altérité, tatouage et anthropophagie chez les Pano : la belliqueuse quête de soi », *Journal de la Société des Américanistes,* LXII, 185-210.

Fabian J. (1983), *Time and the Other: How Anthropology makes its Object,* New York, Columbia University Press.

Favret-Saada Jeanne (2000), « La-pensée-Lévi-Strauss », *Journal des anthropologues,*82-83, 53-70.

Fernandes Florestan (1970/1952), *A funçào social da guerra na sociedade Tupinambá* (2e éd.), São Paulo, Livraria Pioneira Editora/ EDUSP.

Fortes Meyer (1969), *Kinship and the Social Order : The Legacy of Lewis Henry Morgan,* London, Routledge & Kegan Paul.

——— (1983), *Rules and the Emergence of Society,* London, Royal Anthropological Institute of Great Britain and Ireland.

Gell Alfred (1998), *Art and Agency: An Anthropological Theory,* Oxford, Clarendon.

——— (1999), « Strathernograms, or the semiotics of mixed metaphors », *The Art of Anthropology : Essays and Diagrams, London, Athlone,* p.29-75.

Goldman Marcio (2005), « Formas do saber e modos do ser : observações Sobre multiplicidade e ontologia no candomblé », *Religião e Sociedade,* 25 (2), 102-120.

Gregory Chris (1982), *Gifts and Commodities,* Londres, Academic Press.

Griaule Marcel, Dieterlen Germaine (1965), *Le renard pâle,* Paris, Institut d'ethnologie. (『青い狐——ドゴンの宇宙哲学』、坂井信三訳、せりか書房、一九八六年)

Hallowell A. Irving (1960), « Ojibwa ontology, behavior, and world view», *in* S. Diamond (sous la dir.), *Culture in History: Essays in Honor of Paul Radin,* New York, Columbia University Press, p.49-82.

Hamberger Klaus (2004), « La pensée objectivée », *in* M. Izard (sous la dir.), *Lévi-Strauss,* Paris, Éd. de L'Herne, p.339-346.

Héritier Françoise (1981), *L'exercice de la parenté,* Paris, Gallimard/Le Seuil.

Herzfeld Michael (2001), « Orientations: Anthropology as a practice of theory », *in* M. Herzfeld (éd.), *Anthropology: Theoretical Practice in Culture and Society,* London, Blackwell/Unesco.

——— (2003), « The unspeakable in persuit of the ineffable: Representations of untranslability in ethnographic discourse », *in* P. G. Rubel et A. Rosman (eds), *Translating Cultures. Perspectives on Translation and Anthropology,* Oxford/New York, Berg, p.109-134.

Holbraad Martin (2003), « Estimando a necessidade: os oráculos de ifá e a verdade em Havana », *Mana,* 9 (2), 39-77.

Holbraad Martin, Willerslev Rane (2007), « (Afterword) Transcendental perspectivism : Anonymous viewpoints from Inner Asia », *Inner Asia (Special Issue: Perspectivism)* , 9 (2), 311-328.

Hubert Henri, Mauss Marcel (1969/1899), « Essai sur la nature et fonction du sacrifice », *in* M. Mauss, *Œuvres l,* Paris, Minuit, p.193-307. (『供儀』、小関藤一郎訳、法政大学出版局、一九九三年)

——— (1950/1902-1903), «Esquisse d'une théorie générale de la magie », *in* M. Mauss, *Sociologie et anthropologie,* Paris, PUF, p.3-141.（「呪術の一般理論の素描」、『社会学と人類学Ｉ』、有地 亨、伊藤昌司、山口俊夫訳、弘文堂、一九七三年）

Hugh-Jones Stephen (1979), *The Palm and the Pleiades. Initiation and Cosmology in North- West Amazonia,* Cambridge, Cambridge University Press.

——— (1996), « Shamans, prophets, priests and pastors », *in* N. Thomas et C. Humphrey (sous la dir.), *Shamanism, History, and the State,* Ann Arbor, Universityof Michigan Press, p.32-75.

Ingold Tim (1991), « Becoming persons : Consciousness and sociality in human evolution », *Cultural Dynamics,* IV (3), 355-378.

——— (1992), « Editorial », *Man,* 27 (1).

——— (2000), *The Perception of the Environment. Essays on Livelihood, Dwelling and Skill,* London, Routledge.

Jameson Frederic (1997), « Marxism and dualism in Deleuze », *The South Atlantic Quarterly,* 96 (3), 393-416.

Jensen Casper B. (2003), « Latour and Pickering: Post-human perspectives on science, becoming, and normativity », *in* D. Ihde et E. Selinger (or.), *Chasing Technoscience: Matrix for Materiality,* Bloomington, Indiana University Press, p.225-240.

——— (2004), « A nonhumanist disposition : On performativity, practical ontology, and intervention », *Configurations,* 12, 229-261.

Jullien François (2008), *De l'universel, de l'uniforme, du commun et du dialogue entre les cultures,* Paris, Fayard.

Jullien François, Marchaisse Thierry (2000), *Penser d'un dehors (la Chine). Entretiens d'Extrême-Occident,* Paris, Le Seuil.

Kohn Eduardo (2002), « Natural engagements and ecological æsthetics among the Àvila Runa of Amazonian Ecuador », Tese de doutorado, University of Wisconsin/Madison.

——— (2005), « Runa realism : Upper Amazonian attitudes to nature knowing », *Ethnos,* 70 (2), 171-196.

Kuper Adam (2003), « The return of the native », *Current Anthropology,* 44 (3), 389-402.

Kwa Chunglin (2002), « Romantic and baroque conceptions of complex wholes in the sciences », *in* J. Law et A. Mol (sous la dir.),

Complexities. Social Studies of Knowledge Practices, Durham, Duke University Press, p.23-52.

Lambek M. (1998), « Body and mind in mind, body and mind in body : Some anthropological interventions in a long conversation », *in* A. Strathen et M. Lambek (sous la dir.), *Bodies and Persons: Comparative Perspectives from Africa and Melanesia,* Cambridge, Cambridge University Press, p.103-122.

Lapoujade David (2006), « Le structuralisme dissident de Deleuze », *in* A. Akay (org.), *Gilles Deleuze için / Pour Gilles Deleuze,* Istanbul, Akbank Sanat, p.27-36.

Latour Bruno (1991), *Nous n'avons jamais été modernes,* Paris, La Découverte.（『虚構の「近代」——科学人類学は警告する』、川村久美子訳、新評論、二〇〇八年）

———— (1993), « An interview with Bruno Latour (with T. H. Crawford) », *Configurations,* 1/2, 247-268.

———— (1996 a), « Not the question », *Anthropology Newsletter,* 37 (3).

———— (1996 b), *Petite réflexion sur le culte moderne des dieux faitiches,* Le Plessis-Robinson, Les Empêcheurs de penser en rond.

———— (1999), *Politiques de la nature : comment faire entrer les sciences en démocratie,* Paris, La Découverte.

———— (2002), *War of the Worlds: What about Peace ?,* Chicago, Prickly Paradigm Press.

———— (2005), *Reassembling the Social. An Introduction to Actor-Network Theory,* Oxford, Oxoford University Press.

Lawlor Leonard (2003), « The beginnings of thought : The fundamental experience in Derrida and Deleuze », *in* P. Patton et J. Protevi (sous la dir.), *Between Deleuze and Derrida,* London, Continuum, p.67-83.

Leach Edmund (1961 [1951]), « Rethinking anthropology », *Rethinking Anthropology,* London, Athlone, p.1-27.（「人類学再考」、『人類学再考』、青木 保、井上兼行訳、思索社、一九七四年）

Lévi-Strauss Claude (1943), « The social use of kinship terms among Brazilian Indians », *American Anthropologist,* 45 (3), 398-409.

———— (1944), « Reciprocity and hierarchy », *American Anthropologist,* 46 (2), 266-268.

———— (1950), « Introduction à l'œuvre de Marcel Mauss », *in* M. Mauss, *Sociologie et anthropologie,* Paris, PUF, p.IX-LII.（「マルセル・モースの業績解題」、清水昭俊、菅野盾樹訳、アルク誌編『マルセル・モースの世界』、みすず書

房、一九七四年）

――(1955), *Tristes tropiques*, Paris, Plon.（『悲しき熱帯』、川田順造訳、中央公論新社、二〇〇一年）

――(1958/1952), « La notion de structure en ethnologie », *in* Lévi-Strauss, 1958, p.303-351.（「民族学における構造の観念」、『構造人類学』、荒川幾男訳、みすず書房、一九七二年）

――(1958/1954), « Place de l'anthropologie dans les sciences sociales et problèmes posés par son enseignement », *in* Lévi-Strauss, 1958, p.377-418.（「社会科学における人類学の位置、および、人類学の教育が提起する諸問題」、『構造人類学』、荒川幾男訳、みすず書房、一九七二年）

――(1958/1955), « La structure des mythes », *in* Lévi-Strauss, 1958, p.227-255.（「神話の構造」、『構造人類学』、荒川幾男訳、みすず書房、一九七二年）

――(1958), *Anthropologie structurale*, Paris, Plon.（『構造人類学』、荒川幾男訳、みすず書房、一九七二年）

――(1962 a), *Le totémisme aujourd'hui*, Paris, PUF.（『今日のトーテミスム』、仲澤紀雄訳、みすず書房、二〇〇〇年）

――(1962 b), *La pensée sauvage*, Paris, Plon.（『野生の思考』、大橋保夫訳、みすず書房、一九八〇年）

――(1964), *Mythologiques* Ⅰ : *Le cru et le cuit*, Paris, Plon.（『生のものと火を通したもの――神話論理Ⅰ』、早水洋太郎訳、みすず書房、二〇〇六年）

――(1966), *Mythologiques II: Du miel aux cendres*, Paris, Plon.（『蜜から灰へ――神話論理Ⅱ』、早水洋太郎訳、みすず書房、二〇〇七年）

――(1967/1949), *Les structures élémentaires de la parenté*, 2e éd., Paris, Mouton.（『親族の基本構造』、福井和美訳、青弓社、二〇〇〇年）

――(1967), *Mythologiques III: L'origine des manières de table*, Paris, Plon.（『食卓作法の起源』、渡辺公三、榎本譲、福田素子、小林真紀子訳、みすず書房、二〇〇七年）

――(1971), *Mythologiques IV: L'homme nu*, Paris, Plon.（『裸の人Ⅰ・Ⅱ――神話論理Ⅳ』、吉田禎吾、木村秀雄、中

島ひかる、廣瀬浩司、瀧浪幸次郎、渡辺公三、福田素子、鈴木裕之、真島一郎訳、みすず書房、二〇〇八年、二〇一〇年）

——— (1973/1952), « Race et histoire », *in* Lévi-Strauss, 1973, p.377-422.（『人種と歴史』、荒川幾男訳、みすず書房、一九七〇年）

——— (1973/1960),« Le champ de l'anthropologie », *in* Lévi-Strauss, 1973, p.11-44.

——— (1973/1964), « Critères scientifiques dans les disciplines sociales et humaines », *in* Lévi-Strauss, 1973, p.339-364.

——— (1973), *Anthropologie structurale deux,* Paris, Plon.

——— (1979), *La voie des masques* (éd. revue, augmentée et rallongée de trois excursions), Paris, Plon.（『仮面の道』、山口昌男、渡辺守章訳、新潮社、一九七七年）

——— (1984), *Paroles données,* Paris, Plon.（『パロール・ドネ』、中沢新一訳、講談社、二〇〇九年）

——— (1985), *La potière jalouse,* Paris, Plon.（『やきもち焼きの土器つくり』、渡辺公三訳、みすず書房、一九九七年）

——— (1991), *Histoire de Lynx,* Paris, Plon.

——— (2000), « Postface », *L'Homme,* 154-155,713-720.

——— (2001), « Hourglass configurations », *in* P. Maranda (sous la dir.), *The Double Twist: From Ethnography to Morphodynamics,* Toronto, University of Toronto Press, p.15-32.

——— (2004), « Pensée mythique et pensée scientifique », *in* M. Izard (sous la dir.), *Lévi-Strauss,* Paris, Éd. de L'Herne, p.40-42.（「神話の思考と科学の思考」、松本潤一郎訳、『現代思想』一月号、二〇〇九年）

——— (2008), Œ*uvres,* Paris, Gallimard, « Bibliothèque de la Pléiade ».

Lévi-Strauss Claude, Charbonnier Georges (1961), *Entretiens avec Claude LéviStrauss,* Paris, UGE, « 10/18 ».（『レヴィ＝ストロースとの対話』、多田智満子訳、みすず書房、一九七〇年）

Lévi-Strauss Claude, Éribon Didier (1988), *De près et de loin,* Paris, Odile Jacob.（『遠近の回想』、竹内信夫訳、みすず書房、二〇〇八年）

Lienhardt Godfrey (1961), *Divinity and Experience: The Religion of the Dinka,* Oxford, Oxford University Press.

Lima Tânia Stolze (1999/1996), «The two and its many : Reflections on perspectivism in a Tupi cosmology », *Ethnos,* 64 (1), 107-131.

——— (2005), *Um peixe olhou para mim : O povo Yudjá e a perspectiva,* São Paulo, Edunesp/NuTI/ISA.

Lyotard Jean-François (1977), « Energumen capitalism », *Semiotext(e),* II (3), 11-26.

Maniglier Patrice (2000), « L'humanisme interminable de Lévi-Strauss », *Les Temps modernes,* 609, 216-241.

——— (2005a), « Des us et des signes. Lévi-Strauss: philosophie pratique », *Revue de Métaphysique et de Morale,* n° 1/2005, pp.89-108.

——— (2005 b), « La parenté des autres. (À propos de Maurice Godelier, *Métamorphoses de la parenté)* », *Critique,* n° 701, octobre 2005, pp.758-774.

——— (2006 a), *La vie énigmatiques des signes. Saussure et la naissance du structuralisme,* Paris, Léo Scheer.

——— (2009), *The Structuralist Legacy, History of Continental Philosophiy,* Alan Schrift ed., vol. 7 : *Post-Poststructuralism (1980-1995),* Rosi Braidotti ed., Acumen, 2009 (à paraître).

Menget Patrick (sous la dir.) (1985 a), « Guerres, sociétés et vision du monde dans les basses terres de l'Amérique du Sud », *Journal de la Société des américanistes,* LXXI, 129-208.

——— (1985 b), « Jalons pour une étude comparative (dossier «Guerre, société et vision du monde dans les basses terres de l'Amérique du Sud») », *Journal de la Société des américanistes,* LXXI, 131-141.

——— (1988), « Note sur l'adoption chez les Txicão du Brésil central », *Anthropologie et Sociétés,* 12 (2), 63-72.

Merleau-Ponty Maurice (1995/1956), *La nature: notes et cours du Collège de France, suivi des Résumés des cours correspondants de Maurice MerleauPonty,* Paris, Le Seuil.

Munn Nancy (1992/1986), *The Fame of Gawa: A Symbolic Study of Value Transformation* in *a Massim (Papua New Guinea) Society,* Durham et Londres, Duke University Press.

Nadaud Stéphane (2004), « Les amours d'une guêpe et d'une orchidée », in F. Guattari, *Écrits pour l'Anti-Œdipe (textes agencés par S. Nadaud)* , Paris, Lignes et Manifestes, p.7-27. (「編者序——スズメバチと蘭の愛」、ステファン・ナドー編『アンチ・オイディプス草稿』、國分功一郎、千葉雅也訳、みすず書房、二〇一〇年)

Overing Joanna (1983), « Elementary structures of reciprocity : A comparative note on Guianese, Central Brazilian, and North-West Amazon sociopolitical thought », *Antropologica,* 59-62, 331-348.

——— (1984), « Dualism as an expression of differences and danger : Marriage exchange and reciprocity among the Piaroa of Venezuela », *in* K. Kensinger (sous la dir.), *Marriage Practices in Lowland South America,* Urbana et Chicago, University of Illinois Press, p.127-155.

Pagden Anthony (1982), *The Fall of Natural Man : The American lndian and the Origins of Comparative Ethnology,* Cambridge, Cambridge University Press.

Pedersen Morten A. (2001), « Totemism, animism and North Asian indigenous ontologies, *Journal of the Royal Anhtropological lnstitute,* 7 (3), 411-427.

Petitot Jean (1999), « La généalogie morphologique du structuralisme », *Critique,* LV (620-621), 97-122.

Pignarre Philippe, Stengers Isabelle (2005), *La sorcellerie capitaliste. Pratiques de désenvoûtement,* Paris, La Découverte.

Richir Marc (1994), « Qu'est-ce qu'un dieu? Mythologie et question de la pensée », *in* F.-W. Schelling, *Philosophie de la mythologie,* Paris, Jérôme Millon, p.7-85.

Rivière Peter (1984), *lndividual and Society in Guiana : A Comparative Study of Amerindian Social Organization,* Cambridge, Cambridge University Press.

Rodgers David (2002), « A soma anômala : a questão do suplemento no xamanismo e menstruação ikpeng », *Mana,* 8 (2), 91-125.

——— (2004), *Foil,* MS inédit.

Sahlins M. (1985), *Islands of History,* Chicago, University of Chicago Press.

——— (1995), *How « Natives » think : About Captain Cook, for Example,* Chicago, University of Chicago Press. (『歴史の島々』、

山本真鳥訳、法政大学出版局、一九九三年）

——— (2000), «What is anthropological enlightenment? Some lessons from the twentieth century », *in* M. Sahlins, *Culture in Practice : Selected Essays,* New York, Zone Books, p.501-526.

Schrempp Gregory (2002), *Magical Arrows : The Maori. the Greeks, and the Folklore of the Universe,* Madison, University of Wisconsin Press.

Seeger Anthony, DaMatta Roberto, Viveiros de Castro Eduardo (1979), « A construção da pessoa nas sociedades indigenas brasileiras », *Boletim do Museu Nacional,* 32 (2-19).

Sloterdijk Peter (2000), *La domestication de l'Être,* Paris, Mille et Une Nuits.

Smith David W. (2006), « Axiomatics and problematics as two modes of formalisation : Deleuze's epistemology of mathematics », *in* S. Duffy (sous la dir.), *Virtual Mathematics : The Logic of Difference,* Bolton, Clinamen Press, p.185-168.

Soares de Souza Gabriel (1972/1587), *Tratado descritivo do Brasil em 1587,* São Paulo, Cia Editora Nacional/Edusp.

Stasch R. (2009), *Society of Others* : *Kinship and Mourning in a West Papuan Place,* Berkeley, University of California Press.

Stengers Isabelle (2002), *Penser avec Whitehead,* Paris, Le Seuil.

——— (2003/1996), *Cosmopolitiques,* Paris, La Découverte / Les Empêcheurs de penser en rond.

Strathern Marilyn (1987), « The limits of auto-anthropology », *in* A. Jackson (sous la dir.), *Anthropology at Home,* London, Tavistock, p.59-67.

——— (1988), *The Gender of the Gift : Problems with Women and Problems with Society in Melanesia,* Berkeley, University of California Press.

——— (1991), *Partial Connections,* Savage (Md.), Rowman & Littlefield.

——— (1992 a), *After Nature : English Kinship in the Late Twentieth Century,* Cambridge, Cambridge University Press.

——— (1992 b), «Parts and wholes : Refiguring relationships in a post-plural world », in *Reproducing the Future : Anthropology, Kinship, and the New Reproductive Technologies,* New York, Routledge, p.90-116.

——— (1992 c), «Future kinship and the study of culture », in *Reproducing the Future : Anthropology, Kinship, and the New Reproductive Technology,* New York, Routledge, p.43-63

——— (1995), « The nice thing about culture is that everyone has it », *in* M. Strathern (dir.), *Shifting Contexts : Transformations in Anthropological Knowledge,* Londres and New York, Routledge, p.153-176.

——— (1996), « Cutting the network », *Journal of the Royal Anthropological Institute, NS* 2 (4), 517-535.

——— (1999), *Property, Substance and Effect : Anthropological Essays on Persons and Things,* Londres, Athlone.

——— (2001), « Same-sex and cross-sex relations : Some internal comparisons », *in* T. Gregor et D. Tuzin (sous la dir.), *Gender in Amazonia and Melanesia. An exploration of the Comparative Method,* Berkeley, University of California Press, p.221-244.

——— (2005), *Kinship, Law and the Unexpected. Relatives are always a Surprise,* Cambridge, Cambridge University Press.

Strathern Marilyn, Peel James D. Y., Toren Cristina, Spencer Jonathan (1996/1989), « The concept of society is theoretically obsolete », *in* T. Ingold (sous la dir.), *Key Debates in Anthropology,* Londres, Routledge, p.55-98.

Tarde Gabriel (1999/1895), *Œuvres de Gabriel Tarde, vol. 1 : Monadologie et sociologie,* Le Plessis-Robinson, Institut Synthélabo. (「モナド論と社会学」, 『社会法則／モナド論と社会学』, 村澤真保呂, 信友建志訳, 河出書房新社, 二〇〇八年)

Taylor Anne-Christine (1985), « L'art de la réduction », *Journal de la Société des américanistes,* LXXI, 159-173.

——— (1993), « Les bons ennemis et les mauvais parents: le traitement symbolique de l'alliance dans les rituels de chasse aux têtes des Jivaros de l'Équateur », *in* E. Copet et F. Héritier-Augé (sous la dir.), *Les complexités de l'alliance,* IV: *Économie, politique et fondements symboliques de l'alliance,* Paris, Archives contemporaines, p.73-105.

——— (2000), « Le sexe de la proie : représentations jivaro du lien de parenté », *L'Homme,* 154-155, 309-334.

——— (2004), « Don Quichotte en Amérique », *in* M. Izard (sous la dir.), *Lévi-Strauss,* Paris, Éd. de L'Herne, p.92-98.

——— (2009), *Corps, sexe et parenté: une perspective amazonienne,* ms. inédit.

——— (s.d.), *Perspectives de recherche : l'anthropologie du sujet,* ms. inédit.

Taylor Anne-Christine, Viveiros de Castro Eduardo (2006), « Un corps fait de regards », *in* S. Breton, J.-M. Schaeffer, M. Houseman, A.-C. Taylor et E. Viveiros de Castro (sous la dir.), *Qu'est-ce qu'un corps ? (Afrique de l'Ouest / Europe occidentale / Nouvelle-Guinée / Amazonie),* Paris, Musée du Quai-Branly / Flammarion, p.148-199.

Vernant Jean-Pierre (1996/1966), « Raisons d'hier et d'aujourd'hui », *Entre mythe et politique,* Paris, Le Seuil, p.229-236.

Viveiros de Castro Eduardo (1992/1986), *From the Enemy's Point of View : Humanity and Divinity in an Amazonian Society,* Chicago, University of Chicago Press.

——— (1990), « Princípios e parâmetros : um comentário a *L'exercice de la parenté* », *Comunicações do PPGAS,* 17, 1-106.

——— (1998/1996), « Cosmological deixis and Ameridian perspectivism », *Journal of the Royal Anthropological Institute,* 4 (3), 469-488.

——— (1998), « Cosmological perspectivism in Amazonia and elsewhere », Conférences inédites, Cambridge.

——— (2001 a), « A propriedade do conceito : sobre o plano de imanência amerindio », XXV Encontro Annual da ANPOCS, Caxambu.

——— (2001 b), « GUT feelings about Amazonia : Potential affinity and the construction of sociality », *in* L. Rival et N. Whitehead (sous la dir.), *Beyond the Visible and the Material : The Amerindianization of Society in the Work of Peter Rivière,* Oxford, Oxford University Press, p.19-43.

——— (2002 a), «Perspectivismo e multinaturalismo na América indigena », *A inconstância da alma selvagem,* São Paulo, Cosac & Naify, p.345-399.

——— (2002 b), « O problema afinidade na Amazônia », *in* E. Viveiros de Castro, *A inconstância da alma selvagem,* São Paulo, Cosac & Naify, p.87-180.

——— (2002 c), «O nativo relativo », *Mana,* 8 (1), 113-148.

——— (2003), « And », *Manchester Papers in Social Anthropology,* 7, 1-20.

——— (2004 a), « Perspectival anthropology and the method of controlled equivocation », *Tipiti,* 2 (1), 3-22.

——— (2004 b), « Exchanging perspectives : The transformation of objects into subjects in Amerindian cosmologies », *Common Knowledge,* 10 (3), 463-484.

——— (2006), « Une figure humaine peut cacher une affection-jaguar. Réponse à une question de Didier Muguet », *Multitudes,* 24, 41-52.

——— (2008 a), « The gift and the given : Three nano-essays on kinship and magic », *in* S. Bamford et J. Leach (sous la dir.), *Kinship and beyond : The Genealogical Model Reconsidered,* Oxford, Berghahn Books, p.237-268.

——— (2008 b), « Immanence and fear, or, the enemy first », *Keynote Address* à la Conference « Indigeneities and Cosmopolitanisms », Toronto, Canadian Anthropological Society and American Ethnological Society.

——— (2008 c), « Xamanismo transversal : Lévi-Strauss e a cosmopolítica amazônica », *in* R. C. de Queiroz et R. F. Nobre (sous la dir.), *Lévi-Strauss : leituras brasileiras,* Belo Horizonte, Editora da UFMG, p.79-124.

Wagner Roy (1972), « Incest and identity : A critique and theory on the subject of exogamy and incest prohibition », *Man,* 7 (4), 601-613.

——— (1977), « Analogic kinship : A Daribi example », *American Ethnologist,* 4 (4), 623-642.

——— (1978), *Lethal Speech : Daribi Myth as Symbolic Obviation,* Ithaca, Cornell University Press.

——— (1981/1975), *The Invention of Culture,* 2e éd., Chicago, University of Chicago Press. (『文化のインベンション』、山崎美恵、谷口佳子訳、玉川大学出版部、二〇〇〇年)

——— (1986), *Symbols that stand for Themselves,* Chicago, The University of Chicago Press.

——— (1991), « The fractal person », *in* M. Godelier et M. Strathern (sous la dir.), *Big Men and Great Men : Personification of Power in Melanesia,* Cambridge, Cambridge University Press, p.159-173.

Willerslev Rane (2004), « Not animal, not not-human : Hunting and empathetic knowledge among the Siberian Yukaghirs », *Journal of the Royal Anthropological Institute,* 10 (3), 629-652.

Wolff Francis (2000), *L'être, l'homme, le disciple*, Paris, PUF, « quadrige ».

Zourabichvili François (2003), *Le vocabulaire de Deleuze*, Paris, Ellipses.

——— (2004/1994), « Deleuze. Une philosophie de l'événement », *in* F. Zourabichvili, A. Sauvargnargues et P. Marrati (sous la dir.), *La philosophie de Deleuze*, Paris, PUF, p.1-116.（『ドゥルーズ・ひとつの出来事の哲学』、小沢秋広訳、河出書房新社、一九九七年）

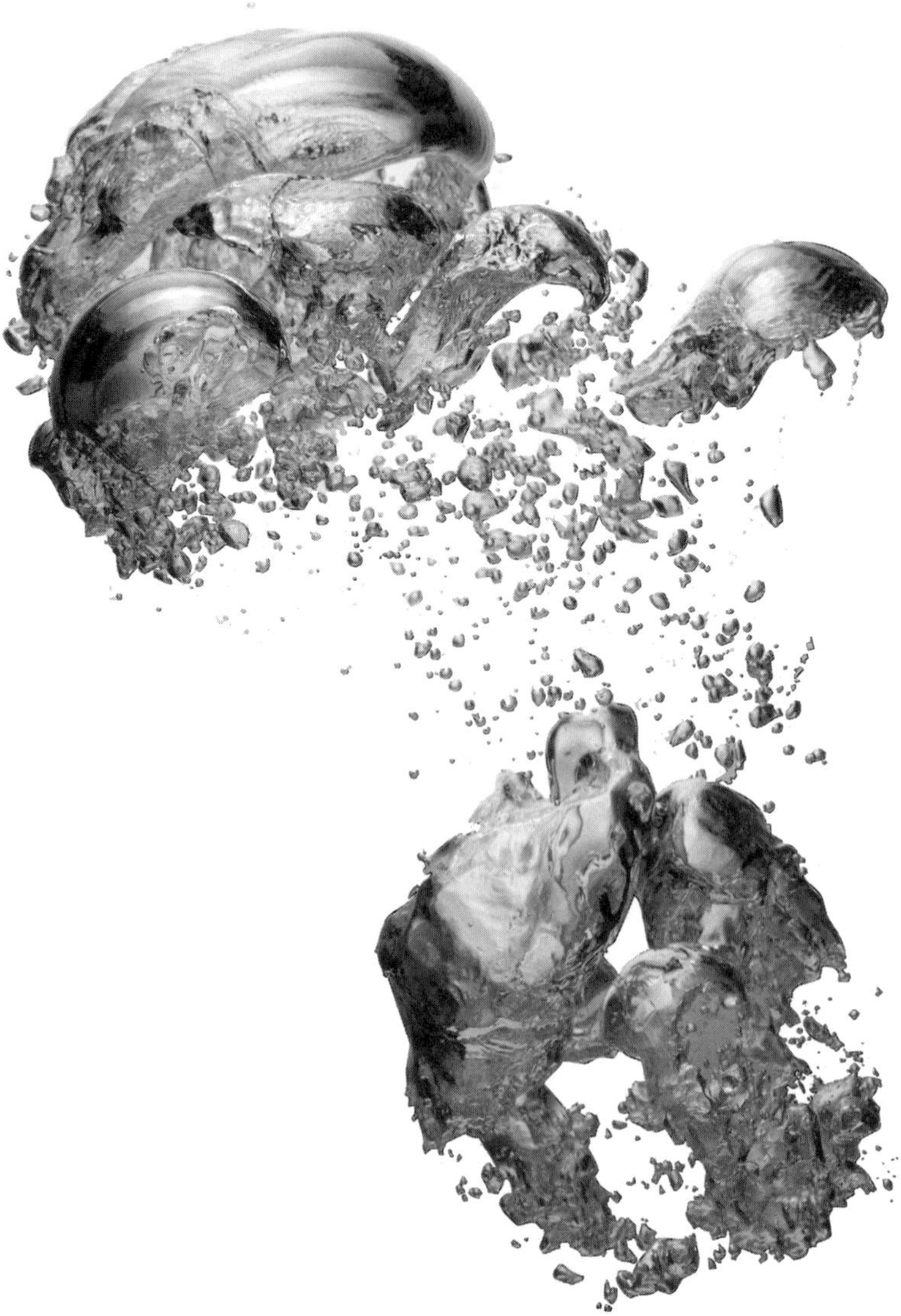

訳者あとがき……山崎吾郎

『アンチ・オイディプス』から『アンチ・ナルシス』へ　『食人の形而上学』解説……檜垣立哉

訳者あとがき

山崎吾郎

本書は、Eduardo Viveiros de Castro, *Métaphysiques cannibales: Lignes d'anthropologie post-structurale*, Paris: PUF, 2009の全訳である。原書には、ポルトガル語からの翻訳との表記があるが、公刊されたものとしては同版が最初であり、著者によれば、フランス語版には詳細に目を通しており「オリジナル」と考えて差し支えないとのことであった。なお、二〇一一年に本書のスペイン語訳、二〇一四年に英語訳がそれぞれ出版されており、二〇一五年にはポルトガル語版が出版予定とされている。翻訳に際しては、英語訳を部分的に参考にさせていただいた。

著者のエドゥアルド・ヴィヴェイロス・デ・カストロは、一九五一年生まれ、リオデジャネイロにある国立博物館に所属する人類学者であり、アマゾンの先住民アラウェテの社会やそのコスモロジーを専門的に研究する民族誌家である。これまでの代表的な研究には、アラウェテの民族誌である『敵の視点から――アマゾン社会における人間性と神性』(*From the Enemy's Point of View: Humanity and Divinity in an Amazonian Society*, University of Chicago Press, 1992 未訳)があるほか、主にポルトガル語や英語で多くの論文や著作を発表している。日本語で読むことのできる論文には、「強度的出自と悪魔的縁組」(山崎吾郎・小倉拓也訳、『現代思想』二〇一一年一一月号)――本書の第Ⅱ部と関わりが深い――、「内在と恐怖」(丹羽充訳、『現代思想』二〇一三年一月号)、そして本書の最終章である「構造主義の生成変化」(檜垣立哉・山崎吾郎訳、『思想』二〇一三年二月号)がある。本書は、二〇〇二年以降に公刊された著者の論文を下敷きにして書かれたものであるが、その内容は大幅に展開されており、近年の人類学の研究動向とのかかわりを含めて、著者の理論的関心が凝縮された一冊といえるだろう。著者の研究経歴や近年の関心については、『思想』(二〇一三年二月号)に付した訳者解説に、本人へのインタビューに基づく紹介が掲載されているので、そちらも併せて参照いただければ幸いである。

人類学理論の再建と同時に、現代人類学への問題提起や手厳しい批判を多く含んだ本書は、人類学と哲学の相互交差――加えて、人類学のなかで個別に展開しているいくつかの関心の「奇妙な相互交差」――を手掛かりとしながら、人類学の進むべき道を、二つの方向に展開している。その二つの方向性とは、ひとつは、ドゥルーズの哲学的方法にヒントを得ながら、構造主義やレヴィ＝ストロースの『神話論理』を再評価し、そのことで、現在にまで通じる「マイナーな構造主義」の系譜を描きだすというものである。この作業を通じて、人類学がもつ哲学とは異なる概念創造の方法を明確にしようとする試みがなされる。そしてもうひとつは、アメリカ先住民のコスモロジーの解釈をとおして、「思考の永続的な脱植民地化」という、文化人類学がかつてもち得た理念に立ち戻ることを主張し、そこからアンチ・ナルシスの壮大な構想を示してみせるというものである。ドゥルーズの哲学は、このいずれの方向性においても決定的な仕方でかかわりをもつことになるのだが、ここでは、主に人類学の文脈に引きつけながら、本書をとりまく状況やその影響範囲を断片的に記しておきたい。

ヴィヴェイロス・デ・カストロの名前が英語圏で（つまり、今日では「グローバルに」）繰り返し言及されるようになった大きな契機は、一九九八年に英語で公刊された論文Cosmological Deixis and Amerindian Perspectivism (*Journal of the Royal Anthropological Institute*, Vol. 4, No. 3) であったといえる（ポルトガル語版は一九九六年に公刊されている）。この論文のなかで著者は、アメリカ先住民の宇宙論的な直示の体系から、本書においても中心的な位置づけをもっているパースペクティヴ主義の概念を提起している。その後に繰り返し議論されることになるこの概念は、本文中の表現を用いて言えば、「すべての存在者は、世界を同じ仕方でみている。変化するのは、それがみている世界なのである」（72頁）ということになる。そして、世界に実在するのは、物自体ではなく、「関係論的な直接的多様性」(76頁)なのだと主張する。従来の認識論的条件を転倒させるともいえるこの概念は、なによりアマゾンの先住民の宇宙論から引きだされているのだが、同時にこれは、現代の人類学が陥っている理論的停滞に抗して「他者の再定義」をするうえで、決定的な意味をもつものでもある。

世界を多様性そのものとしてとらえるこの概念は、まずは相対主義との明確な差異において語られている。パースペクティヴとは、「相対主義と普遍主義のあいだの対立に直角に交わる」(43頁)概念なのである。そして著者は、普遍－相対という認識論上の軸が、その背景に自然－文化の大いなる分割というパラダイムを隠し持っていることに目を向け、それを疑問に付すために、いわばパースペクティヴ主義とセットになって登場する「多自然」のイメージを打ちだす。レヴィ＝ストロースの再読を通じて導入されるこの概念によって示されているのは、身体(自然)の単一性と文化の複数性を主張する西洋の形而上学に対する、精神の単一性と身体(自然)の多数性を主張する「彼らの哲学」の可能性にほかならない。

多自然主義は、多様体としての自然を、いわば多文化主義との対比において表現した概念であるが、この表現上の対比は、あくまで表現上のものにすぎないともいえる。というのも、多自然という理念は、文化が複数あるという意味で、自然のとらえ方が複数あるというのではないからだ。むしろ、多様な文化や多様な自然が存在するという代わりに、文化とは、自然とは、多様性そのもののことなのだと主張するのである。

本書のタイトルに用いられている「食人」のモチーフは、アメリカ先住民に対して向けられる歴史的なスティグマを指しているのではなく、むしろ、パースペクティヴが成立する条件としての、捕食の関係性を指していると考えられる。それは、パースペクティヴの交換や転倒が、あらゆる場所で生じるのではなく、捕食の実践的なコンテクストにおいてこそ現れるということでもある。食う－食われるという相対的な立場があるからこそ、そこから、「強度的な人間」としての視点を取りだすことができるのだと著者は論じている。人間性とは、この原初的な他者との関係性においてこそ、引きだされるのである。そして、この関係性から引きだされる情動や能力の束こそが、身体であり、そして、パースペクティヴの起源なのだと規定することで、食人の形而上学的なモチーフは、身体あるいは自然のとらえなおしという議論へと展開していく。

こうした議論が、人類学の文脈において直接的な批判の対象としているのは、やはり一九八〇年代以降のポスト・モダン人類学だということになるだろう。ポスト・モダン人類学がこの分野にあたえた影響は、しばしば「衝撃」と形容されるほどに大きなものであったのだが、こうした衝撃に対する本書の批判は、きわめて厳しい。つまり、その衝撃の大きさとは裏腹に、実際にこのポストモダニズムの教義が押し進めたのは、「他者」に対する歪んだナルシシズムの増幅であり、それを補うための狭隘な疑似実証主義的プロジェクトであり、その結果としてもたらされたのは、他者への接近不可能性という絶望的な認識論的論争であり、この分野がかつて持ちえた理論的想像力の喪失であり、つまるところ分野全体の停滞にほかならなかったというのだ。人類学が陥っている現在の停滞が、文化相対主義や多文化主義の理論的想定と深いかかわりをもっていることを示したうえで、著者は、「多自然主義」というまったく異なる理念を、アマゾンの先住民のコスモロジーに寄り添いながら、一種の逃走線として提示してみせるのである。

第1章に登場する三人の人類学者——ロイ・ワグナー、ブリュノ・ラトゥール、マリリン・ストラザーン——の仕事は、こうした著者の関心と相互交差するような、マイナー構造主義の系譜としてとりあげられている。それは、一九八〇年代以降に人類学を席巻した「衝撃」の傍らで、必ずしも明示的ではない仕方で個別に進められてきた研究である。日本においても、「サイエンス・ウォーズ」における悪名とともにラトゥールの名前が知られている以外には、彼彼らの仕事はこの間ほとんど紹介されてこなかった。そのラトゥールに関しても、彼の研究を構造主義の系譜において解釈しようという議論は、ほとんどみられなかったように思われる。さらには、前‐構造主義者にしてポスト構造主義者という、謎めいたレヴィ＝ストロースの姿がこれらの研究の背後に控えているのだという本書の示唆は、人類学の今後の方向性を打ちだすに十分なインパクトを持っているだろう。

本書で描かれた、こうしたマイナー科学としての人類学プロジェクトの系譜は、主として、先に挙げられた三人の（著者を含めて四人の）人類学者たちから影響を受けた次の世代の研究者たちによって、現在「比較存在論」（18頁）という旗印のもとに、引き継がれている。その一端に触れておくと、マリリン・ストラザーンの下で人類学を学んだ研究者たちによってなされている人類学的な存在論のプロジェクトや、「存在論的転回」をスローガンに掲げた一連の議論を挙げることができる。▼1 いずれも、多文化主義的な観点からとらえられた文化間の比較というよりは、むしろ存在論としての比較という新たな方法論をめぐる議論を巻き起こしている。ただし、本書の記述に立ち戻ってみれば、こうした「比較存在論」は、本書が狙いを定める主題そのものであるというよりは、本書以降の議論のひとつの発展的な展開ととらえるのが適切であるようにも思われる。

ヴィヴェイロス・デ・カストロの挑発的とも思える現代人類学への問題提起は、とりわけ本書の出版以降、さまざまな場所で反響を呼び起こしている。そうした論争的な場面にも目を向けてみると、おそらくそのもっとも典型的な対立軸は、本文でも触れられているフィリップ・デスコラとの立場の相違ということになるのではないだろうか。本書では、デスコラに対する研究上の長年の影響関係に対して最大の敬意が払われているものの、彼の仕事は、著者が（あるいはドゥルーズが）距離を取ろうとするカント主義的な人類学的プロジェクトの系譜にはっきりと位置づけられている。その一方で、自らの関心を、後期レヴィ＝ストロースやドゥルーズとの関連で、非カント的な人類学の構想として提示するのである。本書の出版直後にスリジー（フランス）で開かれたシンポジウムを主催したブリュノ・ラトゥールは、この立場上の違いを、独特の軽妙な表現でつぎのように描いている。すなわち、デスコラが、存在論を分類によって取り出そうとする「タイプ」への志向性をあくまで保持するのに対して、そうした分類の条件そのものを破壊と再生のラディカルな理論的運動として描くために「爆弾《ボム》」を仕掛けるのが、ヴィヴェイロス・デ・カストロというわけだ。[2] デスコラが、西洋的な自然主義《ナチュラリズム》とは異なる存在論を、アニミズム、トーテミズム、アナロジズムという複数の様態の分類によって理解しようとするのに対して、ヴィヴェイロス・デ・カストロの議論は、そうしたマトリックスを横断する動きそのものへ、すなわち多様体としての自然の理解へと向かう。この相違は、デュルケムの宗教論を下敷きにしたデスコラに対する、タルド－ドゥルーズを経たヴィヴェイロス・デ・カストロの

1―― たとえば、Herare, Amiria, Martin Holbraad and Sari Wastell eds. (2007) *Thinking Through Things: Theorising Artefacts Ethnographically*, Abingdon : Routledge. 概説的な紹介として、著者も共著者となっている文献に次のものがある。Holbraad, Martin, Morten Axel Pedersen and Eduardo Viveiros de Castro, (2013) "The Politics of Ontology: Anthropological Positions," *Fieldsights - Theorizing the Contemporary, Cultural Anthropology* Online, January 13, 2014, http://culanth.org/fieldsights/462-the-politics-of-ontology-anthropological-positions. 日本における受容については、春日直樹「序章 人類学の静かな革命――いわゆる存在論的転換」(『現実批判の人類学――新世代のエスノグラフィーへ』、世界思想社、二〇一一年)を参照。

2―― デスコラとヴィヴェイロス・デ・カストロをゲストに迎えた、本書の出版記念シンポジウムの報告として、つぎの文献を参照。Latour, Bruno (2009) "Perspectivism: Type or Bomb," *Anthropology Today* 25(2): 21-22.

宇宙社会論という、古典的な社会観の相違にパラフレーズして解釈することもできるだろう。

最後に、本書がもつ、現代の哲学的な関心との呼応についても簡単に触れておきたい。本書は、フランス大学出版局から刊行されているMétaphysiqueSコレクションの一冊として刊行された。このシリーズの企画と監修を務めるのは、本文でも繰り返しその名前が登場するパトリス・マニグリエ（ソシュールの記号論を契機として、「人類学の哲学的研究」を展開している）、そしてエリー・デューリング、クァンタン・メイヤスー、ダヴィド・ラプーアンといった、フランスの新しい世代の哲学者たちである。同コレクションの企画には、「形而上学の終焉」と形而上学の複数化という問題意識が明確に記されているのだが、本書は、そうした西洋の形而上学に対する「彼らの（他なる）哲学」を、もっとも具体的に、そしてもっともラディカルに提示した研究として受け取られているのではないだろうか。タイトルにあえて挑戦的とも思える「形而上学」の語がみられるのは、本書に対する主に哲学からの関心を強く表している（著者によれば、本書のタイトルは、パトリス・マニグリエの示唆によるものである）。複数の形而上学が、いまや哲学において語られはじめているのだとしたら、マイナー科学としての人類学的な探究がそこで果たす役割は決して少なくないだろう。

影響の範囲はこれに尽きるものではないが、少なくとも、このブラジルの人類学者がこれまでに発表してきた論文の数々がもたらした研究上のインパクトは、いまや母国ブラジルはもとより、英語圏、フランス語圏、そして日本においても、人類学という狭い分野を超えてますます広がりつつあるということだけは確かである。

もちろん、本書の受け取り方は、読者に対して開かれたものである。本書は、ドゥルーズの独特の用語が多用されているため、なじみのない読者にはとっつき難く感じられる箇所もあるだろうし、一元論的でもあり多元論的でもあるというような、多自然主義をめぐるねじれを含んだ説明には、さらなる解釈や批判がありうることだろう。しかし、本書の議論の道筋は十分に明晰である。本書は、『アンチ・ナルシス』と題されたみえない書物についての解説なのだから、その文言を文字通りに受け取るならば、これはいまだ実現していない、実現しつつある、来たるべき人類学のための書である。そうしたものとして、未来の読者の手に届くことを訳者として願っている。

翻訳によってこの本がもつ魅力が失われていないことを祈るばかりである。訳文の作成に際しては、なるべく日本語としての読みやすさを考慮にいれて作業に取り組んだつもりであるが、思わぬ誤りがないとは言い切れない。アフィニテ(本書では、文脈により類縁関係、姻戚関係など訳し分けている)やアリアンス(同様に、縁組であり同盟である)といった、古典的な人類学の語彙を、あえて多義的に用いることで、その概念がもつ力を最大限に引きだそうとしていることも本書の一つの特徴であるだろう。多義的であるゆえに翻訳に苦労した点も多くあるが、訳文の完成度については、読者の厳しい批判をお願いする次第である。

最初に本書の翻訳を考えたのは、二〇一〇年に著者を日本に招く機会があり、二〇一二年の初めにリオデジャネイロの研究室を訪れたときであったかと思う。決して大部な本ではないが、予想以上に時間がかかってしまったことをお詫びしたい。哲学と人類学を横断する本書の翻訳に、現代フランス哲学を専門とする共訳者と取り組むことができたのは、幸いであった。

二〇一五年九月

『アンチ・オイディプス』から『アンチ・ナルシス』へ

『食人の形而上学』解説

檜垣立哉

七〇年代に現代思想に触れはじめたものにとって、人類学はきわめて哲学に近い学問であった。山口昌男がいたし、レヴィ＝ストロースもいた。記号論や構造主義は、まずもって言語学や人類学から展開された流派であるのだが、それはいつか哲学を含む人文学全体を覆い尽くすかのような勢いがあった。

ところが九〇年代からここ四半世紀、人類学からの声が現代思想に聞こえてくることは少なくなった。もちろん政治的にポスト・コロニアル理論の隆盛があり、そこでのデリダやスピヴァクの主張は多くの仕方で人類学と関連していた。日本の民俗学・固有の思想史の掘りおこ

しはさまざまになされてもいる。とはいえ人類学の「理論」は、どうにも冴えないものになってしまっていたのである。

それには人類学自身が、もはや探るべき「未開」の土地を失ったという事情があるのかもしれない（ブルノ・ラトゥールが、「科学」人類学というジャンルで活躍していること、近年では、宇宙人類学さえ喧伝されることは、その顕著な現れでもあるだろう）。

とはいえ、人類学は本当に力を失ってしまったのだろうか。とりわけ哲学に対する、あるいは哲学というヨーロッパ的な知に内側から抵抗する力強いあり方をなくしてしまったのだろうか。実はそんなことはない。エドゥアルド・ヴィヴェイロス・デ・カストロという、ブラジル・リオデジャネイロの人類学者、英語圏にも仏語圏にも属さず、またかつては人類学的探求の象徴であったアマゾンの国から出現した人類学者の存在は、あらためて人類学の理論についての可能性を開いているとおもわれる。そして彼が、レヴィ＝ストロースとジル・ドゥルーズやフェリックス・ガタリとを連携させるという、人類学と哲学との理論的交錯をなしとげ、いまだにそうしたことが可能であることを示してくれたこと、これはおおきなことであるとおもう。

この状況は、現代哲学におけるアガンベン思想の流行と類似したものがある。英・独・仏という近代的帝国主義体制とは無関係なイタリア現代思想から、ベンヤミンとフーコーとドゥルーズをつなぐ哲学者が出現し、なおかつそこに、きわめて深部からのローマ的宗教性を響きわたらせているように、ブラジルの人類学者であるヴィヴェイロス・デ・カストロは、英米系の人類学であるストラザーンやワグナーと、そしてフランス系のデスコラや、またラトゥールや中国思想学者フランソワ・ジュリアンと、ドゥルーズ＝ガタリとを易々と連接してしまう。そのうえ彼の思考の中核にはもちろんレヴィ＝ストロースがおり、さらにはいうまでもなく背景にはアマゾンの原住民たちがいる。それらに即した展開が、しっかりとなされているのである。

ではわれわれ日本は、どうして人類学のこの状況においついていけなかったのだろうか。本来であれば日本は、英独仏のあいだを自由にいききできる第三者として、イタリアやブラジルと同等の立場にいたはずである。だがこの二〇年間、ほぼ誰もそれをおこなっていない（もちろん発信する言語の問題は措こう）。とはいえむしろそれ以上に考えるべきは、この間、ストラザーンやデスコラといった、人類学の古典ともいうべき著作が、日本語に翻訳さえされていないことではないか。

日本の人文学者が一体何をしていたのかという、もちろん自分にも跳ね返ってくるこの問いは、これ以上は問うまい（やればよいのである）。ただ、ブラジルの人類学者ヴィヴェイロス・デ・カストロを（フランス語の書物からとはいえ）翻訳することが、少なくとも上記の事情に対して、僅かであれまともな状況をつくりあげることに貢献することを願うばかりである。

さて、前置きはこの程度にしよう。彼のこの書物は、いくつかの点で、現代哲学の成果を人類学につなぎ、独自の概念設定を試みたという意味で、きわめて野心的な作品であるといえる。もちろん狭い範囲でいえば、これはレヴィ＝ストロースをドゥルーズ－ガタリで読みなおし、同時にドゥルーズ－ガタリがなす「べき」であった哲学地理学的な探究を、彼独自の仕方でその先へすすめる試みであるといえるだろう。

彼自身が5章冒頭［116頁以下］でのべているように、哲学におけるポストモダンの流れにおいて、ドゥルーズ－ガタリの議論が社会科学の分野で不当に軽視されてきたという事情がある（この点、フーコーやデリダがいち早く社会科学化したのとはおおきな違いである）。しかしこの潮流は、実のところ、ドゥルーズ－ガタリとはまったく関係なく展開されてきたイギリスのマリリン・ストラザーン（『贈与のジェンダー』）やアメリカのロイ・ワグナーの主張とそもそも平行性があることにヴィヴェイロス・デ・カストロは注意を向ける。さらには、フランス人類学自身との関連も彼はみのがさない。一面でフランスの人類学は、ブルノ・ラトゥールのアクター・ネットワークセオリーなどとのつながりにおいて、ドゥルーズ－ガタリの影響を受けてはいた。だが、彼が称揚し、同時にまた批判もするフィリップ・デスコラ（『自然と文化の彼方へ』）の主張や、そこへとつながる人類学の本流の議論において、ドゥルーズ－ガタリを真正面から人類学にぶつけることはなされていなかった。ヴィヴェイロス・デ・カストロは、（細かな区分は随所でされてはいるがおおきくいえば）『神話理論』にいたるまでのレヴィ＝ストロースが「構造主義」の立場をとっていたのに対し、そしてレヴィ＝ストロースの後継者たるデスコラもまたそうであるのに対し――彼はデスコラの業績への賞賛を惜しまず、またパースペクティヴ主義や多自然主義など多くの議論もデスコラと関連するのだが――、後期のレヴィ＝ストロースが、ドゥルーズ＝ガタリの、とりわけ『千のプラトー』の生成やリゾームの議論と深くかさなりあうことを明確にする。トーテム的な組みあわせの思考ではない、婚姻＝連携(alliance)という概念（それと対立するのは直線的な系譜（filiation）である）が強調され、生物学的（ベルクソン）・人類学的（『神話論理』のレヴィ＝ストロース）な生成的リゾーム性がひきたてられる。そして彼自身がその後者の議論を拡張していくのである。

もちろんヴィヴェイロス・デ・カストロも、ドゥルーズ＝ガタリの人類学的記述、とりわけ『アンチ・オイディプス』のそれに、人類学の観点から多くの批判があることを否定しない。しかしながら、より重要なのは、リゾームや生成という観点が、実際に、ドゥルーズ＝ガタリと関連しない英米の人類学にも、そしてレヴィ＝ストロースの『神話論理』を解読する際にも、そして今後の人類学の議論を推進していくためにも不可欠であることを明示した点にある。

さて、こうしたヴィヴェイロス・デ・カストロの試みの中心軸とは何であろうか。私にはそれは、まさに彼が冒頭でのべている、『アンチ・ナルシス』という言葉にあるとおもわれる。それは本来書かれるべきであったが実現せず、この書物がその部分あるような本の題名にほかならない。パースペクティヴ主義、多自然主義、身体や食人というテーマも、この概念へと収斂する（いうまでもなくそれは、ドゥルーズ＝ガタリの『アンチ・オイディプス』の著者独自のパラフレーズである）。

アンチ・ナルシスという構想は、私にはきわめて広大なものにおもえる。それは彼が、もちろん旧ポルトガル植民地圏であるとはいえ（その上層階級で育ったがゆえに英語もフランス語も話せるとはいえ）、非西洋という立場から人類学を検討するための、根本的な原則を提示しているからである。

西洋人にとって、人類学とはつねに「他者」の探求であった。だがそれは、必ず自己に対する他者を設定し、他者のなかに別の自己の姿をみることにおいて、ナルシス的なものでしかありえない。いかなるものが探求の対象であれ、西洋的な原理においては人間としての自己が視点の中心である。人類学の「成立」に連関しても、さんざんに語られてきたことだが、そうしたナルシシズムが中心にある。

ところが観察対象とされているアマゾンのインディオはどうであろうか。当然であるが、彼らにとっては自分たちが人間であり、文明人であり、異なる文明をもってやってきた西洋人の方が非人間である。インディオは当然西洋人を非人間として、異物として観察している。彼ら自身の固有の記述がある。そこで人類学的な記述とは、はたして何でありうるか。それは、ヨーロッパの視点もアマゾンの視点も包括すべきものではないのか（パースペクティヴ主義の原理がここから導かれる）。

同様にアマゾンの視点——それ自身が、多自然主義のアイデアを供給する——からみれば、動物もまた視点であり、死者もまた視点である。彼は、動物が人間をみているとき、そこでは動物が人間であるとのべている。アンチ・ナルシスは、人間と自己の側を固定し、そこから他者の世界をさまざまに「解釈」する試みを拒絶するものである。なされるべきは、それとは異なったことなのだ。

どの視点からみるのが正しいということはない。西洋人には西洋人からみる視点があり、インディオにはインディオからみる視点がある。だがそれは、「ひとつの固定された対象」が実在し、それに対してさまざまな文化的相対性があるというのでもない。動物や死者の文化があり、それぞれの視点があるのではないのである。それでは、対象とされる自然は一意的なものとして規定されてしまう。ところが、そうした「客体的」な対象Xなどはない。人間にとって客をもてなすビールは、ある動物にとっては血であるかもしれない。だがそこで、対象として与えられるのは、人間にとってのビールであるのか、ある動物にとっての血であるかを問うことには意味がない。そこにあるのはビール／血としての、それ自身は多様体である自然なのである。こうした多様体としての自然、そこでの潜在性そのものを多自然主義は肯定する。

もちろんそこで、いわゆる解釈の問題が消滅するのではない。だが多文化主義が、解釈の、あるいは異文化の（動物の、死者の）視点の、人間への解釈の可能性／不可能性あるいは相対性を問うならば、それにはさしたる意味はないのである。というのも、動物にとっては動物が人間であり、死者にとっては死者が人間だからである。そして人類学者は現地人にとって観察対象だからである。

それゆえここで主張される多自然主義は、たんなる多文化主義の自然化的ヴァージョンである以上にねじれたものである。多自然主義は確かに翻訳の問題にかかわる。それは異なった言語の翻訳でもありうる。だがそこで示されるものは、翻訳が裏切りであるように、ある種の二重のねじれをそなえた変容でしかありえない。そこでは、翻訳がそもそも裏切りに近い作用であるように、生成としての変容がみいだされるのである。多自然主義のなかには、ドゥルーズ－ガタリ的な潜在性の多様体としての自然を導入することでもたらされる、自己自身の位置変容がつねにある。われわれ自身が人間／非人間の移行なのである。

身体の重要性がのべられるのもこの点からである。観点とは、そもそも身体的なものである。多自然的なものとはそれ自身が身体である。それはライプニッツ、ホワイトヘッド、ドゥルーズ－ガタリらのマイナー哲学の系譜とむすびつくとともに、アメリカ・インディオ独自の世界観において明確化される問題でもある。人類学でいえば、トーテミズム的な分類を越え、ある種のシャーマニズム的な儀礼に、そして捕食の人類学（アマゾンの食人というあり方、つまり身体を食べるというあり方は、allianceの遂行において重要である）にまでひろがっていくものになる。捕食においてわれわれは身体を自らの内にとりこみ、生者と死者の境界をこえた多様体になる。いや、もともとそのようなものとしてあるところへ、われわれがたどり着く。

ここにいたって、アンチ・ナルシスの、あるいはヴィヴェイロス・デ・カストロ的な多自然主義の射程の広大さが明確になるだろう。彼は直接的には、レヴィ＝ストロース後期とドゥルーズ＝ガタリの『千のプラトー』のかさねあわせによって、アンチ・ナルシスのヴィジョンをだそうとしている。だが、アンチ・ナルシスが、アンチ・オイディプスのパラフレーズであることからも明確なように、オイディプスというギリシア＝西洋的な文化の根源に対する、アメリカ・インディオ的な自然主義を導入しようという意図は相当に強いようにおもわれる。

近年のフランス思想（いや、マルクスやベンヤミン、あるいはウィトゲンシュタインやクリプキなども考えれば西洋現代思想そのもの）の軸は、ギリシア思想対ユダヤ思想にあり、異質なものとしてのユダヤをギリシアに対抗させることでとりだされる「他」にあったようにおもわれる。しかしヴィヴェイロス・デ・カストロがブラジルから発信するメッセージは、むしろアメリカ・インディオであることを含む他なのである。ギリシアともエルサレムとも一切かかわらない「他」。フランソワ・ジュリアンが中国をとりあげつつ語る「外」を連想させるもの。多自然主義が多文化主義のひきうつしではなく、こうした巨大な対抗軸を含めつつ描かれていることをとらえるべきである。では日本は？　ジュリアンの中国ともさらに異なる日本は？　それに答えるのはもはや彼ではなくわれわれであるだろう。

こうした広大な人類学的思考が、いまのこの時代において、いや、グローバル化という事態が進行したこの時代であるからこそ可能であるということ、そしてそれが、フランスの人類学に対して、強烈なインパクトを与えていることの意義は無視できないものがある。もちろんこの書物が、個々の論文はポルトガル語や英語で書かれたにもかかわらず、最終的にはフランス語で出版されているという事情はおおきい（本書にはブラジル・ポルトガル語からの訳者の名前があげられてはいるものの、著者本人は、フランス語版をオリジナルと考えてよいと、直接訳者たちに語ってくれている）。ネグリとハートの『〈帝国〉』が英語で出版されているように、グローバル世界にとってメジャー言語であえてマイナーな地域からの主張を発信する戦略は、今後ますますおおきくなるであろう。

また、ドゥルーズ－ガタリを読むものにとっても、ヴィヴェイロス・デ・カストロのこの書物には眼を開かされるものがあった。よかれ悪しかれ、ドゥルーズやドゥルーズ－ガタリの思考が、たんなる流行や政治的キャッチフレーズのなかでとらえられつづけた事態を考えると、人文科学におけるその位置をどうみなすかは重要な課題であった。リゾームであれ、多様体であれ、それ自身としては厳密なマイナー科学の概念として読まれるべきであるが、彼の著作は、レヴィ＝ストロース後期との接合によって、ドゥルーズ－ガタリの思考の潜勢力を原理的な側面からひきたててくれているとおもわれる。そしてそれが、自然主義が収斂しがちなギリシア的ではない自然、つまりアポロン的でもディオニソス的でもない自然、異界の自然にそのまま連関していることは、これまでヨーロッパ思想一辺倒であった「哲学」という世界の限界をつき抜ける意義を示しもするだろう（本書12章で『哲学とは何か』における「友」という概念のヨーロッパ性が批判され、アメリカ・インディオにおける「敵」の概念が強くおしだされていることなど、与えられているアイデアは枚挙にいとまがない）。そして、繰り返しのべておくが、アメリカ・インディオとギリシア－ユダヤの自然という広域な議論を射程にいれたこの書物は、必ずや日本語のこのヴァージョンにおいて、では日本の視点とは何なのか、という問いを喚起するはずである。

本書は、山崎吾郎と檜垣の共訳として出版される。3、4、12章を檜垣が担当し、13章は、檜垣・山崎の共訳として『思想』二〇一三年二月号に所収されたものを利用したほかは、山崎が担当している。とはいえ、すべての文章を檜垣と山崎で原文と照らしあわせてクロスチェックし、檜垣の方で語調や訳語の全体の統一をおこなった。ヴィヴェイロス・デ・カストロには、かつて大阪大学で二〇一〇年一二月に講演をおこなっていただいたことがあり、また二〇一二年の一月にはリオデジャネイロの職場である博物館を訪問し、インタビューをおこなった（この件については、前出『思想』翻訳の山崎による解説に詳しい）。

現在フランスにおいて高く注目されているこの作者の思想的な中心となる書物を翻訳・出版できることは、きわめて喜ばしい。また、洛北出版の竹中尚史さんには、以前のレオ・ベルサーニとアダム・フィリップスの『親密性』の翻訳にひきつづきお世話になった。個性的な活動を展開されている洛北出版さんであるがゆえに、この手のマイナーな書物の出版も可能であるとおもわれ、いまさらながら感謝の言葉もない。今回も、相当長いあいだ翻訳に手間どってしまったのだが、綺麗な装丁とともに書物が出版にこぎつけられたこと、本当に感謝いたします。

二〇一五年八月

ワ

ヤ

ラ

マ

ナ

ハ

タ

サ

カ

索引

主な人名・事項に限定し、
「文献一覧」のページは割愛した。

ア

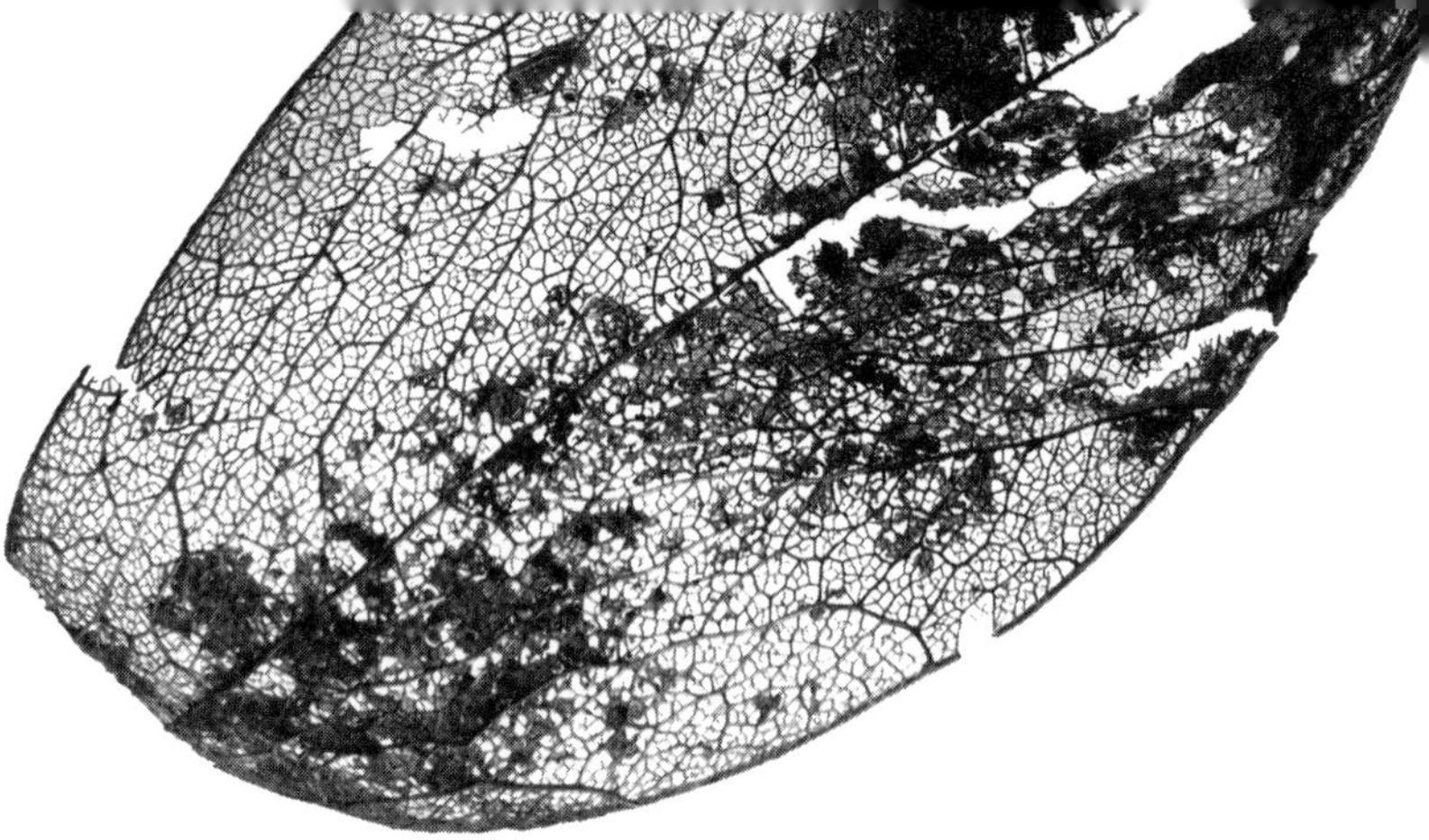

訳者

檜垣立哉 HIGAKI Tatsuya

1964－　現代フランス哲学、日本哲学、生命論を専門とする。博士（文学）。大阪大学大学院人間科学研究科教授。著書として、『ベルクソンの哲学』（勁草書房、2000年）、『ドゥルーズ』（日本放送出版協会、2002年）、『西田幾多郎の生命哲学』（講談社学術文庫、2005年）、『賭博／偶然の哲学』（河出書房新社、2008年）、『ドゥルーズ入門』（ちくま新書、2009年）、『フーコー講義』（河出書房新社、2010年）、『瞬間と永遠』（岩波書店、2010年）、『ヴィータ・テクニカ 生命と技術の哲学』（青土社、2012年）、『子供の哲学』（講談社、2012年）、『日本哲学原論序説』（人文書院、2015年）など。

山崎吾郎 YAMAZAKI Goro

1978－　文化人類学を専門とする。博士（人間科学）。大阪大学未来戦略機構特任准教授。著書として、『臓器移植の人類学――身体の贈与と情動の経済』（世界思想社、2015年）、論文として「意識障害をめぐる部分的な経験――療養型病院における生の人類学」（『思想』No.1087、岩波書店、2014年）、From cure to governance: the biopolitical scene after the brain death controversy in Japan (*East Asian Science, Technology and Society: An International Journal* 7(2), 2013) など。共訳書として、ニコラス・ローズ『生そのものの政治学――二十一世紀の生物医学、権力、主体性』（法政大学出版局、2014年）など。

エドゥアルド・ヴィヴェイロス・デ・カストロ
Eduardo Viveiros de Castro

1951年、ブラジル・リオデジャネイロ生まれ。アマゾンの先住民アラウェテの社会を研究する文化人類学者、民族誌学者。リオデジャネイロ連邦大学ブラジル国立博物館教授。社会科学高等研究院、シカゴ大学、ケンブリッジ大学などでも教鞭をとる。著書として、*The Relative Native: Essays on Indigenous Conceptual Worlds* (University of Chicago Press, 2015), *The Inconstancy of the Indian Soul: The Encounter of Catholics and Cannibals in 16-century Brazil*, (Prickly Paradigm Press, 2011), *From the Enemy's Point of View: Humanity and Divinity in an Amazonian Society*, (University of Chicago Press, 1992) など多数。人類学と哲学のあいだを横断し、アメリカ先住民のパースペクティヴ主義や多自然主義といった概念に依拠しながら、野心的な研究をつづける。いまやもっともよく知られる人類学者の一人であり、その知的インパクトは、ブラジルはもとより、英語圏、フランス語圏、そして日本においても、人類学という分野を超えて、ますます広がりつつある。

食《しょく》人《じん》の形《けい》而《じ》上《じょう》学《がく》 ポスト構造主義的人類学《こうぞうしゅぎてきじんるいがく》への道《みち》

2015年10月19日　初版第1刷発行
2023年 7月15日　初版第4刷発行

四六判・総頁数380頁（全体384頁）

著者
エドゥアルド・ヴィヴェイロス・デ・カストロ

訳者
檜垣立哉　山崎吾郎

発行者　竹中尚史
本文組版・装幀　洛北出版編集
発行所　洛北出版
606-8267
京都市左京区北白川西町87-17
tel / fax 075-723-6305
info@rakuhoku-pub. jp
http://www. rakuhoku-pub. jp
郵便振替　00900-9-203939
印刷　シナノ書籍印刷

定価はカバーに表示しています
落丁・乱丁本はお取り替えいたします

ISBN 978-4-903127-23-1 C0010

Printed in Japan

親密性

レオ・ベルサーニ ＋ アダム・フィリップス 著　檜垣達哉 ＋ 宮澤由歌 訳

四六判・上製・252頁　定価（本体2,400円＋税）

暴力とは異なる仕方で、ナルシシズムを肥大させるのでもない仕方で、他者とむすびつくことは可能なのか？　クィア研究の理論家ベルサーニと、心理療法士フィリップスによる、「他者への／世界への暴力」の廃棄をめぐる、論争の書。

シネキャピタル

廣瀬 純 著　四六判・上製・192頁　定価（本体1,800円＋税）

シネキャピタル、それは、普通のイメージ＝労働者たちの不払い労働にもとづく、新手のカネ儲けの体制！ それは、どんなやり方で人々をタダ働きさせているのか？ それは、「金融／実体」経済の対立の彼方にあるものなのか？　オビの推薦文＝蓮實重彥。

密やかな教育　〈やおい・ボーイズラブ〉前史

石田美紀 著　四六判・上製・368頁　定価（本体2,600円＋税）

竹宮惠子のマンガ、栗本薫／中島梓の小説、そして雑誌『JUNE』の創刊と次世代創作者の育成……「やおい・ボーイズラブ」というジャンルもなかった時代にさかのぼり、新たな性愛表現の誕生と展開の歴史を描ききる。図版、多数収録。

妊娠　あなたの妊娠と出生前検査の経験をおしえてください

柘植あづみ・菅野摂子・石黒眞里 共著

四六判・並製・650頁　定価（本体2,800円＋税）

胎児に障害があったら……さまざまな女性の、いくつもの、ただ一つの経験——この本は、375人の女性にアンケートした結果と、26人の女性にインタビューした結果をもとに、いまの日本で妊娠するとはどんな経験なのかを丁寧に描いています。

NO FUTURE　イタリア・アウトノミア運動史

フランコ・ベラルディ（ビフォ） 著　廣瀬 純・北川眞也 訳・解説

四六判・並製・427頁　定価（本体2,800円＋税）

1977年——すべての転回が起こった年。イタリアでは、労働を人生のすべてとは考えない若者たちによる、激しい異議申し立て運動が爆発した。77年の数々の反乱が今日の私たちに宛てて発信していた、革新的・破壊的なメッセージを、メディア・アクティヴィストであるビフォが描きだす。

釜ヶ崎のススメ

原口 剛・稲田七海・白波瀬達也・平川隆啓 編著

四六判・並製・400頁　定価（本体2,400円＋税）

日雇い労働者のまち、単身者のまち、高齢化するまち、福祉のまち、観光のまち ……このまちで、ひとは、いかに稼いできたのか？　いかに集い、いかに作り、いかにひとを灯しているのか？　このまちの経験から、いまを生き抜くための方法を学ぶ。

排除型社会　後期近代における犯罪・雇用・差異

ジョック・ヤング 著　青木秀男・岸 政彦・伊藤泰郎・村澤真保呂 訳

四六判・並製・542頁　定価（本体2,800円＋税）

「包摂型社会」から「排除型社会」への移行にともない、排除は3つの次元で進行した。⑴労働市場からの排除。⑵人々のあいだの社会的排除。⑶犯罪予防における排除的活動――新たな形態のコミュニティや雇用、八百長のない報酬配分をどう実現するか。

立身出世と下半身　男子学生の性的身体の管理の歴史

澁谷知美 著　　四六判・上製・605頁　定価（本体2,600円＋税）

少年たちを管理した大人と、管理された少年たちの世界へ――。大人たちは、どのようにして少年たちの性を管理しようとしたのか？　大人たちは、少年ひいては男性の性や身体を、どのように見ていたのか？　この疑問を解明するため、過去の、教師や医師による発言、学校や軍隊、同窓会関連の書類、受験雑誌、性雑誌を渉猟する。

主婦と労働のもつれ　その争点と運動

村上 潔 著　　四六判・上製・334頁　定価（本体3,200円＋税）

「働かざるをえない主婦」、そして「勤めていない主婦」は、戦後の日本社会において、どのように位置づけられてきたのか／こなかったのか？　当事者たちは、どのように応答し、運動してきたのか？　「主婦的状況」の過去と現在を問う。

レズビアン・アイデンティティーズ

堀江有里 著　四六判・並製・364頁　定価（本体2,400円＋税）

生きがたさへの、怒り――「わたしは、使い古された言葉〈アイデンティティ〉のなかに、その限界だけでなく、未完の可能性をみつけだしてみたい。とくに、わたし自身がこだわってきたレズビアン（たち）をめぐる〈アイデンティティーズ〉の可能性について、えがいてみたい。」――たった一度の、代替できない、渾身の、一冊。